이 강산의 키 큰 나무
이범영 평전

민주화운동기념사업회

이승환 · 권형택 · 한홍구 · 이원영 · 이창언

백산서당

옆의 사진은 〈내일신문〉사에서 제공했다.

이 강산의 키 큰 나무
이범영 평전

『이범영 평전』을 내면서

한국의 민주주의는 수많은 사람들의 희생과 헌신과 참여로 이루어졌다. 그 거대한 흐름 속에서 한 개인은 어떤 역할을 할 수 있는 것일까? 이미 세상을 뜬 지 30년이 된 이범영이라는 사람은 이름 석 자만 대면 누구나 알만한 명망가도 아니고, 세상을 뒤흔든 대사건의 주역도 아니다. 2차대전 이후 독립한 수많은 나라 중에서 가장 큰 성과를 거두었다는 한국의 민주화운동사에서 이범영은 어디쯤 위치하고 있는 것일까? 이런 시도를 해보는 이유는 이범영이라는 잘 알려지지 않은 인물을 영웅화하고 미화하기 위함이 아니라, 민주화운동의 가치가 땅에 떨어지고 모욕당하고 있다고 느낄 만큼 암울한 현실이 그의 부재를 새삼 느끼게 하기 때문이다. 이 책도 힘난했던 격동기를 그와 한 자락이라도 함께했던 사람들 중 그가 특별히 자꾸 생각나는 사람들이 모여 만든 책이다.

불꽃 같았던 삶을 정리하며

1994년 6월 말 건강 상태가 악화되어 결국 병원에 다시 입원한 이범영은 전신에 암이 전이되고 사실상 치료 가능성이 없다는 것을 알게 되었다. 당시 병상을 지켰던 친구 박승옥은 그의 책『아버지의 자리』

에서 "그는 특이하게도 놀랄 만치 빠르게 단 며칠 만에 자신의 죽음을 담담하게 받아들였다. 짧은 기간 동안 그는 그의 삶을, 그가 맺었던 인간관계와 그가 가졌던 모든 애증을 차분히 정리하고 나서 그리고 의식을 잃었다"고 기록하고 있다.

죽음을 앞두고 그는 삶과 인간관계와 애증을 어떻게 정리했을까? 죽음과 싸우고 있을 때 문병했던 어떤 이는 그가 흉중에 있던 회한(悔恨)과 허망함에 대해 말했다고도 했고, 또 어떤 이는 그 상황에서도 운동의 장래를 고심하는 얘기만 '내내 떠들었다'며 탄식했다.

삶을 정리하며 했던 그의 회한과 고심의 첫 자리는 '운동 때문에' 그의 삶의 중심에서 비켜나 있던 그의 가족들에 대한 것이었다. 그는 죽는다고 생각했을 때 제일 먼저 떠오른 사람이 바로 아이 엄마, 아내와 애들이었다고 했고, 이어서 어머니와 아버지가 생각났다고 했다. 소위 '직업운동가'로 살면서 가족들에게 떠안긴 상처와 불성실, 열지 못한 마음과 제대로 주지 못한 사랑, 불효함이 그를 회한하게 했다. 그래서 그는 여기서 삶이 끝나는 것이라면 너무 쓸쓸하고 허망하다 했고, 그 의지 견정(堅定)한 사람이 죽음 이후의 '영혼'을 말하기도 했다.

정리가 어려웠던 고심과 회한의 또 한 자락은 '혁명의 시대' 이후에 대한 대비였다. 92년 대통령선거는 격동과 혁명의 시대를 마감하는 예고편이었고, 그 선거 결과에 그는 크게 낙담했다. 자신과 마찬가지로 선거 결과에 '분노하고 슬퍼하고 있을' 그의 청년 동지들에게 그는 더 깊고 넓은 대중화와 생활력 확보, 질서 있는 전선 재정비 등을 통해 '장기전'에 대비할 것을 주문하였다. 일찍이 한국의 민주주의운동은 가두에서의 대중투쟁이 승패를 가를 것이라 주장했던 그는 격동과 혁명의 시대가 이제 마감되고 있음을 예감했고, 그때부터 '선거와 제도정치의 시대가 본격화되면 운동은 무엇을 할 것인가' 하는 문제를 본격적으로 고민하기 시작했다.

한국 민주주의운동의 장래 경로에 대한 그의 답은 여전히 전선운동 고수와 민주연합정부의 수립이었다. 그는 전선운동체가 그대로 제도정치의 한 축이 되거나 혹은 정당으로 전화되는 길을 생각하고 있었다. 구체적으로 말한 적은 없지만 아마도 PLO(팔레스타인해방기구)와 같은 경로를 생각했던 듯하다. 그래서 그 경로의 중심에 있어야 할 김근태 선배가 전선을 떠나 제도정치로 개별 이전하는 것에 대해 그는 많이 불편해했고 안타깝게 생각했다. 죽음을 앞둔 상태에서도 문병온 사람들에게 연합정부론을 내내 '떠들었던' 것은 그런 이유 때문이었다.

김근태 선배는 그가 짧은 기간 동안 자신의 삶과 관련된 모든 것을 정리했고 그래서 "아무런 원망도 아무런 한도 남기지 않고 떠난 삶"이라고 말했지만, 그 역시 못다 한 회한과 해결 어려운 운동 숙제를 죽는 순간까지 붙들고 고심했다.

'혁명의 시대'에 대한 성찰

이범영이 죽는 순간까지 생각을 놓지 못했던 운동적 문제에 대해 아직 답을 못 만들고 있기는 지금의 우리도 마찬가지이다. 통일운동은 남북관계의 부침과 함께 현재는 지속가능성까지 걱정할 상황에 있고, 전선운동의 약화와 민주·진보정당들의 분립 상황은 지속되고 있다. 환경·생태와 젠더, 평화운동 등이 새로 성장한 반면, 일부 운동은 여전하거나 혹은 약화되고 있다.

이범영의 피땀이 배어 있는 한청협도 1998년 9월에 활동을 정리하고 해산했다. 그러나 한청협 해산에도 불구하고 거기 모였던 '이범영과 청년운동'의 수많은 유산(legacy), 자원들은 각 지역과 부문운동, 그리고 각 정당들에서 중견 역량으로 활동하고 있다. 이범영이 살아 있었다면 이 자원들은 자연스런 산개 대신 좀 더 질서 있는 대응을 했을지도 모른다. 그만큼 이범영은 우리를 하나의 정체성으로 묶어내는 힘을 가졌고, 우리들의 확고한 구심이었다. 그러나 뿔뿔이 산개해 있는 현실 때문에 '그가 지금 우리와 함께라면' 같은 부질없는 가정의 반복은 이제 끝내야 한다. 그리움 때문에 시시때때로 그를 호출하는 것이야 어쩔 수 없는 일이지만, 오늘의 현실은 그의 '부재' 탓이 아니라 우리의 책임이다.

우리가 이 책을 '혁명의 시대'를 불꽃처럼 살다 간 이범영의 '운동과 사상'에 중점을 두기로 한 것도 그 이유에서이다. 그의 운동과 사상에 대한 정리를 통해 그 시대를 함께했던 우리들의 생각과 운동을 30년 후의 시점에서 다시 되돌아보는 계기로 삼을 수 있다고 생각했다. 또 이범영 삶의 편린들과 그와의 인연을 다룬 일화들은 추모문집 등에 이미 많이 실려 있기도 하다.

그리고 이 책을 누가 읽을까에 대해서도 생각하지 않을 수 없었다. 그는 우리에게 너무 소중한 사람이고, 30년을 변함없이 우리를 슬프게 하고 그와의 추억으로 취하게 하는 사람이지만, 지금의 젊은 세대들이 그를 '청년운동가'이자 '직업운동가'로 기억하고 호출할 소구점(訴求點)이 많지 않은 것도 엄연한 현실이다. 이 책을 읽을 사람들이 대부분 그와 기억을 공유하고 있는 사람들이라 할 지라도, 새로운 독자들을 가정하면서 이범영의 역사성을 그 시대 민주화운동 속에서 기록해야 한다고 생각했다.

『이범영 평전』이 나오기까지

이 책이 나오기까지 꼬박 10년이 걸렸다. 2014년 이범영 20주기 행사가 끝나고 이범영 평전을 만들기로 한 후, 박석운, 권형택, 이승환, 한홍구, 이원영이 모여 평전 작업을 내게 맡기는 것으로 결정하였다. 개인 사정을 생각해 보면 무리였지만, '이승환 말고 적임자가 누가 또 있느냐'는 말에 다른 말을 하기 어려웠다. 하지만 바쁘다는 핑계와 게으름으로 결국은 변변찮은 진척도 없이 5년 가까운 세월을 허비했고, 마침 박사논문을 마친 이원영에게 일을 넘겨버렸다. 그러나 학교와 공직 진출로 사정이 어려워진 이원영은 한청협운동으로 논문을 쓴 이창언에게 다시 작업의 바통을 넘겼다.

그러다 작년부터 세 사람이 모여 무슨 일이 있어도 30주기 전에는 책을 내자고 결의하고 함께 글을 쓰기 시작했고 서로를 강제했다. 어느 정도 평전의 윤곽이 잡히기 시작했고, 권형택 형과 한홍구에게도 도움을 요청했다. 필자가 5명이 되면서 속도도 붙었다. 글은 사람이 아니라 '마감'이 쓰는 것이라는 말 그대로, 데드라인이 가까워지면서 각자 글을 만들어내기 시작했고, 평전이 발간될 수 있으리라는 기대도 높아졌다. 물론 원래 구상은 더 많은 내용을 다루고 취재와 조사의 폭도 넓게 잡았지만, 시간에 쫓기면서 기대치도 낮추고 어려운 것들은 생략할 수밖에 없었다.

작업을 진행하면서 가장 어렵고 곤혹스러웠던 점은 우리 '기억'의 단속과 불분명함이었다. 30년이란 세월의 힘과 우리 기억의 나약함이 그대로 드러났다. 그게 언제였는지, 그런 일이 있었는지조차 기억하지 못하는 것은 물론 기억의 혼선과 환각도 적지 않았다. 기억을 다루는 역사학자 한홍구조차 자기 기억에 오류가 생기는 것을 인정할 정도이니, 기억에 무딘 다른 사람들이야 말할 필요도 없다. 게다가 내 경우는 이범영의 불꽃 같은 삶이 가장 활활 타올랐던 89년 말 이후, 서로 번갈아 감옥에 갔고 또 출소 후에는 곧 그의 투병 생활이 시작됐기 때문에 가장 기억할 것이 많아야 할 시기에 가장 소원하게 지낸 셈이었다.

이범영을 다룬 글들

세월의 강력함과 무뎌진 기억 때문에 우리는 많은 것을 기록에서 찾을 수밖에 없었고, 자료를 뒤지기 시작하자 생각 밖으로 이범영에 대한 글들이 적지 않았다.

이범영과 관련된 가장 기초적인 자료들은 주로 그의 추모자료에 실려 있다. 첫 추모자료집은 49재 때 발간된 『이 강산의 키 큰 나무, 그대 청년이여』이다. 여기에는 이범영추모사업회(준) 회장 김근태 선배의 발간사와 마산교도소 수감 중에 보내온 한충목의 추모사, 월간 『말』 9월호에 이승환 이름의 미니 평전 「이승 떠난 이범영의 불꽃 인생」과 〈한겨레신문〉에 실린 유기홍의 추모글 「민주·통일에 온몸 바친 영원한 청년」, 〈내일신문〉에 실린 김종민의 「불꽃으로 타오른 청년 통일 일꾼」 등이 실렸다.

이범영 1주기에는 추모문집 『이 강산의 키 큰 나무』(편집위원/최민화, 박승옥, 박석운, 서동만, 연성만, 이승환, 윤석연)가 발간되었다. 여기에는 아버님 이호봉의 감사의 글 「다시 살아오는 너를 보고 싶구나」

와 윤석연이 쓴 상당한 분량의 평전「겨레의 희망, 민중의 벗」, 그리고 이범영이 쓴 김병곤 평전「우리의 영원한 청년투사 김병곤 동지」및「지나온 길을 되돌아 보고 갈 길을 재촉하자!」등 17편의 운동 관련 글과 5편의 서신, 이창복 전국연합 의장 등 5인의 추모 글이 실려 있다.

그 후 2004년 이범영 10주기에 추모문집『十年』(편집위원/박승옥, 박석운, 양춘승, 최상일, 허성진, 김흥섭, 홍만희, 김황영)이 발간되었다. 여기에는 부인 김설이와 박문숙, 조명자 등 민가협 핵심멤버들과 백기완, 윤순녀, 장기표, 장영달 등의 선배들, 강정인, 김영현, 양춘승, 오세중, 유시민, 윤석인, 진재학 등 학교 친구와 선후배들, 그리고 김진희, 이광희, 이영기, 홍만희 등 한청협 후배들 외 총 43명의 추모글이 실렸고, 말미에 어머님 홍정숙 여사의 긴 회고록「흘러간 세월을 회고하며」가 함께 게재되었다.

이범영이 세상을 떠난 이듬해에 박승옥의『아버지의 자리』(세계인, 1995)가 출간되었는데, 여기에는 이범영의 병상을 지킨 그의 소중한 기록이 포함되어 있다. 같은 해에 발간된 소준섭의『늑대별: 어느 운동가의 회상』(웅진출판사)에는 구월동 시절과 이범영에 대한 회상이 들어 있다.

그 후 한참의 세월이 지나 이범영의 삶을 다룬 두 편의 글이 발표되었다. 하나는 2007년 신동호가 쓴『70년대 캠퍼스Ⅰ - 군사독재와 맞서 싸운 청년들의 이야기』(환경재단도요새)에 포함되어 있는「직업운동가 이범영의 불꽃 생애」이고, 2017년에는 권형택의「사슴의 영혼을 간직한 채 불꽃처럼 살다간 사람, 이범영」이『공동선』통권 135호에 발표되었다. 이 책의 이범영 약전 부분은 이 글을 수정·보완한 것이다.

2007년에 이범영의 부인 김설이와 동료 이경은에 의해 7·80년대 민주화운동으로서의 가족운동을 다룬 『잿빛 시대 보랏빛 고운 꿈』(민주화운동기념사업회)이 출간되었다. 2008년에는 서울법대학생운동사 편찬위원회(위원장 황적인) 명의의 『서울법대 학생운동사 - 정의의 함성 1964~1979』(블루프린트)가 발간되었고, 2012년에는 서울대 농촌법학회와 민주화운동기념사업회 공동으로 『고난의 꽃봉오리가 되다 - 서울대학교 농촌법학회 50년사』를 발간하였다. 이 두 책에는 이범영의 학생운동 시절 기록이 포함되어 있다.

이 외에 민청련과 한청협에 대한 운동사적 기록들로는 한청협 10년 및 그 전사로서 민청련과 전청대협에 대한 짧은 약사(略史)와 일지, 자료를 모은 『한청협 10년사 - 민주와 통일의 한 길에서』(1999), 민청련 동지회가 2003년에 발간한 『민주화운동청년연합 20주년 기념집』이 있고, 2019년에는 권형택·김성환·임경석이 공동 집필한 『청년들, 1980년대에 맞서다 - 민주화운동의 산증인 민청련 이야기』(푸른역사, 2019)가 출간되었다. 이 책은 이범영이 민청련 의장으로 취임하기 직전까지의 민청련 운동만 다루고 있다.

좀 더 학술적인 자료로는 2011년에 발표된 유기홍의 「1980년대 민족민주운동과 민주화운동청년연합」과 2013년에 발표된 이창언의 「한국사회 구조변동과 사회운동의 내적 구성 변화 - 한국민주청년단체협의회의 프레임 분쟁과 조직분화를 중심으로」가 있다. 이 두 글은 각각 『기억과 전망』 2011년 봄호(통권 23호)와 2013년 겨울호(통권 29호)에 실려 있다.

'부족함'에 대한 변명

이 책은 5인이 한 분야씩 책임 집필한 옴니버스식 공동작업이다. 이범영의 생애 전반을 정리한 약전 '사슴의 영혼을 간직한 채 불꽃처럼 살다 간 사람'은 권형택 형이, '민청련, 전청대협과 한청협'을 다룬 청년운동 부분은 이원영이 썼다. 이승환과 이창언이 이범영의 운동사상 부분을 맡아, '이범영과 NL(민족해방)운동론'과 '통일운동에 대한 이범영의 생각'은 이승환이 쓰고, '민주주의론과 청년운동 사상' 부분은 이창언이 썼다. 운동사적 총평에 해당하는 '한국민주화운동 역사 속의 이범영'은 한홍구가 썼다. 그리고 이 글들의 전반적인 재조정과 첨삭 등 최종작업은 이승환이 맡았다.

평전 작업을 하는 과정에 누군가가 '다른 건 몰라도 이 일에는 우리 다섯 사람 외에 더 나은 조합이 나오기는 어려울 것이다'라고 말한 적이 있다. 어쩌면 그 말이 맞을 수도 있다. 그러나 조합이 좋다고 좋은 글이 나오는 것은 아니다. 성의와 시간, 성실한 취재와 조사가 좋은 글을 만든다. 그래서 이 책의 부족함은 우리 필자들의 면면과 조합이 아니라 여기 쏟은 시간과 노력의 부족함 때문이다. 또 이 책의 부족함은 긴 시간을 붙잡고 허비한 내게 가장 많은 책임이 있다.

무엇보다 5인의 공동작업이다 보니 내용과 인용의 중복이 존재한다. 이는 옴니버스식 작업의 한계이다. 전체적인 재조정과 첨삭 과정에서 많이 조정했음에도 불구하고, 글의 전개상 일부는 그대로 둘 수밖에 없었다.

또 사건이나 회의 일자를 특정하는 데서 기억과 기록 사이에 차이가 있는 경우, 최대한 확인해서 바로잡았으나 일부 정리되지 못한 부분도 있을 수 있다. 그런 문제를 정리하는 차원에서 이 책 뒤에 연표를 넣었는데, 의외로 민청련 시기보다 한청협 시기의 자료가 더 부족해서 연표 채우기에 한계가 있었다. 사진 자료의 경우 기존의 추모자료들과 약간의 중복도 있고, 몇 사진은 정확한 설명이 부족한 경우도 있다.

누구보다 이 책의 출간을 기뻐할 한청협동지회(회장 박영호) 여러분들과 민청련동지회, 서울대와 농법회, 서울고 등의 친구 선후배 여러분들에게 송구한 마음과 감사를 함께 전한다. 또 이 책이 나올 수 있도록 지원해준 민주화운동기념사업회(이사장 이재오)와 수익 타산 없이 흔쾌히 출판 제작을 맡아준 백산서당 김철미 대표에게 감사드린다. 교정과 연표 작성 등에 수고해 준 차영주, 김지현 두 분에게도 감사드린다.

마지막으로 묵묵히 기다리며 격려해준 김설이 형수에게, 건혜와 승민에게, 그리고 이호봉 아버님과 홍정숙 어머님께 감사와 존경의 마음을 담아 이 책을 바친다.

2024년 6월 20일
필자들을 대표하여
이승환

발 간 사

민주화운동기념사업회
이사장 이 재 오

　올해 8월이면 '수선화'를 잘 부르던 이 강산의 키 큰 나무, 이범영 동지가 우리 곁을 떠난 지 꼭 30년이 됩니다. 사람들은 민주화운동청년연합 의장과 한국민주청년단체협의회 의장을 역임했던 그를 흔히 '청년운동 지도자'라고 칭합니다. 내가 그를 만나게 된 것도 민주화운동 과정에서였습니다. 우리 사회가 민주화운동의 열기로 가득찼던 시절, 서울구치소에서 역시 민주화운동으로 인해 구속되었던 그를 처음 만났습니다. 이후 민주화운동 단체들이 모여 당면한 투쟁에 대해 논의하던 회의에서, 민주주의를 요구하며 싸우던 길 위에서 또 그를 만났습니다.

　1994년 뜨거웠던 여름, 사랑하던 아내와 두 딸 그리고 민주화운동과 청년운동의 동지들을 남기고 동지는 이 세상에서의 여정을 마무리했습니다. 누구보다 뜨겁게 이 땅을 사랑했던 그의 삶처럼 가장 뜨거웠던 여름에 우리 곁을 떠났습니다. 그는 뜨거운 가슴으로 이 땅의 민주화를 위해 싸우면서도 냉철한 머리로 이 땅의 미래를 설계하던 사람이었습니다. 그는 다른 견해를 가진 사람들의 이야기도 끝까지 경청하는 사람이었고, 때로는 자신의 생각을 바탕으로 진정성을 담아 설득하기도 했던, 민주주의가 몸에 배어있는 사람이었습니다.

30년의 세월 동안 우리 사회는 많은 변화를 겪었습니다. 이범영 동지를 비롯한 수많은 사람들의 희생과 노력 덕분에 우리 사회의 절차적 민주화는 상당히 진전되었습니다. 그러나 민주화 이후에도 우리 사회의 대립과 갈등은 여전히 계속되고 있고, 남북관계의 적대와 긴장은 오히려 더 확대되고 있습니다. 더욱 큰 문제는 이러한 대립과 갈등을 해결하려는 노력이 잘 보이지 않는다는 것입니다. 우리가 처한 이러한 현실을 극복하기 위해서는 이범영 동지가 보여주었던 소통과 설득의 지도력이 절실하게 필요하다고 생각합니다.

　소통과 설득에 더하여 이범영 동지가 우리에게 남겨준 또 다른 유산이 바로 청년 정신입니다. "청년이 서야 조국이 산다"는 말은 어쩌면 지금의 현실에서 가장 필요한 말이 아닐까요. 모두가 어려운 시대에 미래를 개척하는 힘은 과거에도, 현재에도 그리고 미래에도 젊은 세대로부터 나올 수 있습니다. 우리 사회의 민주화를 위해 헌신했던 이범영 동지의 청년운동 정신이야말로 지금 절실하게 필요하다고 생각합니다.

　그리운 이범영 동지!
　그대가 삶을 통해 보여주었던 소통과 설득, 그리고 미래를 개척하려는 청년 정신이 절실하게 생각나는 때입니다. 짧았던 삶 속에서 남겨준 그대의 유산을 이어받아 이 땅의 민주주의와 평화를 위해 민주화운동기념사업회도 더욱 노력하겠습니다.

2024년 7월 1일

이 강산의 키 큰 나무
이범영 평전

『이범영 평전』을 내며 ‖ 이승환 · 4
발간사 ‖ 이재오 · 14

사슴의 영혼을 간직한 채 불꽃으로 살다간 사람

서울법대 삼총사 사건 · 22/ 맑은 사람, 이범영 · 27/ 대학시절 · 28/ 병역대책위 활동 · 30/ 어린 시절 · 32/ 구월동 시대 · 36/ 김설이를 만나 결혼하다 · 37/ 민청련 창립의 물꼬를 열다 · 40/ 학원자율화 조치와 복학거부론 · 41/ 민청련운동에 매진하다 · 42/ 민청련 집행국장으로 투쟁의 선봉에 서다 · 45/ 대탄압 시대, 다시 수배자로 · 47/ 6월항쟁과 대선 시기 활동 · 51/ 대중적 청년운동의 지도자로 나서다 · 56/ 발병과 죽음 · 56/ 불꽃 같은 삶과 죽음 · 59/ 후기:이호봉 선생 면담 기록 · 60

민주화운동청년연합, 전국청년단체대표자협의회와 한국민주청년단체협의회

1980년대 민주화운동과 6월항쟁 · 68/ 민청련 의장 취임 · 72/ 청년 대중운동의 전개 · 78/ 전청대협의 건설 · 80/ 전국 단위 청년사업의 전개 ·

82/ 지역 청년조직의 건설 · 88/ '분신정국' 속에서 · 93/ '전국청년단체협의회' 건설 결의 · 96/ 민청련 해소를 둘러싸고 · 100/ 『90년대 한국청년운동론』 · 102/ '겨레의 희망, 민중의 벗' 한청협 · 107/ 한청협의 깃발 아래 · 111/ 92년 대통령선거를 둘러싸고 · 114/ 담도암과 이임(離任) · 118/ 그해, 1994년 여름 · 122

NL(민족해방)운동론과 이범영

NL운동론과 이범영 · 126/ 이범영이 NL운동론에 주목한 이유 · 129/ '식민지반봉건사회론'의 충격 · 134/ 마르크스주의와 주체사상 · 138/ 소위 '혁명전통'과 운동적 전통의 확장 · 143/ NL운동론의 한계와 이범영 · 146

통일운동에 대한 이범영의 생각

통일투사 고 이범영 · 152/ 통일문제에 대한 이해 · 154/ 통일운동의 고양 속에서 · 162/ 세계적 탈냉전과 통일운동 · 166/ 국가보안법과 민간통일운동 · 170/ '연방제' 통일방안에 대해 · 175/ 조국통일범민족연합과 '새로운 통일운동체' 논란 · 177/ 남은 이야기 · 184

◆ 사진으로 보는 이범영 · 187

이범영의 민주주의론과 청년운동 사상

청년운동 지도자 이범영 · 204/ 민족적 민중주의 · 210/ 혁명주의의 대두 · 213/ 반제 연대와 통일전선 · 215/ 대중노선 · 222/ '정치적 대중조직' · 225/ 대중적 청년회에서 전국 청년단일조직으로 · 229/ '한청협'의 힘, 규율 · 조직성 · 네트워크 · 236/ 지역의 재발견 · 243/ 변화된 상황과 운동의 '전환' · 249

한국민주화운동 역사 속의 이범영

한국민주화운동이 배출한 최초의 전업활동가 · 256/ 당면투쟁에 대한 책임 · 259/ 세대 간의 가교 역할 · 267/ '무서운 아이들'의 맏형이 되다 · 273/ 받아쓰기인가 한국 현실에 맞는 창조적 적용인가 · 277/ 전업활동가로서의 헌신성 · 281/ 한국민주화운동과 이범영 · 285

◆ 주 석 · 291

『이범영 평전』 발간을 축하하며

〈수선화〉〈목련화〉 가곡을 즐겨 부르던 이범영을 회상하며 ‖ 김희택 · 304
청년운동과 민족통일 운동의 새로운 지평을 연 이범영을 기억하며 ‖ 박석운 · 306
이범영 선배 30주기에 부쳐 ‖ 이인재 · 308
만약 범영이형이 살아 있었다면-30주기를 맞아 해보는 상상 ‖ 유기홍 · 310
'깃발' 처럼 살다 간 우리 시대의 혁명가, 이범영을 기리며 ‖ 한충목 · 313

◆ 이범영 연표 · 315

1

사슴의 영혼을 간직한 채
불꽃으로 살다 간 사람

서울법대 삼총사 사건

1976년 12월 8일, 철벽같은 박정희 유신독재의 철옹성에 균열을 낸 사건이 서울대 관악캠퍼스에서 일어났다. 이날 오전 10시 30분 서울대 인문사회관 5동 앞에서 법대 4학년 이범영, 박석운, 백계문 세 사람은 전날 등사해 놓은 '민주구국선언문' 400여 부를 도서관 등에 배포한 후 애국가를 선창하고 선언문을 낭독했다.

3·1운동과 4월혁명의 맥박은 끊어질 듯 이어져 조국이 위기에 처할 때마다 분연히 다시 뛴다. 반제반독재 투쟁 속에 청춘을 불태워 온 학우들이여. 우리는 다시 역사 앞에 부름을 받아 여기에 있다. (…) 유신헌법은 탱크의 굉음으로 강요당했고, 긴급조치라는 만능의 도깨비 방망이로 학원의 자유를 억압하고 (…) 이제는 더 이상 속을 수 없고 침묵만 지키고 있을 수 없다.

그리고 이들은 '유신헌법 철폐와 정보정치 폭로, 긴급조치 해제, 구속인사 석방, 언론자유 수호, 호국단 해체' 등을 요구하고, 당시 국내외에 큰 충격을 준 박동선 사건에 대해 정부의 진상해명을 요구하였다. 이어서 이들 세 사람은 '정의가' 등을 부르며 시위를 이끌었고, 주변에 있던 학생들이 호응하여 시위대는 금새 500여 명으로 불어났다. 그러나 채 10분도 되지 않아 학교 안에 상주하고 있던 수백 명의 사복 형사대들이 들이닥쳐 세 사람을 연행했고, 시위는 진압되었다.

후일 '서울대 12.8 사건' 혹은 '서울법대 삼총사 사건'으로 알려진 이 사건은 비록 짧은 시간에 끝났지만 상당히 의미가 큰 사건이었다.

이 사건은 철저한 언론통제 하에 있었던 국내 언론에 한 줄도 보도되지 않아 세간에 잘 알려지지 않았지만 국내외에 큰 충격을 주었다. 당시 일본 〈아사히신문〉은 다음날 아침 신문 1면에 이 시위를 보도하고 7면에 구국선언문 내용을 실을 정도로 비중 있게 다루었다. 선언문 내용 중에 한미 간 외교 마찰로까지 번졌던 '박동선 불법로비 사건 진상규명'이 있었던 것도 작용했겠지만 장래가 보장된 엘리트 서울법대생이 졸업을 앞두고 유신정권에 정면으로 도전한 사건이 이들에게도 범상하게 보이지 않았던 것 같다.

일본 〈아사히신문〉에 실린 12.8 시위 보도
(출처: 『서울법대 학생운동사』)

이 사건은 국내에도 큰 충격을 주었다. 박정희가 1975년 5월 긴급조치 9호를 선포하고, 일체의 체제 비판을 허용하지 않는 철저한 탄압체제를 굳히고 나서 거의 1년 7개월 동안 저항다운 저항운동이 없었다(1975년 5월 22일 시위, 일명 '오둘둘사건'이 거의 유일할 정도다). 신동호의 표현대로 이 사건은 '난공불락처럼 보이는 유신의 큰 바위에 거침없이 정으로 내리찍은' 사건으로 보였다.[1] 또한 이 사건은 철벽같은 유신독재체제 아래 질식할 것 같은 사회분위기 속에서 가뭄 속 한줄기 소나기처럼 민주화운동 세력을 고무시키고, 학생운동 투쟁의 물꼬를 트는 역할을 했다.

당시 고려대 학생운동권의 주역 중 한 사람이었던 설훈(전 민주당 국회의원)은 이 사건의 소식을 듣고 당시 느낌을 이렇게 술회하였다.

> 충격이었다. 서울법대 졸업을 코앞에 두고 그야말로 출세 길이 보장되어 있는 그들이 모든 것을 접고 한국 민주주의를 위해, 진정한 자유를 위해 감옥으로 걸어간 것이다. 어쩌면 긴급조치 9호는 이들에게 이미 박살난 것으로 보아야 할 것이다.[2]

이 시위의 주동자 세 사람은 모두 서울법대 동기생이면서, 서울대의 학생운동을 이끄는 이념서클의 리더들이었다. 이범영은 농촌법학회(농법회), 박석운은 한국사회문제연구회, 백계문은 경제법학회를 이끌고 있었다. 이들은 유신체제가 꿈쩍도 하지 않고 있는 구조를 만들어 놓고 있는 당시 상황에서 한두 번의 시위를 성공시킨다고 유신체제가 무너질 것이라고 생각하지 않았다. 오히려 섣부른 시위는 얼마되지 않는 학생운동 역량이 판쓸이 당하게 할 위험이 있고, 또 언론보도가 제대로 되지 못하는 상황에서 사회로 확산도 어려우므로 시위투쟁은 신중해야 한다는 입장을 견지해 왔었다. 그러나 한편으로 그들은 그나마 능력 있는 서울대에서 투쟁의 물꼬를 터서 현상을 타파하고 투쟁의 횃불을 치켜들어야 한다는 필요성도 동시에 느끼고 있었다. 이런 상황에서 제일 먼저 학내시위를 제안한 것이 이범영이었다.

당시 박정희가 로비스트 박동선을 통해 미국 정치인들을 매수하려고 했던 이른바 '박동선 사건'이 〈워싱턴 포스트〉에 대서특필되었다. 이범영은 당시 언론통제로 국내에 전혀 알려지지 않고 있는 이 자료를 선배 이신범, 안평수를 통해 입수하고, 이것을 반유신투쟁의 계기로 삼아야 한다고 판단했다. 1976년 11월 말쯤 이범영은 박석운과 백계문에게 박동선 사건자료를 보여주면서 이 사건을 폭로하고 이 사건 진상 공개와 더불어 유신헌법 철폐, 긴급조치 해제를 요구하는 시위를 제안했다. 두 사람은 즉시 동의했고, 지체없이 시위 준비에 착수하여 불과 10여 일 만인 12월 8일에 시위가 이루어졌다.

"3.1운동과 4월혁명의 맥박은 끊어질 듯 이어져 조국이 위기에 처할때마다 분연히 다시 뛴다. 반제-반독재 투쟁 속에 청춘을 불태워 온 학우들이여, 우리는 다시 역사 앞에 부름을 받아 여기 와 있다. (…) 유신헌법은 탱크의 굉음으로 강요당했고, 긴급조치라는 만능의 도깨비 방망이로 학원의 자유를 억압하고 (…) 이제는 더 이상 속을 수 없고 침묵만 지키고 있을 수 없다."[3]

이 시위는 박정희 정권의 약점을 정확히 타격했다. 박동선 사건은 그해 11월 미국 대통령에 당선된 지미 카터의 인권정책과 맞물려 한미관계를 불편하게 만들었는데 이 시위는 그러한 박정권의 약점을 잡고 흔들어 버린 것이다.

이 3인의 거사는 학생운동권에도 큰 충격을 주었다. 긴급조치 9호로 철통같이 무장한 유신정권을 언젠가 무너뜨릴 수 있다는 자신감을

이범영, 박석운, 백계문 등의 12.8시위사건에 대한 1심 판결문 표지
(출처: 『서울법대 학생운동사』)

심어 주었고, 내부적으로 준비론이니 투쟁론이니 하는 논쟁을 무의미하게 만들어 버렸다. 장기적으로 민중역량 강화를 위해 노동, 농민 현장으로 투신하는 것과 함께 당면 독재정권에 맞서 투쟁하는 것은 변혁운동 과정에 있어서 동시에 요구되는 것이며 서로 배치되는 것이 아님을 이들이 몸으로 보여준 것이다. 그래서 4학년이 되면 현장을 준비하기 위해 일선 투쟁에서 빠지는 학생운동의 오랜 관행도 무너졌다. 오히려 4학년이 앞장서서 학내 시위를 주동하고 감옥에 갔다가 현장으로 가는 것이 보편화되었다.

이 사건의 재판은 다음 해 봄부터 문래동에 있는 서울지법 영등포지원에서 열렸다. 1977년 6월 10일 이 세 사람은 각각 징역 4년 자격정지 4년을 언도받았다. 이들의 재판에는 박형규 목사 등

수많은 재야인사들과 각 대학 학생들이 참석하여 법정을 뜨겁게 달궜다. 이에 화답이라도 하듯 3인의 주동자들은 재판관들과 치열한 법리공방을 벌이면서 유신정권의 비리와 죄악상을 낱낱이 폭로함으로써 재판장을 민주화 교육의 현장으로 바꾸어 놓았다. 이 재판에 참석한 많은 후배 학생들이 이 재판을 계기로 무사 졸업과 편안한 인생 항로를 포기하고 반유신 시위를 주동하고 감옥으로 가는 길로 방향을 바꾸었다.

맑은 사람, 이범영

이 사건의 주역이었던 이범영은 이후에도 민주화운동 한길로 매진하여 18년간 민주화 운동사에 뚜렷한 족적을 남기고 1994년 8월 12일 40세의 젊은 나이로 세상을 떠났다. 그는 1983년 김근태 의장을 도와 민주화운동청년연합(민청련)의 창립을 주도했고, 1984년 민청련 집행국장, 1988년 민청련 의장, 1990년 전국민주청년단체협의회(전청대협) 의장, 1992년 한국민주청년단체협의회(한청협) 의장을 역임했다. 그의 이력에서 보듯이 그는 우리 민주화운동의 한 축이었던 청년운동을 세우고 대중화에 매진했고, 청년운동가로 삶을 마쳤다.

1992년 한청협이라는 전국적 청년조직을 창립하고 청년운동의 지도자로서 뜻을 펼치려고 하는 바로 그 시점에 담도암이라는 불의의 치명적인 병이 그에게 닥쳤고, 2년여 동안 가족들의 헌신적인 노력과 본인의 투병 의지에도 불구하고 주위 많은 동지들의 애도 속에 불귀의 객이 되었다.

그가 죽고 10년이 지난 2004년, 그를 따르는 청년운동의 후배들이 『10년 - 청년지도자 고 이범영 10주기 추모문집』이라는 추모문집을 냈는데 여기에 당시 보건복지부 장관이었던 김근태 민청련 초대의장은

'사슴의 영혼을 간직한 채 불꽃으로 살다 간 사람'이라는 추모의 글을 썼다. 이 글에서 김근태 장관은 이범영은 '산사의 새벽이슬 같은' '맑은' 사람이라고 표현했다. 가까이에서 그의 인간적 면모를 지켜보았던 김근태 장관의 심중이 잘 나타나 있다.

이 책의 글 중에서 또 한 사람 그의 삶과 죽음을 가까이에서 지켜보았던 노동운동가 조명자(김희택 민청련 전 의장 부인)의 헌사도 마음을 울린다.

조국의 민주화와 통일을 위해 자신의 인생을 송두리째 공양한 사람, 사랑과 눈물도 가슴에 함께 묻고 간 사람, 그 건장한 육신을 암세포가 갉아먹을 만큼 낮과 밤 안 가리고 투쟁에 골몰했던 사람…[4]

대학 시절

권형택은 이범영이 회장으로 있었던 농촌법학회(농법회) 1년 후배로, 대학 입학 후 그가 세상을 떠날 때까지 20년 동안, 때로 가까이서 때로는 좀 떨어진 곳에서 늘 서로의 삶을 지켜보며 살아왔다. 그래서 이범영과 권형택은 민주화운동 선후배 관계 이상의 감회가 있다.

권형택은 서울대 국사학과에 입학한 직후인 1974년 3월, 서울대 교양과 정부가 있는 공릉동 캠퍼스에서 이범영을 처음 만났다고 했다. 동숭동 법대 캠퍼스에 다니던 그가 선배 한 사람과 함께 농법회 신입생 모집을 위해 교양과정부에 왔다. 게시판에 붙어 있는 신입회원 모집 공고를 보고 면접 장소인 학생회관에 찾아가니 이범영이 있었다. 키가 크고 덩치도 큰데 좀 근엄한 얼굴을 하고는 1학년 학생을 앞에 놓고 우렁우렁한 목소리로 조심스러우면서도 열정적으로 이야기를 이어간 그 모습이 지금도 생생하다고 회고한다.

이범영은 1974년 2학년 후반기부터 농법회 회장이 되어 서클을 이끌었다. 매주 신입 후배들의 공부 모임에도 열심히 참석하고, 한 달에 한 번씩 법대 서클룸에서 이루어지는 세미나에도 주도적으로 참여했다. 대학원 선배들까지 참석하는 자리였지만 후배 이범영은 대선배들과 함께 당당하게 논전을 벌이는 당찬 모습을 보였다.

1975년 서울대학이 관악 캠퍼스로 이전하면서, 과거 각 단과대학별로 이루어지던 서울대 학생운동이 전 대학으로 통합 확산하게 되는 계기를 맞았다. 이범영이 이끌던 농법회도 법대 이외에 전 대학에서 회원을 받아들여 역량을 키워나갔고, 1975년 초 학내시위가 활발해지던 시기에는 법대 동기이자 농법회 동기인 오용석, 조일래 등과 함께 이범영도 학생운동에 열심히 참여하여 학생들을 이끌었다.

1975년 5월 긴급조치 9호가 발령되고 혹심한 탄압 속에 재야운동, 학생운동 할 것 없이 모두 숨죽이는 시기가 왔다. 이런 시기가 다음 해인 1976년 말까지 이어진다. 이 시기에 이범영은 후배들 양성에 주력하는데, 여름/겨울 농촌활동, 서울 근교로 나가 1박 2일로 이루어지는 회원수련회 등에서 이범영은 자상하면서도 때로 엄격한 선배로서의 모습을 보였다. 규율을 위반하고 흐트러진 모습을 보이는 후배들에게는 따끔한 질책을 했다.

당시 일본 이와나미쇼텐(岩波書店)에서 발행하는 사회과학 이론서를 읽기 위해 서클 내에 일본어 강좌를 연 것도 이범영이 처음이었다. 망원동에 있던 그의 집에는 항상 후배들로 북적였다. 이범영의 어머니는 하라는 고시공부는 않고 후배들과 공부와 토론에 골몰하는 아들이 마뜩잖았을 텐데도 전혀 내색하지 않고 열심히 라면이며 간식을 마련해 주었다.

1976년 12.8 시위를 주동하고 감옥으로 가는 이범영의 모습은 파격이었고, 그래서 충격이 더 컸다. 그는 항상 유신독재의 뿌리가 무엇인지 정확히 알아야 하고, 그 뿌리를 뽑는 변혁을 이루기 위해서는 철저한 준비가 필요하다는 점을 이야기했다. 권형택은 그가 스스로 일선에서 유신독재에 정면으로 도전하는 투쟁에 나설 것이라고는 전혀 예상하지 못했다고 말했다. 권형택도 나중에야 그가 양춘승, 김재현 등 가까운 후배들에게 시위 계획을 얘기하고 현장에서 유인물 배포 등 협조를 했다는 이야기를 들었다고 한다. 그러나 이 사람들은 시위 후 조사 과정에서 전혀 드러나지 않았고, 감옥 가는 일은 온전히 이범영 등 주동자 세 사람만으로 끝났다.

병역대책위원회 활동

이범영은 감옥에서도 시국 문제를 제기하거나 재소자 처우개선을 요구하는 소내투쟁 역시 열심이었다. 특히 이범영은 몸집이 크고 목청이 커서 한번 고함을 지르면 구치소가 떠나갈 듯했다. 그리고 시간이 많은 감옥생활 동안에 동서양의 고전들을 읽으며 자신의 생각을 점검하고 단련해 나갔다. 니체의 『짜라투스트라는 이렇게 말했다』는 그중 하나인데, 이 책에서 강한 삶의 의지를 얻었다고 한다.

이범영은 서울구치소에서 마산교도소로 이감되어 징역을 살다가 1978년 8월 15일 8·15특사로 석방되었다. 2년 가까운 감옥생활을 통해서 투사로 단련된 이범영의 석방될 때 모습은 후배들에게 매우 강렬한 인상을 남겼다.

8·15특사로 범영 형이 나왔다. 범영 형은 극도로 쇠잔해 있었고 매우 피로한 듯 보였다. 두 눈동자만이 날카롭게 빛나고 얼굴은 광대뼈가 툭 튀어나와 처음엔 무서운 느낌이 들었다. 머리도 빡빡 깎이고 '많은 선배, 후배들을 두고 나왔으니 할 일이 많다'고 하는 말을 하면서 자신감이 넘

치는 것 같았다.[5]

그는 원래 학생시위를 주동할 때 감옥살이하고 나와서 노동 현장으로 들어갈 생각이었다. 학생시위로 감옥에 가는 것은 일종의 통과의례일 뿐 저 강고한 억압 체제를 분쇄하고 사람이 사람답게 사는 세상을 만드는 일은 민중 속에서 민중과 함께 이루어야 한다고 생각했다. 그러나 1978년 8월 그가 1년 8개월 여 감옥을 살고 나왔을 때 그에게 새로운 과제가 기다리고 있었고, 노동현장에 가는 일은 뒤로 미룰 수밖에 없었다.

바로 병역문제였다. 일반인들은 통상 6개월 이상 감옥을 갔다 오면 징집이 면제되는 것이 관례였다. 이른바 '정병 육성' 원칙에 의해 병역법 시행령에 규정된 것인데, 정부는 민주화운동으로 감옥에 간 사람들에게는 이 시행령을 적용하지 않았다. 군대문제는 이범영 본인에게도 당장 닥친 문제이기도 했지만 계속 줄지어 유신독재에 저항하다 감옥에 가는 학생들에게는 중요한 문제가 아닐 수 없었다. 그래서 그는 동료 선후배들과 함께 병역대책위원회를 구성하고 위원장을 맡아 일선에서 뛰게 되었다. 군대 가는 문제로 군사정권에 도전하는 것은 레드 콤플렉스가 뿌리 깊게 존재했던 당시로서는 큰 모험으로 여겨졌다. 이 일로 그는 다시 수배 상태에 놓이게 되고 결국 1979년 말에 체포되어 두 번째 징역을 살게 된다. 이때 병역대책위를 함께 했다가 백계문, 천희상, 최인규, 최상일 등이 징역을 살았다.

그러나 이번 징역살이는 오래가지 않았다. 이범영은 이듬해 2월 천희상과 함께 보석으로 출소했다. 이범영의 병대위 활동은 강력한 탄압으로 중단되었지만, 이후 서동만, 이승환 등이 병대위 활동을 이어받았다. 이들의 노력은 헛되지 않아 1980년 이후에 학생운동으로 징역 간 사람들은 군 소집이 면제되는 혜택을 받게 된다.

어린 시절

이범영이 서울법대에 간 것은 어머니의 꿈과도 관계가 있다. 이범영은 1954년 12월 28일(음)에 강원도 원주 문막에서 아버지 이호봉 선생과 어머니 홍정숙 여사의 1남 4녀 중 장남으로 태어났다. 한국전쟁이 휴전한 이듬해에 태어난 것이다. 1973년 당시 서울법대에 가는 것은 출세가 보장되는 엘리트 코스이기도 했지만, 어머니가 아들을 법대로 보낸 것은 6.25 전쟁을 겪은 한국 현대사의 회오리가 아들에게 언제 닥칠지 모른다는 두려움이 컸기 때문이다. 그 두려움 때문인지 이범영을 잉태하고 어머니는 천둥 치고 먹구름이 몰려오는 꿈을 자주 꾸었다고 한다.

> 우리 세대는 전쟁을 많이 겪었잖아. 난리통에 죽는 사람을 오죽 많이 보았어? 그래서 걔를 법대에 보낸 거야. 전쟁이 나도 법관들은 후방에 있지, 전쟁터는 안 가겠다 싶어서.[6]

그러나 이범영이 법대에 감으로써 박정희 군사독재와의 또 다른 전쟁터로 나가게 될 줄이야 누가 알았겠는가. 이범영의 집안은 원주 문막에서 대대로 농사를 짓고 살아온 농부 집안이었지만 증조부가 여주 능서면의 영릉(세종과 소헌왕후 심씨의 합장릉)을 지키는 능참봉을 했다는 것으로 보면, 조선시대에는 조정에 출사를 한 선비 집안이었던 것 같다. 할아버지는 문막에서 농사짓는 소농이었는데 금융조합에 잠시 다닌 적이 있었다.

아버지 이호봉 선생의 형 이호직 선생은 공주에서 중학교를 나오고 공주사범을 졸업하여 교장까지 지낸 인품 있는 분이었다. 이호봉 선생의 외사촌 형 홍용희씨는 와세다 대학을 졸업하고 나중에 한국은행

총재를 지냈다.

아버지 이호봉 선생은 1930년생으로 원주농고를 나와 5년제인 춘천사범에 입학하여 2학년 때 해방을 맞았는데 이때 춘천사범이 강원대학교로 편입되어 강원대학 농과대학을 졸업했다. 대학 재학 중인 1954년 원주에서 부인 홍정숙 여사와 결혼하여 이듬해 첫아들 이범영을 낳았다. 이후에 딸 넷을 더 낳아 슬하에 1남 4녀를 두었다.

이호봉 선생은 대학을 졸업하고 김포공항에 취직하여 식물방역실장을 8년간 했다. 이 기간에 영국정부의 장학금으로 영국 캠브리지 대학에 유학하여 식물방역을 공부했다. 이호봉 선생의 공무원 생활은 이범영의 서울법대 시위사건으로 권고사직 당해 중도에서 막을 내리게 된다.

이범영은 아버지가 군대에 가고 직장생활을 하는 동안 객지에 나가 있었기 때문에 어린 시절을 문막에서 조부모님 슬하에서 자랐다. 시골집 앞마당 너머 도랑 물가에 500년 묵은 느티나무가 있었다. 그늘이 좋고 시원해 매일 할아버지와 느티나무 밑에 앉아 동네 일꾼들이랑 함께 놀거나 민요를 부르면서 즐거운 시간을 보냈다. 가을이면 타작마당이 요란했는데 웃기 내기를 하면 이범영의 큰 입으로 웃는 웃음이 단연 인기였다.

이범영은 여섯 살 때 부모님을 따라 상경하여 수송초등학교, 서울중고등학교를 졸업했다. 이범영은 어렸을 때 공부도 잘했지만, 여느 아이들처럼 친구들과 놀기도 좋아했고, 때론 동생 경희를 골려서 기어이 울게 만드는 개구쟁이였다고 한다. 학교에 갈 때도 해찰이 심해 곧장 학교에 가지 않고 이리저리 왔다갔다 하며 온갖 구경을 다하면서 학교로 갔고, 어머니 속을 태웠다. 한편으로 노래도 잘 부르고 하모니카도 곧잘 불었는데 하모니카를 서너 개씩 한꺼번에 큰 입에 넣고 멋들어지게 불어 가족들의 감탄을 자아냈다.

이범영의 서울중고등학교 시절
보이스카웃 옷을 입은 모습
(출처: 김설이 소장 자료)

이범영이 서울중고등학교 시절
하모니카반 활동을 하던 모습
(출처: 김설이 소장 자료)

고등학교에 다닐 때는 철들어 어른스럽게 속 깊은 이야기를 해서 어머니를 놀라게 하기도 했다. 홍정숙 여사의 회고담이다.

> 어느 날 아이가 책상 앞에서 무슨 생각에 빠져 있어서 나는 뭘 그리 깊이 생각하느냐 했더니 눈물을 뚝뚝 흘리면서 하는 말이 '취로사업에 나가 일하는 가난한 백성이 불쌍하다'고 한다. 나는 그 소리에 놀랐다. 어느새 범영이 개구쟁이 가슴에 애국심이 움텄을까 하고 말이다.[7]

서울법대에 보내겠다는 부모님의 바람을 저버리지 않고 이범영은 공부를 곧잘 해서 1973년 무난히 서울법대 행정학과에 합격했다. 중고등학교 시절에 한 때는 여느 아이들처럼 공부보다는 보이스카우트라든지 하모니카와 요가 등 서클 활동에 몰두하여 부모님의 애를 태우기도 했지만, 그는 마음을 먹으면 꼭 해내는 집중력이 강한 아이였다. 그리고 진지하고 정의감이 투철하였다. 고3이었던 1972년 10월 이범영의 일기에서 그런 그의 면모를 엿볼 수 있다.

> 끓는 피!
> 이것은 젊음의 권리이다.
> 젊음을 잃고, 장년 노년이 되면
> 젊은 때의 모든 동기와 이상을 잃고 안일무사에 빠진다.
> 그렇지 않고 끝까지 신념대로 사는 사람도 많다.
> 그들이 위대한 사람이다.
> 죽을 때 무엇 아쉬움 없이 죽어야 한다.
> 욕심을 채우다 보내면 어찌 살았던 사람이랄 수 있을까?
> 들에 있는 한낱 잡초도 자기 한 일을 안다고 하지 않는가![8]

구월동 시대

이범영이 본격적으로 사회운동에 뛰어든 것은 1983년 9월 민청련 창립 때부터라고 할 수 있을 것 같다. 그 이전 1980년 5월 17일 신군부의 쿠데타와 5.18 광주항쟁을 유혈 진압하고 집권한 전두환 정권에 의해 이범영은 복학했던 학교에서 제적당하고, 거의 3년간 수배 상태에서 생활한다. 이 기간에도 그는 소준섭 등과 함께 광주항쟁의 진실을 알리는 자료집과 유인물을 만들어 몰래 배포하는 활동을 한다. 이것은 훗날 민청련에서 제작한 광주 자료집의 초안이 되었다.

82년 무렵부터는 선배 신동수가 마련한 인천 구월동 아파트에서 박우섭, 문국주, 민종덕, 박승옥, 소준섭 등 수배자들과 함께 생활하는데 이때에도 노동운동에 투신할 준비를 했던 것으로 보인다. 이때 인근 아파트에 김근태, 이명준(중앙대 68학번)이 살고 있었고, 박계동도 자주 드나들었는데, 이런 인연이 나중에 민청련을 만드는 동력이 되었다. 이때 환경운동가 최열의 소개로 부인 김설이를 만나 결혼도 했다.

이 구월동의 수배자 모임 속에서 공개청년투쟁단체의 필요성이 적극적으로 논의되었던 것으로 보인다. 당시 학생운동권에서 은밀히 회람되었던 「학생운동의 전망」(이하 「전망」)이라는[9] 팸플릿 작성에 참여했던 소준섭은 당시를 이렇게 회고한다.

> 「전망」의 논리가 운동권 전반에서 확실하게 득세하면서 구월동의 '논의 구조'에서는 자연스럽게 공개적 청년운동 건설론이 나오기 시작했다. 벽에 기댄 채 큰 눈을 굴리며 '소도 비빌 언덕이 있어야 한다'라고 공개 청년조직 건설의 필요성을 말했던 범영 형의 모습이 지금도 선하다.[10]

이 구월동에서의 논의가 팸플릿 「전망」에도 그대로 반영되어 나타난다. 예를 들면 민청련의 전신이라 할 수 있는 '민주청년협의회' (이하 민청협) 활동을 평가하면서 "70년대 청년 재야운동이 커다란 '상징성'을 가졌으며 대중에 대한 공개적 '스피커'의 역할을 담당하고 정권에 대하여 대외적 압력을 행사하는" 긍정적 역할을 높이 평가하면서도 "불분명한 민중지향적 성격과 잡다한 구성층으로 인한 결속력의 약화, 진정한 대중적 기반이 없는 입만의 운동"이라고 매서운 비판도 가한다. 그래서 새로이 건설되는 청년운동은 진정한 대중적 기반을 갖는 조직운동이 되어야 한다는 주장을 펴고 있었던 것이다.

이 구월동 사람들은 1983년 초부터는 구체적으로 공개투쟁의 가능성을 감지했던 것으로 보인다. 모두 수배 상태였기 때문에 수사기관의 동태에 민감했는데, 1983년 들어서면서 많은 수배자들의 수배가 해제되었고, 이것은 이들로 하여금 공개투쟁단체의 필요성을 더욱 확신하게 해 주었다. 구월동 수배자들의 방은 더 이상 유지할 필요가 없게 되어 해산하게 되었고, 각자 연고를 찾아 떠났다. 그러나 구월동 그룹 사람들은 공개투쟁단체가 필요하다는 강한 확신과 의지가 있었으며, 자신이 무슨 일을 맡을지는 모르지만, 그 단체에서 뭔가 해야 한다는 생각을 가졌다.

김설이를 만나 결혼하다

구월동에 사는 동안 이범영은 독일 유학에서 귀국한 아름다운 여인 김설이를 만났다. 1981년 늦가을 환경운동가 최열이 백기완 선생이 요양하고 있던 덕소에 후배 이범영과 김설이를 불러 만나게 했다. 민주화의 열렬한 꿈을 간직한 풋풋한 젊은이였던 두 사람은 금세 서로에게 호감을 가졌다.

김설이는 이북(평북 강계)이 고향인 치과의사 아버지와 간호사 출신인 어머니 밑에서 3남 1녀 중 둘째로 강원도 영월에서 태어나 어린 시절을 보냈다. 아이들 교육 때문에 서울로, 이사한 지 1년 만에 아버지가 돌아가셨다. 생계가 막막해지자 어머니는 김설이가 중3 때인 1970년 초 파독 간호사 공고를 보고 독일로 가서 서베를린에서 간호사로 근무하여 생계를 꾸렸다. 김설이도 1974년 어머니를 따라 고3 때 독일로 건너갔고, 어렵사리 고등학교 과정을 마치고 아비투어(독일의 수학능력시험)를 보고 베를린공대 수학과에 입학했다.

   1980년 광주항쟁의 소식은 독일 교민사회에도 충격을 주었다. 서베를린의 교포 학생들 수십명이 베를린공대에 모여 군부정권의 학살에 대한 항의 단식농성에 들어갔는데, 윤이상 선생과 송두율 교수 등 많은 재독 민주인사들이 동참하거나 지지를 보냈다. 2박 3일간의 단식을 끝내고 학생들은 한국영사관까지 행진했고 영사관 앞에서 항의 성명서를 낭독한 후 해산했다. 이 단식투쟁에 참여 후 김설이는 학교를 자퇴하고 귀국하여 고국의 민주화운동에 힘을 보탤 것을 결심한다. 평소에도 방학 때면 귀국하여 한빛교회 동아투위 등을 방문하여 이부영 선생 등 한국의 민주인사들과도 교류했고 독일의 한인교회 정하은 담임목사를 통해서도 고국의 민주화운동 소식을 접하고 있던 터라 김설이는 조금은 무모해 보이는 귀국을 밀어부쳤다.

   고국에 들어온 김설이는 평소 친분이 있던 홍정현씨의 여의도집에 거처를 정하고 독일어 아르바이트를 했고 백기완 선생의 백범사상연구소를 출입하면서 한국의 민주인사들과 교류했다. 여기에서 동아투위의 이부영 선생이 공해문제연구소를 하고 있던 최열 소장을 소개했고, 최열 소장이 당시 구월동에서 수배자들과 생활하던 이범영을 소개한 것이다.

   김설이는 독일에 있을 때 일본의 잡지 『세까이(世界)』를 통해 12.8 서울법대 시위 사건을 감명 깊게 읽은 적이 있었기 때문에 그 열렬한 민주투사 주인공을 만나는 것이 무조건 좋았다. 이범영 역시 독일 유학을 다녀온 세련되면서 거침없는 성격의 김설이에게 마음을 빼앗겼다.

독일에서 대학에 다녔지만, 아직 민주화운동의 사회과학적 이론에 익숙치 않은 김설이를 교육시켜야 할 필요가 있다고 생각했는지 이범영은 김설이를 만난 지 얼마 지나지 않아서 김설이에게 함께 공부할 것을 제안한다. 이범영은 민주화운동과 관련한 책 10권 정도를 적어 주고 아침 9시면 김설이에게 전화를 걸어 정독도서관에서 만나기로 약속했다. 김설이는 약속한 책을 도서관에서 열심히 읽고 이범영을 만나 책에 관한 이야기를 나누고 함께 식사했다. 몇 달간 함께 공부하며 데이트하는 동안 두 사람은 급속히 가까워졌고, 결국 일생을 함께 하기로 약속하기에 이르렀다.

1982년 10월 30일 두 사람은 김승훈 신부의 주례로 홍제동성당에서 결혼식을 올렸다.

1982년 10월 30일, 홍제동 성당에서 김승훈 신부님을 주례사제로 모시고 이범영, 김설이 두 사람이 혼배성사를 드리는 장면. 이범영은 토마스 모어라는 세례명을 가진 천주교 신자였다.
(출처: 김설이 소장 자료)

민청련 창립의 물꼬를 열다

김영삼 전 총재가 1983년 5월 18일 광주항쟁 3주년을 맞이하여 "단식에 즈음하여"라는 제목의 성명을 내고 무기한 단식에 돌입했다. 이 소식은 정권의 철저한 언론통제로 국내에는 보도되지 않았으나 AP통신 등 외신을 통해 전 세계에 알려졌고, 국내신문에서도 차츰 1단으로 '정치현안' 등의 표현을 쓰면서 국민들에게 알려지기 시작했다.

이 김영삼 씨의 단식은 운동권 청년들에게도 즉시 알려졌고, 공개 정치투쟁단체를 추진하려는 움직임에 활력소가 되었다. 김영삼 씨의 목숨을 건 단식 소식은 청년들의 투지를 불러일으켰다. '이제 우리도 모여서 뭔가 해야 하지 않겠는가'라는 생각들이 청년들의 마음 속에 뭉게뭉게 피어나고 있었다. 누군가 이것을 조직할 사람이 필요했다.

이때 가장 먼저 발빠르게 움직인 사람이 이범영과 박우섭이었다. 이범영은 서울대 운동권 선후배들과 두루 연계가 있었을 뿐 아니라 병역대책위 활동을 하면서 전국적인 관계망을 가지고 있었다. 이범영은 오랫동안 구월동 수배자들 모임에서 함께 지내면서 기층 민중운동과 더불어 선도적 정치투쟁이 시급하다는 소신이 있었기 때문에, 서울대 후배 권형택, 이우재, 연성만 등과도 자주 만나 논의했다.

박우섭은 대학시절 연극반과 극단 연우무대 활동 속에서 문화패들과 광범위한 연계가 있었다. 그리고 '마당모임'이라는 이해찬, 황선진, 김도연, 이석원, 박성규 등 서울대 72학번들 모임의 연락책 역할을 했었고, 문익환, 백기완 등 재야 원로들과 장기표, 이신범, 조영래 등 중견 재야인사들과도 광범하게 교류하고 있었다. 그리고 현장 노동운동권과도 긴밀한 연계를 가지고 있었다. 이 두 사람은 광범하게 사람들을 만나면서 공개운동단체 설립에 관한 의견을 수렴하였다. OB(선배) 그룹에서는 최민화와 이해찬이 적극적으로 움직였다.

마지막에 누가 의장을 맡을 것인가가 중요한 문제로 떠올랐는데, 7월 말경 최민화의 집요한 설득으로 김근태가 의장을 맡을 것을 수락했다. 김근태의 수락으로 선도적 정치투쟁을 담당할 청년단체 건설 논의가 급진전 되었다. 그리하여 드디어 1983년 9월 30일 돈암동 상지회관에서 민주화운동청년연합(이하 민청련)이 창립되었다.

민청련은 창립 이후 종로 2가 파고다 빌딩에 사무실을 내고 애초 목표한 대로 선도적인 공개정치투쟁을 열정적으로 수행해 나갔다. 1983년 첫해만 해도 김근태 의장 폭행 사건에 대한 성명서 발표와 대책 활동, 전북 이리 태창 메리야쓰 해고 노동자들의 농성 투쟁을 지원하는 활동, 블랙리스트 철폐 투쟁, 야학연합회 탄압 폭로 투쟁, 농협 민주화 운동에 대한 연대활동 등을 벌여 나갔다.

학원자율화 조치와 복학거부론

1983년 12월 21일 전두환 정권의 이른바 학원 자율화 조치가 발표됐다. 권이혁 문교부장관이 전국 대학총학장회의에서 제적 학생 1,363명에 대한 복교 조치를 발표하고 학원 대책도 처벌 조치에서 선도 위주로 바꿀 것이라고 발표했다.

제적생 복학 조치는 민청련 활동에 즉각 큰 영향을 미쳤다. 민청련의 기반조직에 속한 회원들 대다수가 제적생이었기 때문에 복학문제는 회원들 거취와 관련된 중대사였다. 민청련 각 조직 내에서 복학 조치를 받아들여 복학할 것인가, 아니면 이를 거부할 것인가를 두고 격렬한 토론이 일어났다.

1984년 초 민청련의 기별대표 모임을 이끌던 이범영은 모임에서 복학문제로 뜨거운 논쟁이 벌어지자 복학거부론의 입장을 취했다. 그가 밝힌 이유는 이랬다.

저들이 던져주는 떡고물을 왜 받아 먹어야 하는가. 한번 뒤로 물러서면 자꾸 물러서게 된다. 결국 복학은 우리 운동력의 손실만 초래할 것이다.

복학수용론도 만만치 않았다. 당시 서울대 78학번이었던 유시민이 대표적이었는데 수용론의 논지는 복학 허용 조치 자체는 운동의 힘으로 정권을 압박하여 쟁취한 성격이 있으므로 당당하게 받아들여 한다는 것이었다. 그리고 복학하여 적극적으로 학생운동에 임하면 된다는 것이었다.

이 논쟁은 애초 어느 한편으로 결론이 나기 힘든 성격이 있었기 때문에 민청련에서도 공식적인 입장을 결정하지 않았다. 다만 이제 막 창립한 민청련의 조직 사정을 고려하여 민청련 집행부에 속해 있는 사람들은 복학하지 않는 것으로 결정하였는데 이 복학 논쟁은 민청련 조직이 확장하는 좋은 계기가 되었다. 아직 미조직된 대학이나 기수에서 이 논쟁을 통해 민청련의 기반조직으로 조직화하는 경로를 밟아갔기 때문이다.

이 논쟁 과정에서 180센티미터가 넘는 훤칠한 키의 이범영이 조리 정연한 논리와 설득력 있는 목소리로 토론을 이끌어 가던 모습을 당시 회원들은 기억하고 있다.

민청련운동에 매진하다

이범영은 새로 발족한 민청련에서 처음 1년 반 정도는 주로 조직사업을 담당하였다. 창립 과정에서부터 서울 각 대학의 단위조직을 연계하는 일에는 그의 광범위한 인간관계가 꼭 필요했던 것이다. 당시 김근태, 장영달, 박계동, 박우섭 등 표면에 나서는 집행부와 함께 그것을 뒷받침하는 각 대학별 학생운동 출신자들로 이루어진 소모임이 구성되었는데, 이것을 '기대'(기별대표모임)라고 불렀다. 이 '기대'는 대외적으로 공개되지 않는 비공개 조직으로 운영되었다. 전두환 정권의 탄압으로 언제 와해될지 모르는 집행부를 뒷받침하여, 회비를 걷고, 선전물도 배포하고 집회에 동원하는 일 등을 이 '기대'가 수행했다. 집행부가 구속되어 와해되면 신속히 후속 집행부를 복원하는 일도 '기대'의 임무 중의 하나였다. 그래서 창립 초기에 이범영은 표면에 나서지 않고 배후에서 이 '기대'를 조직하고 '기대'와 집행부 및 상임위 등을 연계하는 일에 핵심적인 역할을 했다.

1984년 들어서 민청련 활동이 활발해지고 조직이 확장되면서 청년운동론의 정립이 필요해졌다. 이러한 운동론 작업은 상임위 정책분과장이었던 이을호를 중심으로 이루어졌는데, 김근태 의장과 이범영 '기대' 대표와의 긴밀한 토론과 교감 속에서 이루어졌다.

이렇게 해서 정립된 민청련의 청년운동론은 '민청련은 진보적 청년들의 선도적 반공개 정치투쟁 전술단위이다' 라고 요약할 수 있다. 여기에서 청년은 연령상의 개념이라기보다는 진보적 감수성을 가지고 활동하는 젊은 세대를 통칭했다. 그리고 전체 운동의 지도부가 전략단위라면 민청련은 지도부를 자임하지 않을 뿐만 아니라 전체 운동의 발전을 위해 복무하는 전술단위라는 것을 천명하였다. 또한 현재 필요한 운동은 독재정권에 반대하는 선도적 정치투쟁이며, 독재정권 치하에서의 진보적 운동의 투쟁 형태는 반공개적일 수밖에 없음을 아울러 분명히 하였다.

이범영은 이러한 청년운동의 개념을 정립하는 데 중요한 역할을 했을 뿐만 아니라 이 청년운동론을 '기대' 모임을 통해 기반조직 각 단위로 전파하는데 노력을 기울였다.

청년운동론 정립과 더불어 1984년 민청련에서는 두 가지의 중요한 사업이 이루어졌다.

우선 민청련의 기관지 『민주화의길』의 발간이 이루어졌다. 『민주화의 길』은 민중운동 내부에서 민주화운동 소식을 공유하고, 나아가 당면 정세에 대한 분석과 민주화운동 세력들의 대응방안을 정리하는 역할을 했다. 이 『민주화의길』은 민청련 회원뿐만 아니라 학생운동과 사회운동 각 부문의 활동가들에게 널리 읽혀 일종의 운동 지침서 역할을 했다.

이 『민주화의길』의 발간에는 이해찬 상임위 부위원장과 김희상(성균관대 73), 최민(서울대 78) 등이 산파 역할을 했고, 진재학(서울대 77), 김선택(서강대 74), 백현기(국민대 74) 등이 담당하여 기관지로 정착시키는 데 큰 역할을 했다. 이범영도 이 『민주화의길』에 여러 편의 논설을 실어 특유의 예리한 분석과 정연한 논리로 민주화운동의 진로를 밝히는 데 이바지했다.

또 하나는 광주문제의 선도적 제기였다. 전두환 정권의 아킬레스의 건이라고 할 수 있는 광주항쟁은 항쟁이 있은 지 4년이 지나도록 정권의 매서운 탄압이 두려워 아무도 문제를 제기하지 못하고 있었다. 민청련이 이 침묵을 깨고 1984년 5월 광주항쟁 4주기를 기해 광주 망월동 묘역 참배와 추모 집회를 감행한 것이다. 5월 14일 오후 2시 김근태 의장을 비롯한 집행부와 회원 30여 명은 광주 망월동 묘역을 찾아 참배하고, 김근태 의장이 〈광주여, 오! 영원한 민주화의 불꽃이여!〉라는 추도사를 낭독했다. 그리고 5월 19일에는 동숭동 흥사단 강당에서 '5월과 민족혼'이라는 주제로 1,000여 명의 민주인사들과 시민들이 참여한 가운데 추모 집회를 가졌다. 당시로는 광주항쟁을 공개행사로 불러내는 획기적인 일이었다.

민청련의 창립 성공과 선도적인 공개 정치투쟁에 힘입어 84년부터 각 부문운동 단체들이 앞다투어 창립했다. 노동, 농민, 언론, 문화, 종교, 청년 등 각 부문에서 민주화운동 단체들이 창립되었고, 이 단체들이 연합하여 연대활동을 하기 위한 연대단체로 '민족민주운동협의회'

(약칭 민민협)을 발족시켰다. 이 민민협의 발족에 산파 역할을 한 것이 민청련의 김근태 의장이었다.

이범영은 조직을 담당하고 있어 표면에 나타나지는 않았지만, 민청련의 모든 활동에 적극적으로 참여했고 때로는 주도적 역할을 하였다. 이때 그는 이미 스스로를 '직업적 운동가'로 생각했고, 자신의 모든 역량과 에너지를 운동을 위해 바쳐야 한다고 생각하고 행동했다.

민청련 집행국장으로 투쟁의 선봉에 서다

1985년 2.12 총선에서 김영삼, 김대중 씨를 중심으로 한 신민당이 약진하여 제1야당이 됨과 동시에 이를 계기로 투쟁성을 회복하고 직선제 개헌 서명운동을 광범하게 벌여나갔다. 이에 따라 재야의 반독재운동도 활기를 띠게 되었다.

85년 3월 민청련의 4차 총회는 이러한 운동의 전환기에 정권의 탄압에 맞서면서 대중운동을 보다 힘차게 펼쳐나가야 하는 숙제를 안게 되었다. 대중운동이 활발해지는 시기에 이범영은 자신의 활동 영역을 바꿔야 할 필요성을 느꼈다. 그는 김근태 의장에게 이제 자신도 집행부로 나가 운동 일선에서 활동하겠다는 뜻을 밝혔다. 김근태 의장은 당시 투쟁의 주력인 학생운동과 재야 및 야당을 연계하여 투쟁전선을 확대하는 일을 그에게 맡겼다. 이범영은 4차 총회에서 대외적 투쟁을 총괄하는 집행국장으로 선출되었다.

집행국장으로서 이범영이 수행해야 할 중요한 과제는 85년 5월투쟁이었다. 이번 5월투쟁은 총선승리의 자신감을 바탕으로 보다 과감한 투쟁을 벌여 나갈 필요가 있었다. 민청련은 광주학살의 진상을 자료집으로 만들어 배포함과 동시에 정권에게 광주학살의 책임을 묻는 가두시위투쟁을 학생운동과 연대해 실행하기로 결정했다.

문제는 가두시위 주동자로 누가 나설 것인가였다. 이번에도 이범영이 먼저 앞에 나섰다. 투쟁을 총괄하는 집행국장이 스스로 '야사'로[1] 나선 것이다. 여기에 강구철(서울대72)과 이승환(고대 76)이 가세했다.

85년 5월 17일 동대문운동장 앞 청계고가도로 위에 이범영, 강구철, 이승환 세 사람의 '야사'가 떴다. 플래카드를 고가 아래로 내려뜨리고 〈아! 80년 5월! 이 피맺힌 한을!〉이라는 유인물을 뿌리면서 "광주학살 책임지고 전두환은 물러가라!"라는 구호를 힘차게 외쳤다. 고가 아래에 모인 사람들 사이에서 박수가 터져 나오고, 사람들이 몰려들었다. 뒤늦게 이 사실을 알고 출동한 경찰들에 의해 세 사람은 동대문경찰서로 연행되었다. 구속을 각오했으나 다행히 이들에게는 구류 10일 처분이 내려졌다.

그해 5월투쟁은 함운경을 비롯한 삼민투 학생들의 미문화원점거 농성투쟁으로 정점을 찍었다. 정통성이 취약한 친미정권의 핵심을 타격하는 쾌거였으나, 한편으로 정국이 탄압국면으로 전환하는 계기가 되었다. 민청련은 삼민투 학생들의 선명한 투쟁을 지지·지원하고 학생들과 보조를 같이 하기로 결정했다. 그것을 실행하는 책임자는 집행국장 이범영이었다.

이범영은 조직의 방침에 따라 6월 27일 서울대 교정에서 열린 '민중민주운동 탄압 공동대책위원회'(민민탄) 연석회의에 민청련 상임위원장 김병곤, EYC 총무부장 황인하와 함께 참석했다.

이 모임은 나중에 수사기관에서 민청련이 학생운동의 배후에서 조종하고 있다는 혐의를 뒤집어씌우는 빌미가 되었고 85년 7월 8일 민청련의 김병곤과 EYC의 황인하가 치안본부 대공수사단에 연행되어 구속되었다. 민청련에 대한 대탄압의 서막이 열린 것이다. 물론 집행국장 이범영도 체포 대상이었다. 그러나 이범영은 다행히 체포를 모면했고, 장기간의 수배 생활에 들어가게 되었다.

대탄압 시대, 다시 수배자로

 야당과 민주화운동 세력이 연대하여 활발한 투쟁을 전개해 나가자 이에 위협을 느낀 전두환 정권은 유화 기조를 접고 민주 세력에 대한 대탄압으로 국면을 전환한다. 그 일차적 타겟이 학생운동과 재야 정치권의 고리 역할을 하는 민청련이었다.
 전두환 정권은 85년 7월부터 김병곤 상임위원장을 시작으로 주요 간부 전체에 대한 검거령을 내려 9월 2일 이을호 상임위 부위원장, 9

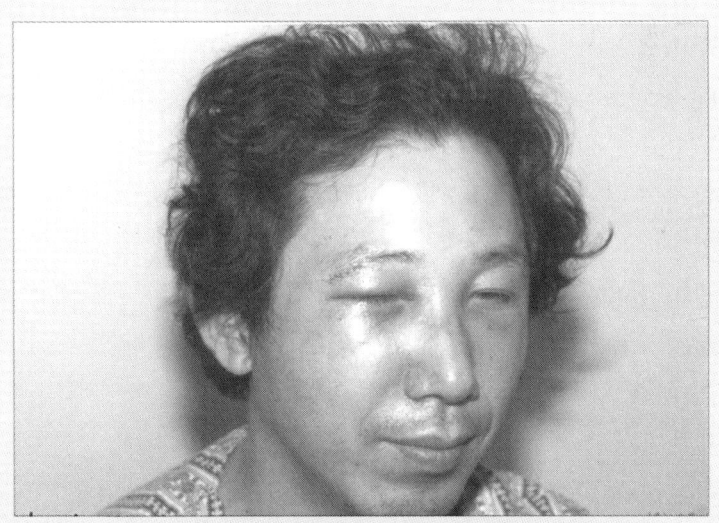

고문당한 김근태의 모습. 김근태는 1988년 로버트 케네디 인권상을 부인 인재근과 함께 수상했다. (출처: 민주화운동기념사업회 오픈아카이브)

1985년 김근태, 이을호 등 민청련 간부들이 고문당했던 남영동 치안본부 대공분실 전경. 현재 민주화운동기념관으로 재탄생시키는 공사를 진행 중이다.
(출처: 민주화운동기념사업회 오픈아카이브)

월 4일 김근태 의장을 연행 구속했다. 이때 남영동 치안본부 대공분실에서 김근태 의장을 살인적인 고문으로 간첩사건을 조작하고, 민청련을 이적단체로 몰아가려 했던 것은 잘 알려진 사실이다. 그보다 먼저 잡힌 이을호도 고문과 폭압에 정신병이 발작하여 정신병원에 수감되는 일을 겪었다.

이어서 10월 1일 김종복 청년부장과 김희상 대변인이, 10월 2일에는 최민화 부의장이 연행되었고, 10월 7일에는 신혼여행 중이던 권형택 사회부장을 연행했으며, 10월 8일에는 연성수 상임위 부위원장이 연행되었다. 아울러 김희택 운영위원장, 이범영 집행국장 등 7명의 간부가 수배되었다.

이때 이범영은 가까스로 검거를 피했지만, 전국에 지명수배가 되어 장기간의 도피 생활에 들어간다. 이범영의 가족들도 수난을 겪었다. 이때 이범영의 부인 김설이는 첫딸 건혜를 출산하여 홀로 젖먹이를 키우고 있었는데, 김설이가 사는 집에 정체도 밝히지 않는 남자들이 쳐들어와 집을 뒤지는 게 예사였으며 사복형사들이 김설이가 시장에서 장 보는 것까지 미행할 정도로 일거수일투족을 감시했다.

그러나 이범영은 도피만 한 것이 아니라, 도피 중에도 장준영 등과 함께 지하에서 조직을 추스르고 투쟁을 이어 나가기 위한 힘겨운 활동을 벌여나갔다. 이때 이범영이 맡은 역할은 정책실이었는데, 정책실은 민청련 기관지 『민주화의길』을 발간하는 제1분과와 정책 관련 자료를 생산하는 제2분과로 나뉘어 있었다. 제1분과는 진재학(서울대 77)이, 제2분과는 유기홍(서울대 77)이 이끌었다. 이범영은 이 양 분과를 통합 관리하며 민청련 전체 조직과 연결하는 역할을 맡았다. 이범영은 특유의 달변으로 정세분석과 당면투쟁 전술을 논리적으로 설득력 있게 제시하여 정책실 안에서 '노 선생'으로 통했다. '노 선생'은 속어 노가리에서 온 말로 약간 장난기 섞인 존경의 표현이라고 할 수 있다.*

☐ 민주화운동청년연합 구속간부 (직위는 구속당시)

김근태
(전 의장)

최민화
(부 의장)

김병곤
(상임위원장)

박우섭
(운영위원장)

연성수
(전상임부위원장)

이을호
(상임부위원장)

김희상
(대변인)

권형택
(사회부장)

김종복
(청년부장)

☐ 수배자 (직위는 수배당시)

한경남(의장), 김희택(부의장), 천영초(상임위원장), 이범영(집행국장), 윤여연(사무국장), 서원기(집행국장), 양재원(회원).

민청련 사건 구속 및 수배자 명단. 김설이의 회고에 따르면 사복형사 3인이 1개조가 되어 3교대로 24시간 감시했다고 한다. (출처: 민가협·민청련, 『민청련 탄압사건 백서-무릎꿇고 살기보다 서서 싸우길 원한다』)

*사회과학 토론을 즐긴다는 의미에서 친한 동지들이 그에게 '노가리' 라는 별명을 붙였다. 그래서 수배 중에도 열심히 활동하던 이범영을 보호하기 위해 사람들은 이름 대신 그를 '노 선생' 이라 불렀고, 이범영 스스로도 사람들에게 자신을 '노 선생' 혹은 '노건민' 이라고 소개했다. 노건민의 건과 민은 각각 두 딸 건혜와 승민의 이름에서 딴 것이다.

1986년 9월 충북 매포수양관에서 민청련 7차 총회가 있었는데 여기서 중요한 결정이 있었다. 정회원 제도를 도입하는 것이었는데, 정회원이란 탄압 상황에서 적으로부터 조직을 보위하고 조직을 재건하기 위해 활동하는 기간활동가를 의미했다. 이 정회원은 이범영의 제안에 따라 신체, 정신, 경제력 등 3차원의 헌신을 서약해야만 했다. 운동에 모든 것을 걸겠다고 선서하는 이 '3차원의 헌신' 서약은 탄압을 극복하기 위한 자구책이기도 했지만, 모든 사람을 숙연하게 하는 엄숙한 제안이었다. 이 7차 총회에서 이범영, 장준영, 연성수가 실질적으로 공동의장단에 해당되는 중앙상임위원으로 선출되었다.

1986년부터는 구속 간부 중에서 연성수, 권형택, 김종복이 1심에서 집행유예로 석방되어 7차 총회를 기해 공개 집행부를 일부 복원하는 등 민청련 활동이 다시금 활기를 띠기 시작했다. 하지만 이범영 등 지도부는 여전히 지하에서 활동할 수밖에 없었다. 이런 상황은 87년 6월항쟁 때까지 계속되었다.

이때 수배 생활은 비록 남의 집을 전전하는 불안한 생활이었지만 이범영 개인에게는 자신의 내면을 성장시키는 좋은 기회이기도 했다. 충분히 휴식을 취할 수 있었고, 독서도 많이 했다. 6월항쟁 직후에는 청년운동의 개념을 재정립하고 보다 대중적인 청년운동을 모색하기 위한 「청년운동 시론」이라는 장편의 글도 썼다.

이따금 아내 김설이와 아장아장 걷는 큰딸 건혜, 아직 젖먹이 둘째 딸 승민이도 야외에서 몰래 약속하여 만날 수 있었다. 만남 장소로는 양평 용문사를 많이 찾았다. 추모문집에 실린 사진을 보면 벙거지모자를 쓴 이범영이 승민이를 안고 해맑게 웃으며 앉아 있는 사진이 있다. 그 옆에는 아내 김설이와 건혜가 수줍은 듯이 멋쩍게 서 있다. 1986년 가을 용문사에서 단란한 한때를 보내는 장면이라고 되어 있다.

일급 수배자를 가족과 만나게 하는 일은 사실 민청련 집행부에게는

1986년 수배 중 용문사에서. 부인 김설이와 두 딸인 건혜, 승민이 4식구가 함께 찍은 유일한 가족사진이라고 한다. (출처: 김설이 소장 자료)

첩보작전을 방불케 하는 일이었고 가족들에게도 너무나 힘든 일이었다. 부인 김설이는 그때의 긴장감과 피곤함을 회고하면서 진저리를 쳤다. 그래도 이범영만은 그 짧은 만남의 시간이 너무나 좋았고 소중했다.

6월항쟁과 대선 시기 활동

1987년 6월항쟁의 성과로 직선제 개헌이 이루어지고, 상당수의 구속자가 석방되었는데, 이 시기에 민청련도 김근태 의장을 제외한 간부 대부분이 석방되어 공개 집행부를 복원할 수 있게 되었다.

민청련은 1987년 8월 25일 영등포 성문 밖 교회에서 9차 총회를 열고 김희택을 의장으로 김병곤, 박우섭, 장준영, 권형택 4명을 부의장으로 하는 집행부를 출범시켰다. 새 집행부는 6월항쟁으로 열린 공간에서 조직을 정비하고 청년 대중운동을 준비하는 지역지부 사업을 활발하게 벌여나갔다. 그리고 아울러 다가오는 대선 국면을 준비하며 국민운동본부와 민통련에서의 연대사업에도 힘을 기울였다. 그러나 이범영은 여전히 수배 상태였고, 주로 유기홍이 정책실장을 맡아 강남 신사동 비밀사무실에 출입하면서 대선 국면 민청련의 입장을 조율하는 일 등을 진행했다.

잘 알려진 것처럼 대통령 선거를 앞두고 민주화운동 진영은 선거 전술을 둘러싸고 비판적 지지, 후보단일화, 독자 후보 등 세 가지 입장으로 크게 갈라졌다. 김희택 의장 등 당시 민청련 지도부는 비판적 지지에 가까웠고, 민청련 내에서 다수를 점했는데, 지도부의 브레인 역할을 해야 할 정책실은 이범영을 비롯해 후보단일화가 지배적이었다. 결국 10월 말경 민청련 내부에서 대의원총회를 열어 투표까지 가는 격론 끝에 비판적 지지로 최종 입장을 결정했다.

정책실을 이끌고 있는 이범영은 본인의 의견과 달랐지만, 조직의 결정에 승복하고 비판적 지지 전술에 입각한 선거 정책을 마련하고, 선거 국면에서 광주학살 등을 주제로 한 대국민 선전물을 만들어 배포하는 일에 주력했다. 정책 노선을 결정하기까지는 치열하게 논쟁하지만, 조직적으로 결정된 정책에 대해서는 깨끗이 승복하고 그 정책이 실현될 수 있도록 최선을 다하는 것이 민청련의 자랑스러운 전통이었고, 이런 전통은 바로 김병곤, 이범영과 같은 지도 간부들에 의해서 세워진 것이었다.

이에 대해 당시 정책실에서 함께 활동했던 유기홍(전 민주당 국회의원)은 이렇게 증언하고 있다.

비판적 지지론에 반발하여 각 조직에서 떨어져 나온 사람들이 후보단일화 운동을 위한 조직을 만들어 활동했고, 당연한 일이지만 그에게도 함께 하자는 제안이 있었다. 그러나 그는 이 제안을 물리쳤다. 자신의 의견이 옳다는 확신이 있더라도 조직의 다수 의견에 승복하는 자세야말로 조직 운동의 가장 기초적인 덕목이면서도 가장 어려운 일이기도 하다. 그의 이런 태도가 민청련을 분열시키지 않고 발전시킨 힘이 되었고, 이 훌륭한 전통은 이후 전청대협과 한청협에 계승되어 있다.[12]

양김 단일화가 결렬되고 재야의 막판 단일화 노력도 무산되면서 제13대 대통령 선거는 노태우 후보의 당선으로 귀결되었다. 마지막으로 꺼져가는 투쟁의 불씨를 살리려던 김병곤이 이끈 구로구청 사건도 무장경찰에 의해 무참히 진압당했다. 민주화와 민주정부 수립의 꿈은 좌절되었다. 민청련의 김희택 집행부는 2월 4일 자 〈민중신문〉에 사퇴의 변을 남기고 총사퇴했다.

이범영에 대한 수배는 1988년 4월 말쯤 느닷없이 풀리게 된다. 서대문 영천시장 부근 비밀사무실로 가던 중 길가에서 경찰에게 검문검색을 받고 갑자기 체포되는 일이 벌어졌다. 그러나 지선 스님과 함세웅 신부님이 나서서 주선하여 이범영은 간단한 조사만 받고 이틀 만에 풀려났고, 5년여에 걸친 긴 수배자 신세도 끝이 났다.

대중적 청년운동의 지도자로 나서다

수배가 풀려 집에 돌아온 그는 오랜 소망이던 노동현장에 들어가는 일을 실천에 옮길 꿈에 부풀어 있었다. 그러나 후배들이 가만히 놔두지 않았다. 1988년 가을 총회에서 80년대 초반 학번들이 이범영을 의장으로 옹립하기 위해 철산동 집에 쳐들어가 농성하며 수락을 종용하였다. 이범영을 간판타자로 세우기 위한 새로운 대중적 청년운동론을 주도하는 청년운동가들의 작전이었다. 이범영은 후배들의 성화에 못 이겨 후배들에게 6개월만 한다는 시한부 각서를 쓰게 하고 의장직을 수락했다.

그러나 시한부 약속은 지켜지지 않았다. 6개월이 끝난 1989년 봄 총회에서 이범영은 박우섭과 함께 다시 공동의장으로 선출된다. 그리고 이범영 역시 노동 현장의 꿈을 접고 6월항쟁 이후 전국 각지에서 우후죽순처럼 생겨난 청년단체들을 하나로 묶어내는 일에 불철주야 몰두하였다. 그의 원대한 꿈은 1990년 9월 '전국청년단체대표자협의회'(이하 전청대협) 결성으로 1차적인 결실을 맺었다. 그리고 드디어 1992년 2월, 전국의 모든 민주청년들을 한 대오로 묶어 세우는 '한국민주청년단체협의회'(이하 한청협)이 출범하였고 이범영은 초대 의장에 취임하였다.

처음에는 후배들에 등 떠밀리다시피 시작한 청년운동 조직사업이 큰 성과를 내자 이범영도 크게 고무되었다. 한청협 출범을 앞두고 이범영은 본가에 들러 어머니에게 "전국의 청년들이 약 5천 명 올라오니 어머니가 총회에 참석하셔요. 문익환 목사 사모님도 오시고 시루떡 두 가마를 해서 나눠 먹으니 오셔서 떡 잡수세요. 어른들이 많이 오시니 꼭 오세요"라며 간곡히 청했다고 한다. 자신의 활동에 항상 노심초사하시는 어머니께 자신이 의장으로 취임하는 영광스러운 모습을 보여주고 싶었던 모양이다. 그러나 어머니는 그것이 혹 빌미가 되어 수사관들에게 핍박당하지 않을까 염려하여 행사장에 가지 않았다. 그 대신 성당에 가서 아들의 일이 잘되게 해 달라고 간절히 기도했다. 그러고는 이범영이 죽고 나서 '그때 가서 박수라도 쳐 줄 것을, 왜 그리 소심했는지'라며 아들의 부탁을 들어주지 못한 것을 두고두고 땅을 치고 후회했다.[13]

한청협 출범을 앞두고 민청련은 발전적으로 해소되었다. 내부에 이견이 없는 것은 아니었다. 이범영이 추진하는 청년대중조직, 즉 문턱이 없는 대중조직은 결과적으로 비현실적이고, 결국 청년조직은 민주주의를 일궈가는 사람이 참여하는 조직이 될 수밖에 없다는 것이 해소를 반대하는 사람들의 입장이었다. 특히 민청련 초창기 멤버들 중에는 상당수가 해소를 반대하면서 민청련 재건을 주장하기도 했다. 그러나 당시 민청련을 주도하던 이범영 의장과 그를 따르는 일군의 80년대 학생운동 출신 활동가들의 입장은 확고했고, 결국 예정대로 민청련은 해산하고 곧이어 한청협이 창립되었다.

이범영은 91년 제2차 범민족대회를 주도하면서 다시 수배를 받기 시작했다. 운동에 입문하고 세 번째 맞는 수배였다. 그러나 그는 수배 중에도 전국 단일청년조직 건설 작업을 전국을 돌면서 계속해 나갔

1991년 경희대에서 열린 제2차 범민족대회 장면. 왼쪽에서 두 번째가 이범영의장이다.
(출처: 민주화운동기념사업회 오픈아카이브)

다. 한청협 건설을 마무리 짓고 1992년 3월에 그는 다시 구속되는데, 이번에는 징역을 오래 살지는 않았고, 6달 만인 9월에 출소하였다. 출소하자마자 그는 다가오는 대선을 앞두고 또다시 무서운 기세로 사람들을 만나고 사업을 만들어 내기 시작했다. 그러나 이때부터 이범영은 서서히 예전에 느끼지 못하던 피로를 감지하기 시작했다. 병마가 찾아온 것이다.

발병과 죽음

이범영은 1993년 3월 경희의료원에 입원했다. 병명은 담도암이었다. 1991년 말부터 본인은 의식하지 못하고 있었지만, 주위의 동료 후배들은 그의 심신이 심상치 않음을 느끼고 있었다. 1991년 12월 이범

1991년 12월 김병곤 1주기 추모식에서 추도사를 낭독하는 이범영 (출처: 김설이 소장 자료)

영은 마석 모란공원에서 열린 김병곤 1주기 추모식에 참석했는데, 이 때 함께 참석했다가 서울까지 동행했던 권형택은 '(김병곤) 영전에 절하는 그 모습이 영 어색하고 안색도 좋지 않고 쫓기는 사람처럼 불안해 보였다'고 말했다.[14]

이범영 말년에 통일운동의 동지이자 직계 후배였던 한충목도 92년 서울구치소에서 이범영을 만나고 깜짝 놀란다.

> 의장님이 3월에 그리고 제가 7월에 구속됐어요. 서울구치소에 있을 때 운동시간에 잠깐 뵀는데, 그 때 우리는 서로를 보고 놀랬죠. 서로 몰라보게 야위었죠. 저야 원래 몸이 불어 있어서 살이 빠지는 게 반가웠는데 의장님은 그렇지 않잖아요. 혈색도 안 좋고 바싹 마르셨드라구요. '저 양반 뭐가 잘못된 거 아닌가' 하는 생각이 들 정도였어요.[15]

수배 상태에서 동가식서가숙하며 전국을 돌며 청년단체들을 묶어 세우는 무리한 강행군이 가장 큰 원인이었을 것이다. 또 한편으로 두 아이의 아버지이자 가장으로서 책임을 다하지 못하는 마음의 갈등도 그의 정신력과 체력을 갉아먹고 있었던 것으로 보인다.

92년 12월 대통령 선거가 끝나고 어느 날 집에 들른 이범영을 보고 어머니는 깜짝 놀란다. 얼굴에 검은 기운이 돌고 눈동자에 노란 황달 기운이 나타나 있는 것이었다. 어머니는 급히 세브란스 병원을 예약하고 입원할 것을 종용했으나 이범영은 듣지 않고 봉원사 뒤 단식원에 들어가 단식을 시작했다. 조금 쉬면 나을 것이라 가볍게 생각했던 것 같다. 그러나 이것이 병세를 악화시켰다. 결국 병세가 악화되어 93년 5월 경희의료원에 입원했을 때는 얼굴색이 노랗다 못해 검은빛마저 돌았다.

93년 6월 이범영은 위 1/3, 췌장 1/3, 담 전체를 제거하는 대수술을 받았다. 수술 후 10일 만에 퇴원한 이범영은 어머니의 극진한 보살핌으로 서너 달이 지나자 살도 붙고, 산보도 다니고 독서도 할 수 있을 정도로 회복이 되었다. 기공 수련도 열심히 했다고 한다.

93년 말 겨울을 원주에서 보내고 집으로 돌아왔다. 이때는 청년단체 후배들과도 많이 만나고 운동에 대한 토론도 많이 했다. 겨울방학이 되어 양수리에서 엄마와 살고 있던 두 딸 건혜와 승민이가 놀러 왔다. 이범영은 딸들과 '왕과 신하' 놀이 연극도 하고 숨바꼭질도 하며 집을 온통 뒤집어 놓았다. 이때는 완쾌하여 활동을 다시 시작할 거라는 희망도 가졌다. 1994년 정초에는 문익환 목사께 세배도 갔다.

그러나 봄부터 점차 병세가 다시 악화되었다. 장상환 교수 소개로 산청에 요양을 갔다. 조금 병세가 호전되는 듯하여 20여 일 만에 어머니와 함께 서울로 왔지만 얼마 되지 않은 1994년 6월 장폐쇄 증세가 있어 경희의료원에 입원하여 다시 수술을 받았다. 수술 받은 후부터 병세는 급속히 악화되고 병원 측으로부터 치료가 불가능하다는 판정을 받았다.

이범영은 메디칼센터(현 국립의료원)으로 옮겨 마지막으로 치료를 시도했다. 그러나 병세는 날이 갈수록 악화되어 암세포가 폐로까지 전이되었다. 의식이 있을 때 그는 민청련 선배 김희택의 부인 조명자에게 자신의 죽음을 예감하고 "내가 이 세상에 태어나고 싶어 태어난 것도 아니고, 창조주 하나님께서 나를 세상에 태어나게 하여 40년 동안 살았는데 하나님께서 데려가신다면 가야지 어찌 하겠소. 대우주 속에 나는 모래알만도 못한데…" 하면서 허망하다고 몇 번이나 되뇌이면서 부모님을 두고 떠나 죄스럽다는 말을 했다고 한다.

결국 그는 산소호흡기를 입에 문 지 20여 일 만에 친구, 선후배들, 가족들의 간곡한 기원을 외면한 채, 그렇게도 극진히 사랑하는 한반도를 두고 떠났다. 어머니의 통곡도 뒤로 한 채. 1994년 8월 12일이었다.

마석 모란공원 묘역에 있는 이범영의 묘 (출처: 민주화운동기념사업회)

불꽃 같은 삶과 죽음

그는 그보다 조금 앞서 세상을 떠난 김병곤을 몹시 흠모하여 그의 사후에「우리의 영원한 청년투사 김병곤 동지」라는 평전을 썼다. 이 글은 1991년 집필하여 『내 청춘 조국에 바쳐 – 청년 투사 고 김병곤 동지 1주기 추모자료집』에 수록되었는데, 글의 형식은 당시 그가 만나던 청년들에게 보내는 '김병곤으로부터 배우자' 라는 내용의 서한 형식으로 쓴 글이었다. 고인이 쓴 글 중에서도 가장 힘이 넘칠 뿐 아니라 읽는 이의 가슴을 격동시키는 문체를 구사하고 있다는 평을 듣는 글이다.

이 글 말미에 그는 자신의 운명을 예감이라도 하듯 죽음에 대한 태도를 이야기하고 있다.

> 청년동지들!
> 이제 가장 중요한 것이 남아 있다. 그것은 죽음에 대한 태도이다. 천수를 누리거나 난치병으로 생을 마감하는 죽음은 여기서 논외로 한다. 우리는 투쟁하다가 생명을 빼앗길 수 있다. 그것은 고귀한 희생이며 영예롭게 받아들일 수 있어야 한다. (…) 우리는 투사 김병곤 동지로부터 배워야 한다. 모든 난관과 시련을 끝내고 민족의 봄, 민족의 부활, 자주 민주 통일의 시대를 열어야 한다.[16]

그는 김병곤을 그가 고등학교 학생 때 꿈꿨던 '신념대로 살다가 무엇 아쉬움 없이 죽는' 사람이라고 보았고, 자신 역시 그렇게 죽기를 원했다. 그리고 그의 뜻대로 그는 민주화운동에 모든 걸 불사르고 불꽃처럼 살다 갔다. 그는 지금 경기도 남양주시 마석 모란공원묘지에서 그가 생전에 존경했던 문익환 목사, 김근태, 김병곤과 함께 영원한 휴식을 취하고 있다.

후 기 이호봉 선생 면담 기록

2024년 2월 8일 오후 3시 우리 일행 5명[17]은 설 명절을 앞두고 이범영 형의 아버지 이호봉 선생께 인사드리러 분당 서울대병원 앞에 있는 시니어스타워를 방문했다. 시니어스타워는 2003년 설립된 호텔형 실버타운인데 이호봉 선생은 부인 홍정숙 여사와 함께 설립 당시부터 입주하여 지금까지 20여 년을 그곳에서 살고 계신다. 코로나 전에 어머님이 건강하실 때는 매년 설과 추석 양 명절 때마다 빠지지 않고 방문했는데, 어머님이 치매로 요양병원에 가신 이후로 발길이 끊어졌다가 이번에 4년 만에 찾아뵙게 된 것이다.

미리 전화로 약속을 한 시간에 우리는 시니어스 타워 809호실 초인종을 눌렀다. 헌칠한 키에 백발의 이호봉 선생이 활짝 웃으시며 반갑게 맞아 주셨다. 1930년생이니 94세이신데 너무 정정하고 목소리도 우렁차시다. 어머님은 요양병원에 있어 안 계셨지만 대신 큰딸 경희 씨가 와서 우리를 반겨 주었다.

우리가 아버님께 큰절로 세배를 드리고 준비해 간 과일과 용돈을 드리고 나니 경희씨가 간단한 다과상을 차려왔다. 필자가 아버님께 이범영 약전 원고를 드리고, 아버님의 집안 내력과 살아오신 이야기를 해주십사 청했다. 우리는 막걸리와 다과를 나누면서 아버님의 얘기에 귀를 기울였다. 여기에 아버님 이야기 중 몇 대목만 소개할까 한다.

(1) 이범영의 법대 시위로 김포공항 방역관에서 쫓겨난 이야기

"이제 김포공항에서 방역관으로 근무하다가 영국에서 영국 정부 장학금이 농림부로 왔다고 그래서 농림부 전체 시험 봤는데 내가 (합격해서) 그래서 영국 유학을 가게 된 거야.

캠브리지에 있는 파이손 농작물보호연구소라는 데 있었는데 거기서 내가 이제 식물방역을 공부를 했어요. 한국에서는 식물방역을 외국에서 공부한 게 내가 처음이죠. 그래서 나중에 다시 돌아와서 김포공항 방역관 실장을 하고 저거 하다가 이제 범영이 이제 긴급조치로 이거(구속)되고 이름은 권고사직이지만 연좌제로, 범영이 때문에 말하자면 연좌제로 모가지 당한 거예요. 박봉이나마 그걸로 살았는데… 진짜 그때 어디 취직할 자리가 있는 것도 아니고, 그래서 내가 아시아개발은행이라 그래서 ADB, 지금도 있죠. 거기 이제 식물방역 전문가를 뽑는다 그래서 거기다 내가 서류를 냈단 말이에요. 최종적으로 다 돼서 '이제 와서 면접해라.' 아세아개발은행 부총재한테서 서류가 와서, 필리핀 마닐라에 ADB본부가 있는데 거기 와서 면접을 보라 하는데, 최종 면접은 큰 하자 없으면 되는 거야. ADB 아세아개발은행에 가려고 저기서 여권 신청을 내니까, 그땐 사중 나오기 전에 정보부에서 먼저 (검열)했는데, 범영이 저것 때문에 여권이 안 나오는 거예요. '그래 아이고! 이제 애들 가르치게 됐는가 보다. 아이고 이제 반 살아났구나.' 했는데 안 나오니까 그땐 진짜 눈이 캄캄하더라고. '5남매를 데리고 실직자로 학교를 보내기는 고사하고 굶어 죽게 생겼다.' 그땐 정말 이불 쓰고 내가 대성통곡했어요. 그 어떤 하소연도 할 수 없고 오밤중에 이불 뒤집어쓰고 대성통곡을 했어. 누구한테 얘기도 못해."

(2) 방역회사를 차려 연명한 이야기

"정말 그때 생각하면 자살할까 (생각했는데) 어떻게 할 도리가 없고 그래서 시작한 게 한국 방역. 내가 아는 게 그거 밖에 없으니까. 박중대라고 서울대 상대 나온 사람인데, 내가 몫돈도 없고 그러니까 그 사람이 돈을 대서 한국방역산업주식회사라는 거 차리고. 진주 사람인데 그 사람이 이제 상대 나와가지고 목재회사의 부사장을 하다가 방역 관계 뭐 이런 게 좀 좋으니까 방역회사를 하려고 했는데, 전문가가 누구냐, 이제 수소문하니까 나라고 해서 날 찾아온 거야. 그 사람이 '내가 자본을 낼 테니까 합시다.' 그때 나왕 목재, 미송, 미국 소나무 이런 거 들어오면 소독을 해야 돼. 거기 이제 재선충, 무슨 소나무 벌레, 무슨 뭐, 이런 외래 해충이 많이 묻어오니까 그걸 항구에서 소독을 해야 들어오게끔 제도가 돼 있었어요. 그래서 한국 방역산업주식회사 세워서 시작한 거 그걸로 이제 애들 간신히 가르치고 이제 나도 연명을 하게 되고 그랬던 거죠."

(3) 이범영이 병대위로 수배되어 있을 때 겪었던 수난

"그러니까 이범영 체포령이 떨어져 다방에 가면 현상(포스터가) 있어 이범영 저거 해서 사진 하고 밑에 현상금 얼마. 경찰은 이범영 잡으면 2개급 특진과 돈으로 1,500만원 현상금. 다방에 들어가면 벽에 범영이 사진하고 밑에 소재지를 신고하는 사람한테 1,500만원. 그때 1500이면 큰 거죠."

"나하고 우리 안사람한테 '이범영 소재지를 부모가 모를 리 없잖아' 하면서 대라는 거예요. 한국방역주식회사 할 때 우리 안사람하고 나도 남양동 두 번 끌려갔어요. 들어가니까 그 박종철이 탁 치고 그러니까 억하고 죽었다고 하는 바로 거기가 대공분실이 있었어요. 모른다, 모른다니까 팔 하나 없는 이제 상이군인이 이거만한 고무를 씌운 빠따를 들고 '바로 대시오. 여기서 저거 하면 귀신도 모르게 죽어나갈 수 있어, 당신. 그리고 지금 회사 해놓은 거 그거 우리가 한마디 하면 바로 망해. 바로 대슈.'

두 번 불려가서 우리 안사람을 거기 본부장 경찰 경무관 한 놈이 직접 저거 해가지고, '자수만 하면 미국 유학비 다 대줄 테니까 이 시대가 계속 될 거고 당신네들 살 길이 없어. 어머니가 아들을 소재지를 모른다는 건 말이 안 된다. (자수시키면) 내가 각서까지 써주겠다.' 미국 유학 보장하고 하겠다는 거 그거 써줬어요.

우리 큰형님이 그때 춘천농고 교장하고 뭐 이런 거 할 때인데 형하고 내 사촌 친척마다 찾아가서 '이범영이 소재지 모를 리가 없어. 대시오. 당신 교장도 모가지 칠 수 있어.' 별 협박 다 받는데 진짜 사돈의 팔촌까지 가서 이범영 소재지 찾아다녔는데…"

"저거 해도 안 되니까 나한테도 반 협박하고 이제 안 되니까 '그러면 아버지가 이제 고려병원(지금 삼성병원) 거기에 우리가 독실 예약해 놓을테니까 거기 당신 입원하시오. 그리고 아버지가 사경을 헤맨다 할 정도로 위독하다고 그러면 자식이면 올 거 아니냐' 그리고 일주일 후에 '우리 특실로 예약 해놓고 다 해놨다. 10월 며칠날 고려병원으로 입원하라'고 했어요. 그래서 저들이 강제로 (병원에) 갖다 넣을 텐데 입원 3일 전에 김재규가 빵빵해"

(4) 이범영의 법대 시위사건을 듣고 가슴이 무너졌던 일

"12월 8일 이제 내가 김포공항 방역소장 할 땐데 그때 법대 학장에게서 전화가 왔어. '백 학장입니다. 아드님이, 아드님이… 지금 빨리 오십시오.' '이 이게 터졌구나.' 그래서 택시 타고 갔더니 그 법대 학장실에서 한 놈이 정보부한테 '저 아버지는 농림부 김포공항 공무원이고 뭐 어쩌고.' 하는 게 들려요. 이제 내가 들어온 지도 모르고 하여튼 상부에 보고하는 거야. 이범영이 가정, 뭐 이런 얘기, 그 아버지가 뭐 공무원이고, 그러니까 그럴 집안이 아닌데 등등. 그 이튿날부터 종로 경찰서부터 찾아다니는데 경찰이 우리한테 속이는 건지 보안사에서 저거 한 건지 경찰에서 소재지를 우리는 모르는 거야. 그러니까 그 아들 하나를 위해서 모든 걸 다 바친 사람이 하여튼 소재지를 모르는 거야. 죽었는지 살았는지, 어디 어디 갇혔으면 감옥소에 들어갔으면 들어가고, 도통 알 수 없는 거야. 일주일을 그러니까 나중에 경찰에 신고까지 한 거예요. 그 나중에 뭐 3~4일 지나니까 사람이 밥이 안 넘어가니까 음식 전폐하고 물만 마시고 쫓아다니는 거야. 소재지 좀 알라고 아들이 어디 이제 죽었는지 살았는지 구속됐는지 정보부에 갔는지

보안사에 가 있는지.

 그때 충격 때문에 치매도 (왔는지 몰라.) 너무 충격을 받아… 소재지를, 아니면 구속됐으면 어느 경찰서 어디 정보과에 구속됐다 알아야 하는데, 구속되어 면회는 고소하고 어느 위치, 소재지 위치를 알 수 없는 거야. 그때 (집사람이) 완전히 뭐 폐인이 됐지 뭐 음식 전폐하고.

 그래 그러다가 이제 농림부에서 몇 번 압박해서 그거 뭐 내가 사표 내는데, 나중에 차관이 나를 오라고 그래서 '사표 내도록 하시오.' 그러는 거야. 큰 과실이나 무슨 잘못이 있어서 문책을 당하고 하면 당연히 관둬야 되지. 그런데… 아니 아들이 무슨 강도범도 아니고 뭐 저거 한다냐.

 자식이 죽으면 가슴에 묻는다 하는데… 옛날에도 병신 자식이 효도했다고, 병신은 옆에 있을 수밖에 없으니까 병신 자식이 효도한다는 말이 그래서 나오겠구나 그걸 인정하게 되었어요."

 그 밖에도 방역회사에서 문화재 보존사업 했던 이야기, 직장에서 틈틈이 클래식 음악을 듣고 그때 모은 오디오와 음반으로 은퇴 후에 음악강좌 한 이야기 등 아버님 살아오신 이야기를 재미있게 들려주셨다. 아버님의 라이프스토리가 한 시간을 넘어갈 즈음에 우리는 화제를 돌렸다. 혼자 너무 오래 얘기하시면 몸에 무리가 올 수도 있었기 때문이었다.

 남은 술잔을 기울이면서 세상의 온갖 일을 떠들어대다 보니 어느덧 5시가 넘어 있었다. 아버님께 작별인사를 드리고 나오는데 아버님이 못내 아쉬워서 굳이 말리는데도 엘리베이터 앞까지 나와 배웅해 주셨다. 우리도 '다음 명절에 또 찾아뵈면 되지' 하는 아쉬운 마음을 뒤로 하고 시니어스타워를 나섰지만, 아버님의 그 모습이 머릿속에 오래오래 남았다.

2

민주화운동청년연합,
전국청년단체대표자협의회와
한국민주청년단체협의회

1980년대 민주화운동과 6월항쟁

유신체제가 막을 내린 후 1979년 12.12 군사쿠데타를 통해 정치 전면에 등장한 신군부는 1980년 5월 '서울의 봄'을 진압하고, 이어 '광주민중항쟁'을 무참하게 진압했다. 이후 1980년 10월, 유신헌법을 소위 제5공화국 헌법으로 대체하는 개헌을 진행했고, 1981년에 제5공화국이 출범했다. 전두환 집권 기간인 제5공화국 내내 광주민중항쟁은 군사독재정권에 대한 저항의 원천이 되었다.

1980년대는 저항의 시대였다. 청년·학생 운동, 노동운동, 농민운동 등의 계급·계층 운동과 종교운동, 문화운동 등 다양한 부문에서 민주화운동이 우후죽순처럼 일어났다. 1983년 창립된 민주화운동청년연합(이하 민청련)은 청년들의 선도적 투쟁체를 자임했다. 민청련의 활동은 반합법 공간에서의 공개 운동이라는 새로운 운동 모델을 제공했다. 사사건건 당국의 감시와 탄압에 놓여 있었지만, 이에 굴하지 않고 투쟁했던 민청련은 이후 연합운동체 '민중민주운동협의회'(민민협) 건설을 주도했다. 그런데 당시 '민중민주운동협의회'와 별도로 재야 명망인사를 주축으로 한 '민주통일국민회의'(국민회의)가 구성되어 있었다. 민민협과 국민회의는 통합 논의를 시작했고, 1985년에 이 두 조직의 통합된 연합운동체로 '민주통일민중운동연합'(민통련)이 결성되었다. 민청련은 이 두 조직의 통합 논의에서 결성에 이르기까지 적극적으로 참여했다.

민주통일민중운동연합은 1987년 1월 서울대학생 박종철의 고문치사 사건을 계기로 군사독재정권의 퇴진을 요구하는 투쟁에 나섰다. 그러나 전두환 정권은 기존의 5공화국 헌법에 따라 차기 대통령을 간접

1985년 민주통일민중운동연합 현판식. 오른쪽에 문익환 의장, 왼쪽에 계훈제 부의장의 모습이다.
(출처: 민주화운동기념사업회 오픈 아카이브)

선거로 선출하고 자신은 평화적 정권교체를 이룬 후 퇴임하겠다는 호헌(護憲) 조치를 선언했다. 이른바 '4.13 호헌조치'였다. 이는 결국 군부 세력 내에서 후계자를 선택하겠다는 군사독재 연장 선언이었다. 이에 재야 세력, 민중운동 세력과 종교계, 그리고 제도권 야당까지 함께 참여하여 군사독재정권에 저항하는 '민주헌법쟁취국민운동본부'를 결성하였다. '민주헌법쟁취국민운동본부'는 6월항쟁의 출발점이 된

'6.10 국민대회'를 주최했다.

이 국민대회는 전날 연세대학생 이한열이 최루탄에 피격되어 뇌사 상태에 빠지게 된 사건과 맞물려 정국의 뜨거운 뇌관이 되었다. 이날 서울에서의 시위는 늦은 밤까지 이어졌으며, 명동성당으로 쫓겨 들어갔던 시위대는 성당에서 농성에 돌입했다. 명동성당 농성은 전국적으로 진행된 6.10 국민대회가 단발적 대회로 끝나지 않고 지속적이고 광범위한 시민들의 투쟁으로 이어지는 기폭제가 되었다. 5박 6일의 명동성당 농성이 마무리되고 6월 26일 평화대행진에 이르기까지 매일 전국적으로 시위가 확대되었다. 전국에서 벌어진 시위에서 대중들은 '호헌 철폐, 독재 타도'를 마음껏 외쳤다. 상황이 걷잡을 수 없이 확대되

1987년 6.10국민대회 후 명동성당에서 농성에 돌입한 시위대의 집회 모습
(출처: 민주화운동기념사업회 오픈아카이브)

자, 당시 여당이었던 민주정의당 노태우 대표가 대통령 직선제 수용, 양심수 석방과 언론 자유 보장, 김대중 사면 복권 등을 골자로 하는 소위 '6.29선언'을 발표한다. 6월 민주항쟁의 승리였다.

6월항쟁의 승리는 민주화 이행의 길을 열었다. 6.29선언 이후 정치권을 중심으로 절차적 민주주의의 수립을 위한 여야 간의 협상이 시작되고, 권위주의 체제의 헌법을 대체하는 '직선제' 개헌안이 마련되었다. 이 개헌안에 따라 1987년 12월 직선제 대통령 선거가 실시되었다. 그러나 야당 후보인 김영삼, 김대중의 분열로 여당인 민주정의당의 노태우 후보가 당선되었고, 이는 군사독재의 연장으로 받아들여졌다.

6월항쟁 이후 정치권을 중심으로 진행된 절차적 민주주의의 진전과는 별도로 각계각층에서 억눌려 있던 민주화 요구가 거세게 일어났다. 1987년 7월부터 노동 현장에서 민주노조 건설, 임금 인상, 근로조건 개선 등을 요구하는 격렬한 투쟁이 전개되었다. 7~8월 2개월 동안 약 3,000여건 이상의 노동쟁의가 발행했으며, 이 투쟁을 계기로 노동조합이 급속도로 건설되었다. 1986년 2,675개였던 노동조합의 수가 1987년 12월 말 기준 4,103개로 증가했으며, 조합원 수는 126만 7,457명에 달하게 되었다.[1] '7·8·9노동자대투쟁'이었다. 이어 1987년 9월에는 교사들에 의해 '전국교사협의회'가 결성되었다. 개별 학교 단위의 평교사회를 중심으로 대한교육연합회 탈퇴 투쟁, 강제 보충학습 철폐, 육성회 찬조금 부당 징수 반대, 촌지 거부 운동 등이 전국교사협의회의 일상적인 실천으로 전개되었다. 이외에도 농민, 빈민 등 각계각층에서 사회민주화운동이 거세게 일어났다.

즉 6월항쟁은 정치 영역에서 절차적 민주주의의 진전을 가져왔을 뿐만 아니라 군사독재 시절 억눌려 왔던 시민적 권리와 생존권 확보를 투쟁으로 쟁취하려는 사회민주화운동의 범주를 확대시켰다.

민청련 의장 취임

　박정희 정권에 이어 전두환 정권에 이르기까지 장기간의 군부통치로 인한 억압과 통제의 권위주의 체제는 정치 영역뿐만 아니라 사회 전역에서 뿌리 깊은 권위주의적 사회체제를 구축했다. 민주화 이행과 더불어 자신들이 속한 공간에서 권위주의적 사회 체제를 민주적 체제로 변화시키려는 투쟁이 각계각층에서 전개되었다. 사회민주화운동의 광범한 전개는 군사독재 시기 사회 각 영역의 억압과 통제 일변도 질서의 이완과 함께 민주주의에 눈뜬 시민들의 자각이라는 변화에 조응하는 것이었다.

　이러한 사회적 분위기의 변화는 청년운동의 영역에도 큰 영향을 주었다. 6월항쟁 이후 열린 공간 속에 전국 각지에서 새로운 청년운동 단체들이 만들어졌다. 이러한 청년운동 단체들은 민청련과 같은 활동가 중심의 운동과 달리 회원 중심의 조직, 이른바 '문턱 없는 청년회'를 표방했다.

　민청련 역시 사회민주화의 진전에 따른 각계각층 대중운동의 활성화와 새로운 청년운동의 흐름에 대한 내부 토론과 논의를 진행했다. 당시 수배 중이었던 이범영은 「민청련은 청년 대중단체로의 전환을 절대적으로 요구받고 있습니다」라는 제목의 내부 회람용 대외비 문서를 작성했고, 민청련 정책실 등의 논의와 검토를 거쳐 9차 민청련 총회 준비위에 제출했다.[2]

　이 글은 우선 민청련이 그동안 대중노선과 조직운동을 표방하면서도 학생운동 출신의 선진활동가 조직에 머물러 있던 한계를 지적했다. 민청련이 취하고 있던 활동가조직 형태는 탄압 시기에 조직을 보위하는 데는 기여했지만, 대중투쟁이 폭발적으로 고양되는 시기에 대중조직 기반을 확대하고 대중투쟁을 이끌어 가는 데는 오히려 장애가

됐다고 지적한다. 구체적으로 "6월항쟁에서 대중 속에서 훈련되고 단련되지 않은 활동가는 지극히 무능하다는 사실을 보여주었고 대중조직의 힘을 갖지 못하는 조직은 결코 투쟁을 이끌 수 없음을 여실히 증명해 주었다"고 지적했다. 이는 6월항쟁 과정에서 민청련이 꾸준히 선전물을 내고 가두에서 열심히 싸우긴 했으나 명동 농성투쟁 같은 핵심 현장에서 일부 회원의 참여 외에는 조직적으로 주도적인 역할을 하지 못한 것에 대한 통렬한 자기비판이었다.

그의 결론은 "민청련은 선진 활동가조직에서 각 계급 청년을 조직 기반으로 하는 청년단체로 개조되어야 하며 계급운동과의 통일적 발전을 위해 기층 청년을 주요한 조직 기반으로 삼아야 한다"는 제안이었다.[3] 그는 이런 목적을 달성하기 위해 "공개 영역의 확보가 필수"이며, "노동 청년대중을 조직하기 위해 생산지역에 공개 지부를 형성할 필요가 있다"라고 정리했다. 민청련 9차 총회에서는 이 제안을 받아들여 민청련 지부조직 건설을 위한 지역위원회를 신설하고, 지역위원회 산하에 북서울, 남서울, 동서울 3개 지역지부의 건설을 결정했다.

6월항쟁 이듬해인 1988년에는 총선거가 치러졌다. 1987년 대선에서 민주세력의 패배를 딛고 1988년 4월 총선에서 비록 제1당은 당시 여당이었던 민주정의당이 차지했지만, 김대중 총재의 평화민주당, 김영삼 총재의 통일민주당, 그리고 김종필 총재의 신민주공화당 등 야당의 약진이 두드러졌다. 소위 여소야대 정치 지형이 나타난 것이었다. 아울러 1988년은 서울올림픽이 예정된 해이기도 했다. 1980년 모스크바 올림픽은 서구 국가들의 보이콧으로, 1984년 LA 올림픽은 동구 국가들의 보이콧으로 연이어 반쪽으로 치러진 바 있기에 1988년의 서울올림픽은 전 세계가 하나가 되는 올림픽이 되어야 한다는 국제적인 합의가 있었다. 특히 1988년의 서울올림픽은 분단국가인 한국의 수도 서울에서 열리기 때문에 평화를 기원하는 올림픽 정신을 구현하기 위한 상징적 의미가 매우 컸다.

　이러한 국내외의 정치적 환경은 민주화운동의 투쟁 전술에도 큰 영향을 주었다. 총선을 통해 형성된 여소야대 정치 지형이라는 조건은 광주민중항쟁에 대한 무자비한 진압의 진실을 밝힐 수 있는 조건이 되었다. 또 서울올림픽은 한반도의 평화와 통일을 위한 투쟁을 벌이기에 적절한 조건이 되었다.

　1988년 3월, 서울대학교 총학생회 선거에서는 한반도의 평화와 통일을 위한 '남북 대학생회담'이 제기되었으며, 이는 다시 '남북 공동 올림픽 개최' 주장으로 증폭되고, 학생운동이 주도하는 통일운동이

조성만 열사가 1988년 5월 15일 명동성당 교육관 옥상에서 민주화와 통일에 대한 구호를 외치고 할복 투신하고 있다. (출처: 『사랑 때문이다』)

확산되었다. 특히 1988년 5월 15일, 명동성당에서 당시 서울대학교 화학과 2학년이었던 조성만의 투신사건은 한국 사회에 큰 충격을 주었다. 조성만은 "양심수를 가둬놓고 민주화가 웬말이냐" "남북 공동올림픽 개최하여 조국통일 앞당기자" "조국통일 가로막는 미제 몰아내고, 광주학살 진상을 밝혀라"는 등의 내용이 담긴 유서를 뿌리고 구호를 외친 후 할복, 투신했다.[4]

이런 상황 속에서 민청련 내에서는 당면투쟁을 둘러싸고 치열한 논쟁이 벌어졌다. 바로 광주항쟁 진실 규명 투쟁과 통일운동을 둘러싼 논쟁이었다. 여소야대 정치 지형 속에서 광주항쟁의 진실을 밝히는 투쟁을 중심에 두어야 하며, 통일운동은 투쟁 역량을 분산시키고 전선을 흐트러뜨릴 우려가 있다는 주장과 광주 문제가 중요하지만, 세계적인 주목을 받는 올림픽 이슈를 도외시할 수 없다는 주장 사이에서 논쟁이었다. 이 논쟁은 민청련의 정치노선을 둘러싼 논쟁이었고, 이미 조직노선 등 다른 여러 분야에서 전개되고 있던 논쟁의 연장이었다. 그것은 NL운동론에 경사되어 있는 80년대 학생운동 출신들이 민청련에 유입되고 이들의 영향력이 커지면서, 이들과 NL운동론에 비판적이던 김성환 집행부 사이에 발생한 논쟁이었다.

김성환 집행부의 결정은 광주 진상규명과 책임자 처벌 투쟁, 조국통일 촉진 투쟁, 민중 생존권 지원 투쟁 등 3가지 투쟁의 병행이었다. 이는 선택도 통합도 아닌 병렬에 불과했고, 새로 유입된 신세대 청년운동가들은 자신들의 NL적 운동 방향과 대중조직화 노선을 수용할 수 있는 새로운 집행부의 구성을 강하게 희망하게 되었다.

민청련 집행부 교체가 현안이 되면서 민청련의 새 집행부로 부상한 사람이 이범영이었다. 이범영은 당시 수배 중에도 정책실을 맡고 있었는데, 여기에 이승환, 유기홍, 한홍구 등이 함께했고 이들은 〈청년학교〉 등 민청련의 정책과 교육사업에 힘을 쏟았다. 또 이들은 민청련 내

80년대 학생운동 출신자들을 유입하는데 큰 역할을 했기 때문에 80년대 학번 세대들과 깊은 교감을 가지고 있었다. 그래서 민청련 창립멤버이면서 80년대 학생운동 출신 활동가들과 호흡을 맞출 수 있는 차기 민청련 의장 후보로는 이범영 외에 다른 사람을 생각하기 어려웠다. 마침 이범영은 수배문제도 해결되어 자유롭게 활동할 수 있는 조건이었다. 80년대 학번 세대들은 이범영이 차기 민청련 의장을 맡아 민청련 조직을 재정비하고 청년 대중운동 단체로서 민청련을 확고하게 세워줄 것을 강하게 희망했다.

그런데 막 오랜 수배 생활에서 해방된 이범영은 '공개운동과 청년운동을 계속할 것인가'에 대해 많이 고민하고 있었고, 직업운동가로 살기 위해서는 청년운동을 계속하기보다 노동운동으로 이전해야 한다고 판단하고 있었다. 87년 대선 패배 이후 수배생활 중에 그는 이미 장명국씨가 운영하던 석탑을 통해 노동 현장 이전을 준비하고 있던 상황이기도 했다. 민청련 의장을 수락하라는 후배들의 요청에 흔쾌히 수락하기 어려웠다. 그러자 후배들은 이범영의 집에까지 찾아가 농성하면서 민청련 의장을 맡아 달라고 끈질기게 요청했다. 김설이는 이를 다음과 같이 회고하고 있다.

> 그때 우리 집에 찾아와서 농성을 했던 친구들은 평생 잊지 못할 거예요. 범영씨가 출소하고 바로 그 친구들이 쳐들어오다시피 했는데, 민청련 의장직을 수락하라는 반 협박성 농성이었죠. 철산동 그 좁아터진 집에 장정 서넛이 안방을 차지하고 꼼짝도 하질 않았어요. 그때 찾아온 사람들이 박기목, 정동회, 신기동, 김종민, 유호찬 등이었죠. 결국 의장직을 수락했고, 그 사람 인생의 반평생을 청년운동에 바쳤죠.[5]

후배들의 입장에서 보면, 민청련을 재구성하고 높은 정치성을 지닌 대중운동조직으로 민청련을 이끌어갈 지도자, 그리고 민청련 선배그룹으로부터 확실한 신임을 얻을 수 있는 사람은 이범영 외에 없었다. 집을 찾아가 농성할 만큼 그들은 이범영을 존경하고 신뢰했다. 김설이의 회고처럼 이범영은 후배들의 그 성화에 못 이겨 결국 민청련 의장직을 수락했다. 그런데 재미있는 사실은 그가 6개월만 의장직을 수행하기로 후배들과 합의하는 각서를 받고 의장직을 수락했다는 사실이다. 민청련 초대 의장이었던 고 김근태 선배는 이렇게 회고했다.

> 그때 범영이가 각서를 쓴다고 해서 말렸어요. 민주화운동 방식에 그런 방법은 없거든요. 아마 각서 내용이 6개월만 한시적으로 의장을 역임하고, 민청련이 정비되면 노동운동을 하러 가겠다는 내용과 당시 의장직을 요구했던 젊은 세대 중 1인이 부의장직을 맡고 그 세대들이 적극적으로 도와주는 것을 내용으로 했죠. 젊은 세대들의 참여를 여러 가지 면에서 보장하고 확대하려는 의도와 본인 스스로에게 6개월 의장직을 다짐하는 의미가 있었을 거예요. 한번 책임지면 계속 책임져야 하는 부담감을 덜기 위한 의도가 아닌가 해요.[6]

그러나 이 각서는 효력을 발휘하지 못했다. 각서까지 받으면서 여전히 노동운동에 대한 미련을 버리지 못했던 이범영은 6개월만 하겠다고 시작했던 민청련 의장직에 열정을 다했다. 1988년 9월 민청련은 제11차 총회를 통해 의장 이범영과 부의장에 박우섭, 이승환을 선출했다. 의장을 맡은 이범영은 먼저 이완되어 있던 민청련 활동가들을 빠르게 다독였고, 80년대 학번의 젊은 세대들을 민청련의 주요한 일꾼들로 정비했다. 그 결과 민청련은 빠르게 회복되었고, 전국 각지에서 청년운동 단체들이 등장하는 속에서 확실한 구심력을 행사할 수 있게 되었다.

청년 대중운동의 전개

이범영은 전국에서 꾸준한 활동을 통해 새롭게 변모하고 있는 청년운동의 현황을 파악하고 그에 맞는 새로운 청년운동 조직 구상을 구체화하기 시작했다.

민청련은 한편으로는 청년학교 등 대중강좌의 마련, 문화소모임 방식의 도입 등 다양한 방식으로 청년들을 조직하고 안양, 성남, 수원, 중부 등 지부조직을 확대하면서도 전국 청년단결사업의 중심으로서의 역할도 떠맡아 나가게 되었다.[7]

이범영이 민청련 의장을 맡은 후의 민청련 상황에 대한 간략한 정리이다. 이범영은 여기 정리된 것보다 더 많은 사업을 진행해나갔다. 그는 먼저 6월항쟁 당시 거리시위에 대거 참여하고 주도했던 소위 '넥타이부대'라고 불렸던 사무직 노동자들의 진출에 주목했고 그들을 청년운동과 연계하는 문제에 각별한 관심을 쏟았다. 당시 민청련 지부는 대부분 생산직 노동청년 중심 지역에 자리잡고 그들을 조직하는데 집중하고 있었다. 지역적으로 북민청은 생산 거점으로서의 성격이 약했고, 당시 북민청을 이끌던 정동회는 이범영에게 사무직 청년조직 건설을 제안했다. 그는 이범영 등과 많은 토론을 거치면서, 북민청을 사무직 청년단체로 전환하고 이어서 본격적으로 사무직 노동자조직으로 발전시켜나갔다. 이후 북민청은 민청련 산하의 민주화운동직장청년회로 명칭을 변경했다.

지지부진하던 남민청과 동민청의 노동청년 조직사업도 이범영 지도부 하에서 새로 성과를 내기 시작했다. 이승환이 남민청으로 내려가 '노동자역사교실' 등의 사업을 진행하면서 구로지역의 노동청년사업이 궤도에 오르기 시작했고, 윤태일이 이끌던 동민청도 성수지역에서 착실히 노동청년사업을 발전시켰다. 이후 이 두 조직은 노동자 밀집지역인 구로와 성수 지역의 핵심 조직으로 성장하였다.

그리고 당시 이범영은 민청련 부설 기관이었던 청년학교 사업에도 특별히 신경을 기울였다. 청년학교를 청년 대중에 대한 교육기관으로 튼튼히 자리잡기 위해 이승환 등과 많은 토론을 통해 청년학교의 방향을 정립했다. 민청련의 청년학교는 지역의 청년단체들에게 많은 영향을 미쳤다. 충남민주청년연합이나 광주, 부산 등 여러 지역에서도 청년학교를 개강했다.[8]

청년학교에서 진행한 청년교육은 민청련에서 그 이전에 진행했던 교육과 다른 의미를 갖는 것이었다. 이전의 민청련 교육은 주로 활동가들을 대상으로 하는 간부 교육이 대부분이었으나, 청년학교에서의 청년교육은 일반 청년대중을 대상으로 하는 교육이었다. 청년학교 사업의 경험은 민직청, 남민청, 동민청 등 지역 특성과 결합한 '노동자 역사교실' 등으로 확산되었고, 이러한 교육사업들은 일반 청년대중들이 청년운동 단체로 인입되는 중요한 경로가 되었다.

이범영은 민청련 외에도 새롭게 건설되는 각 지역의 청년단체들에 대해서도 시선을 돌렸다. 1983년 민청련이 창립된 이후 6월항쟁 이전까지 전국에서 청년운동 단체는 충남민주화운동청년연합(이하 충남민청)과 전남민주주의청년연합(이하 전청련) 등에 불과했다. 그러나 6월항쟁을 거치면서 1987년과 1988년에 전국의 도시마다 새롭게 청년운동 단체들이 결성되기 시작했다. 새롭게 건설되는 청년운동 단체들은 대개 '문턱 없는 청년회'를 표방하고, 청년 대중들의 요구와 관심을 반영한 다양한 소모임 위주로 활동하였다. 소모임은 노래, 풍물, 문학 등과 같은 문화 소모임들과 환경 소모임과 같이 특정한 주제를 중심으로 독서와 해당 주제의 현장 활동을 하는 소모임들로 구성되었다. 청년회의 회원들은 소모임에 가입하여 활동하면서 스스로 학습하고 활동의 경험을 쌓아 나가기 시작했다.

한편 이 시기 청년운동의 주요 의제로 한반도의 평화와 통일의 문제가 새롭게 부각되기 시작했다. 물론 이는 1988년 공동올림픽 개최 주장으로 촉발되었지만, 분단 문제의 극복 없이 실질적인 민주화가 완성되기 어렵다는 새로운 인식에 입각한 것이었다. 또한 광주민중항쟁을 무자비하게 짓밟은 신군부의 진압 작전에 미국의 역할이 무엇이었는가에 대한 문제제기로부터 촉발된 자주의 문제도 청년운동의 중심 의제였다. 즉 청년운동의 주요 의제가 민주의 문제에서 자주와 평화, 통일의 문제로까지 확대되었다.

이제 청년운동은 1980년의 활동가 중심의 선도적 투쟁체라는 성격의 운동에서 청년 대중들이 회원이 되어 자주·민주·통일을 주된 내용으로 하는 청년 대중운동으로 변화하는 전환기에 들어서게 되었다. 이 전환의 분기점에서 이범영은 누구보다도 성실하게 탐구하고, 소통하면서 새롭게 변화되는 청년운동을 새로운 단계로 끌고 갈 준비를 하고 있었다.

전청대협의 건설

1988년 3월부터 민청련, 전청련 그리고 충남민청 등과 서울, 부산, 인천, 수원, 대구, 전주 등의 청년단체가 정기적으로 모여 청년단체 대표자 간담회를 진행했다. 간담회에서는 청년 대중운동이 날로 발전하고 있지만 통일적인 대오를 갖추지 못하고 있고 양적 성장에도 한계가 나타나고 있다고 청년운동 현황의 문제점에 대해 분석했다. 이러한 분석의 결론은 전국적인 청년운동 조직의 건설이 필요하다는 것이었다.

간담회에 참석한 대표들은 1989년 1월 '전국민족민주운동연합'(이하 전민련)이 결성되는 시기에 맞추어 청년운동 단체들도 전국적 청년운동 조직을 결성하기로 결정하였다. 이 결정에 따라 6월항쟁 이전부터 존재했던 민청련, 충남민청, 전청련 등과 6월항쟁 이후 새롭게 등장한 단체들 등 전국의 약 20여 청년단체들이 1989년 1월 19일 '전국청년단체대표자협의회'(이하 전청대협)를 결성했다.
  참가단체는 민주화운동청년연합, 나라사랑청년회, 민족통일애국청년회, 인천민주청년회, 수원사랑민주청년회, 경기동부지역 청년회, 성남청년회, 원주민주청년회, 강릉명주민주청년회, 속초·양양·고성지역사랑민주청년회, 부산민주청년회, 진주민주청년회, 대구새로운청년회, 마산창원민주청년회, 김해민주청년회, 충남민주화운동청년연합, 청주지역민주청년연합, 전남민주주의청년연합, 목포참세상청년회 등이었다. 참관단체는 서귀포나라사랑청년회, 한물결청년회, 사회민주주의청년연맹 등이었다.[9]
  1989년 1월 결성된 전청대협은 1992년 2월 '한국민주청년단체협의회'(이하 한청협)가 건설되면서 발전적으로 해소되었다. 이 시기 동안 매해 의장단이 보강되었고, 각 지역별 청년단체협의회도 구성되었다. 1989년 1월부터 1990년 1월까지의 전청대협 1기 의장단은 의장에 이범영, 부의장에 이춘문, 박태근이었으며, 간사에 윤태일이었다.
  이제 이범영은 전국 청년운동을 지도하는 사람이 되었다. 6개월만 민청련 의장직을 하겠다고 각서까지 받았던 이범영은 1989년 제12차 민청련 정기 총회에서 박우섭과 공동의장으로 선출되면서 다시 민청련 의장을 맡게 된다. 노동운동에 뛰어들겠다는 그의 생각은 전청대협을 통해 전국적 청년운동을 건설하는 과정에서 자연스럽게 청년운동에 헌신하는 것으로 바뀌었다. 결과적으로 그의 남은 삶 전체가 청년운동에 고스란히 바쳐지게 된 것이었다.

그런데 전청대협 운동을 진행하는 과정에서 각서에 얽힌 또 하나의 에피소드가 있다. 민청련 의장직을 수락할 때 후배들로부터 각서를 받았던 이범영은 전청대협 실무자들을 선임하면서 역시 각서를 받았다. 당시 전청대협 실무를 했던 고 홍만희가 농담 섞어 노비 각서라고 이야기한 '각서 에피소드'이다.

89년, 그때 겁나게 바빴잖아요. 또 우리 의장님이 얼마나 깐깐한지 전국 청년단체 명을 다 외우게 하고, 구술시험을 보기도 하고. 그뿐이 아니지. 단체 주소를 외우라고 했을 정도로 못살게 굴었다고. 의장님은 대중운동의 실무자들이 단체명을 제대로 외우지 못하면서 어떻게 신뢰를 얻느냐고 야단이었죠. 바쁘고 또 누가 상근비도 제대로 안 나오는 사무실에 와서 죽도록 일하려고 해요? 상근을 해보겠다고 오지만 죄다 1년을 못 버티고 나가는 거예요. 실무에 익숙할 만하면 나가고, 또 새로운 사람이 자리를 메우고. 그러니 본부 일이 제대로 됩니까? 그래 의장님이 한 번은 실무자 5명 인가를 불러다 놓고 각서를 쓰라고 했어요. 의장님이 불러주는 대로 받아 적으라는 건데, 이런 내용이었죠. 저희들은 전청대협에서 2년 이상 근무할 것을 약속합니다.[10]

전국 단위 청년사업의 전개

이범영은 전청대협을 건설하면서 전국적으로 통일된 청년운동을 수행하기 위해 대표자들의 생각을 통일적으로 정리하는 것뿐만 아니라, 더 나아가 각 단체 간부들과 회원들까지도 생각과 정서를 하나로 모으는 것에 대해 특별히 강조했다. 먼저 대표자들과 단체 간부들의 생각과 정서를 모으기 위해 대표자 회의를 전국 순회로 진행할 것을 제안했다. 이에 따라 전청대협 1기는 서울, 대전, 대구, 부산, 청주, 광주,

인천, 원주, 강릉, 영주, 울산, 수원, 진주 등 전국의 청년단체를 순회하면서 대표자 회의를 진행했다.

또한 전체 회원들의 생각과 정서를 하나로 모으기 위해 대규모 청년 대중사업도 추진했다. 먼저 서울과 경기 지역 청년단체들을 중심으로 대규모 청년문화행사가 제안되자, 이범영은 이를 적극적으로 수용했다. 서울과 경기 지역의 전청대협 소속 단체들과 흥사단청년아카데미, YMCA 등의 단체들, 그리고 전청대협 참관 단체였던 애국크리스챤청년연합(애청) 등 수도권 지역의 다양한 청년단체들이 공동 주최하는 〈제1회 서울·경기 청년문화대동제〉 행사가 1989년 5월 1일부터 7일까지 개최되었다. 이는 과거 민주화운동의 최전선에서 활동가 중심의 선도적 투쟁을 하던 청년운동이 대중운동의 성격으로 전환하면서, 광범위한 청년 대중을 대상으로 시도한 최초의 대규모 대중활동이었다. 청년문화대동제는 청년단체 회원들뿐만 아니라 일반 청년들까지 함께 어우러져 다양한 행사로 구성된 대규모 문화축제였으며, 성공적으로 마무리되었다. 청년 노래경연대회를 끝으로 막을 내린 제1회 청년문화대동제는 이후 범민족대회와 함께 진행하는 '청년통일노래어울림' 행사로 이어졌다.

청년문화대동제의 성공을 통해 전청대협은 대규모 행사를 치러낼 수 있다는 자신감을 갖게 되었다. 청년문화대동제의 성공에 있어 가장 결정적인 것은 서울지역 청년단체들에서 파견한 실무 일꾼들의 역할이었다. 그런데 실무 일꾼들이 한 몸처럼 움직일 수 있었던 데에는 각 단체 대표들이 전청대협은 활동가들의 선도적인 투쟁체가 아니라 대중단체들의 연합이어야 한다는 것으로 생각이 모여져 있었기 때문이었다. 따라서 최초의 대중 사업에 각 단체 대표들은 자기 단체 실무자들을 파견하고, 그 시기 동안은 소속 단체의 각종 사업으로부터 해방되어 청년문화대동제 사업에 전력을 다해 매달릴 수 있도록 배려한

대학로 주변에서 진행된 제1회 서울 경기 청년문화대동제 리플렛 (출처: 민주화운동기념사업회 오픈아카이브)

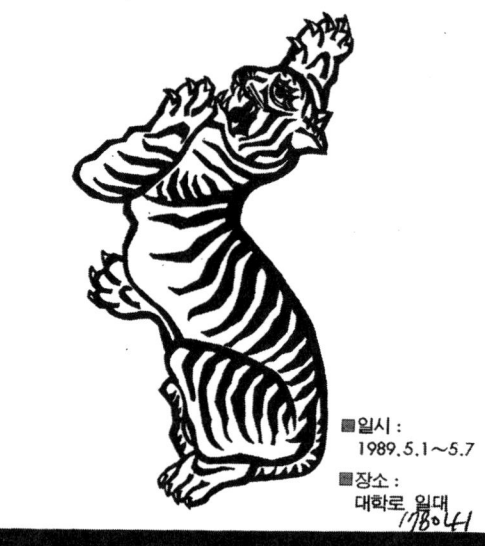

■ 본 행사

일 시	행 사 명	행 사 내 용	주 관
5월 5일	전 야 제	대규모 홍보전 (2시부터 진행)	행사진행분과
5월 6일 개 막 식	길 놀 이 17:30~18:00	자주패, 민주패, 통일패로 나뉘어 진행	대동놀이분과
	개 막 식 18:00~19:00	개회선언 및 의례, 참가단체 소개, 대회사, 경과보고, 축사, 추진위원선서, 행사일정 소개, 지킴이 발대식, 대동제 주제가 제창	행사진행분과
	제1회 청년가요제 19:00~21:00	청년들의 애국적 기상과 단결을 담은 노래 경연대회 및 특별공연 (초청가수, 노래패 공연)	노래분과
	뒷 풀 이	집단춤, 함께 노래부르기	행사진행분과
5월 7일 본대회 및 폐막제	거 리 굿 13:00~14:30	첫째 거리 ~ 노동 청년 굿 둘째 거리 ~ 농촌 청년 굿 세째 거리 ~ 일반 청년 굿 네째 거리 ~ 청년 대동굿	대동놀이분과
	시국강연회 14:30~15:30	민족과 청년의 나아갈 길	학술분과
	대 동 놀 이 15:30~18:30	몸풀이 - 집단춤 투석전 - 오자미 던지기 바구니 터뜨리기, 장대 쓰러뜨리기 청년 줄다리기	대동놀이분과
	폐 막 제 18:30~21:00	통일춤 한마당, 붓글씨 - 제2회 대동제 결의, 횃불잔치, 주제가 함께 부르기	행사진행분과

■ 주변행사

행사명	행 사 내 용	장 소	주 관
대동연극제 (5월1일~5일)	내사랑 한반도, 아버지의 행군, 멕스테크 노동자의 투쟁극화 공연	흥사단 강당	공연분과
미 술 전 (5월1일~5일)	청년작가전 (5월1일~5일)	예술마당 금강	전시회분과
사 진 전 (5월5일~7일)	북한청년의 생활전, 도시빈민전 매춘여성전, 반전반핵전, 산업재해전	대 학 로	"
시 화 전 (5월5일~7일)	통일의 열망을 담은 내용의 시와 그림	대 학 로	"
판 매 전 (5월5일~7일)	도서전시 및 판매, 민주 음식장터, 바자회, 기념품 판매	대학로 주변	전시회분과·재정부

것이었다. 이렇게 되는 과정에는 단체 대표자들에 대한 이범영의 설득이 주효했다. 이범영은 아직 대규모 대중 행사에 확신을 갖지 못한 단체 대표들을 모아 회의를 주재하면서 적극적으로 설득했고, 단체 대표자들의 다양한 의견을 하나로 수렴하면서 행사를 추진했다.

'청년문화대동제'와 더불어 전청대협은 또 다른 대규모 행사를 동시에 추진했다. 그것은 매년 5월마다 진행한 광주순례 사업이었다. 전국의 모든 청년단체 회원들이 광주에 결집해서 전야제를 하고, 다음 날 망월동 묘역 참배와 광주 시내에서 진행되는 5월투쟁에 참여하는 내용이었다.

이범영은 청년단체 회원들이 정치적 행사를 통해 전국적 통일성을 이루는 것을 매우 중요하게 생각했다. 사실 개별 청년단체들은 5월이 되면 각각 광주 순례를 단체 행사로 치렀기 때문에 광주에서 전국적으로 결집하자는 것은 매우 자연스러운 생각이었다. 그러나 문제는 실무 역량이었다. 전야제와 망월동 묘역 참배를 전국 청년들이 결집해서 치러내는 것은 상당한 실무가 수반되는 일이었다. 그런데 전청대협 1기는 대표자들의 회의체 이상도 이하도 아니었으며, 중앙 실무집행 역량은 전혀 갖추고 있지 못했다. 그런 조건에서도 전청대협 창립 이후 최초의 전국적 행사였던 광주순례는 커다란 성공을 거두게 된다. 5월 14일 전국에서 약 1,000여 명 청년단체 회원들이 광주 망월 묘역에 모여 광주 영령들을 참배했으며, 전남민주주의청년연합(전청련) 주최 결의대회에 참가했다. 이 행사의 성공에는 전청련 대표와 간부 그리고 회원들의 헌신적인 봉사가 결정적 요인이 되었다. 광주 순례를 통해 전국 청년단체 회원들은 전국적 청년운동의 실체를 스스로 확인할 수 있었다.

연이은 대중 사업의 성공을 통해 전청대협은 6월항쟁 이후 폭발적으로 성장한 청년운동의 양적 규모를 확인할 수 있었다. 양적으로 성장한 청년운동을 질적으로 성장시키려면 전국적으로 흩어져 있는 청년단체 간부들의 생각과 정서를 하나로 묶어내는 것이 중요했다. 이범영은 전국 청년단체 간부 수련회를 구상했다. 간부 수련회는 앞선 두 행사의 성공을 바탕으로 전국 정책일꾼들의 모임을 구성하면서 준비가 시작되었다. 9월 30일 충북 매포에서 1박2일 동안 진행된 간부 수련회 역시 전국에서 청년단체 간부들이 모여 성황리에 진행되었다. 연이은 전청대협 행사의 성공을 바탕으로 이제 본격적으로 전청대협 조직 강화에 대한 논의가 시작되었다.

논의 결과 전청대협 2기 진용이 갖춰지게 되었다. 먼저 전청대협 중앙 역량 강화를 위해 간사를 확대했다. 아직 사무국과 같은 체계를 꾸리기에는 역량이 미흡하다는 판단하에 간사를 김성환, 김환근, 임근재 등 3인으로 확대했다. 3인의 간사들이 실무의 중심에 서면서 전국적 통일성 강화를 위해 정책 실무회의 구성원이 대폭 확대될 수 있었다. 정책 실무회의에는 김성환, 김환근, 임근재 등 3인의 간사가 실무 집행을 맡고, 이인영(본부), 유호찬(이상 서울), 박영호, 이광희(이상 청주), 김양환(부산), 김춘희(수원), 유정배(춘천), 이신석(대전), 박형룡(대구) 등 전국 각 지역 청년단체 간부들로 확대하여 구성하였다. 이와 더불어 의장단 역시 전국적으로 확대, 강화되었다. 의장단은 이범영 의장과 부의장 한충목(서울), 이경률(광주), 이기동(진주), 김필중(대전) 등으로 구성되었다. 그리고 전청대협은 20여 개 참가 단체와 10여 개 참관 단체 등으로 확대되었다.[11]

이 시기 이범영에게 중요한 일정은 바로 개별 청년단체를 순방하고 간부 및 회원들과 소통하는 일이었다. 밑으로 내려가 '현장을 지도하는' 일은 이범영이 병마로 쓰러지기 전까지 상시적으로 진행했던 일정이었다. 그는 회원들과 뒷풀이 자리도 함께하면서 스스럼없이 하나가 되었다. 청년단체 회원들은 늘 엄숙하고 진지한 사람으로만 보았던 이범영 의장과 뒷풀이를 함께 하면서 때로는 즐겁게 놀고, 때로는 진지하게 토론하는 이범영의 새로운 면모를 보게 되었다. 이러한 과정은 이범영 본인에게도 많은 변화를 가져왔다. 주로 활동가들 사이에서만 부대끼고 살아왔던 이범영은 대중사업에서 아래로 내려가 사업하는 문제의 중요성, 현장과 실정에 대한 정확한 파악, 운동의 모범의 창출과 확산의 중요성을 실감하게 되었다.

동민청 회원들과 함께 뒷풀이 하고 있는 이범영. 옆에는 동민청 회장 윤태일
(출처: 김설이 소장 자료)

이때부터 이범영은 한국 청년운동의 이론과 방법론적 지침을 만들 필요성을 절실히 느끼고 있었다. 청년운동론 정립을 고민하던 이 시기의 이범영에 대해 1989년부터 한청협 건설 준비에 들어간 1991년까지 이범영을 보좌했던 류호찬은 다음과 같이 회고했다.

"저는 당시 의장님을 보좌할 만한 직책을 갖고 있었던 것은 아니었습니다. 그냥 비서였어요. 그래서 오해도 많이 받았지만, 제가 경제적인 문제로 민직청을 정리하고 난 후에도 자주 만났습니다. 주로 의장님이 전화를 많이 하셨죠. 한번 전화를 하면 1시간은 보통이었고 전화로 문제가 잘 해결되지 않으면 누가 먼저랄 것도 당장 보자는 얘기가 나왔고 다른 장소로 옮겨 시간 가는 줄 모르고 청년운동에 대해서 이야기를 나누었습니다. 의장님은 제가 특별해서가 아니라 누군가 의논할 상대를 필요로 하셨습니다. 전국 순회를 여러 번 함께 했던 터라 각 청년단체 사정을 제가 좀 알고 있었고 청년단체 회원과도 폭 넓게 알고 지내는 저한테 이야기하기가 편하셨던 거죠."[12]

지역 청년조직의 건설

이 시기 이범영은 무서울 정도로 일에 집중했다. 한 번에 며칠간 연속으로 전국의 청년단체를 돌아다니면서 각 청년단체에서 제기되고 있는 크고 작은 문제를 의논하고, 전민련 등 전선운동의 발전과 그 속에서 청년운동의 역할을 강화하기 위해 수많은 사람들을 만났다. 그 상황에서는 거의 매일 동가식서가숙하는 생활을 이어갈 수밖에 없었다.

2기가 출범한 1990년에 전청대협은 전국민족민주연합에 가입했다. 이는 청년운동이 전체 운동에서 하나의 부문운동으로 성장했음을 확인시켜 주는 일이었다. 전청대협 2기에서 역점을 두었던 사업은 지역

조직 강화사업이었다. 이 방침에 따라 가장 먼저 지역청년단체협의회를 구성한 것은 영남지역이었다.

3월 18일 부산, 경남, 경북 지역의 청년단체들이 모여 '영남지역청년단체대표자협의회'(이하 영청대협) 발족식을 부산대에서 개최했다. 영청대협에는 대구, 울산, 마산, 창원, 김해, 진주, 부산 등의 지역 청년단체들이 참가했다. 영청대협 발족식과 더불어 회원들의 체육대회가 부산대 운동장에서 열렸다. 이범영은 전청대협이 비록 대표자협의회 수준의 단체간 연대조직이라 하더라도, 밑으로부터의 회원들 간의 교류와 단합을 매우 중시했다. 영청대협의 발족식과 함께 회원들의 체육대회가 열린 것은 바로 이러한 취지였다.

영청대협은 활동 과정에서 부산·경남과 대구·경북을 하나의 조직으로 꾸리는 것은 무리라는 판단에서 부산·경남 지역과 대구·경북 지역을 분리하기로 했다. 그에 따라 1991년 1월 대구·경북 청년단체대표자회의가 구성되었다.

서울지역의 경우에는 1990년 2월에 서울지역 청년단체 간부 수련회가 열리면서 지역청년단체 조직 논의가 시작되었다. 당시 서울지역의 청년단체들은 민청련을 위시해서 나라사랑청년회, 민족통일애국청년회, 한물결청년회, 애국크리스챤청년연합 등의 단체가 전청대협에 가입해 있었다. 이 단체의 간부들이 참여한 수련회에서 전국적으로 통일적인 청년운동의 발전을 위해 지역에 기반이 튼튼한 지역청년조직의 필요성과 이를 위한 서울지역 청년단체협의회 구성 필요성 등이 논의되었다. 3월에는 두 번째 서울지역 청년단체 간부 수련회가 열렸다. 두 번째 간부 수련회는 더욱 확대된 인원들이 참여했다. 민청련, 한물결청년회, 민족통일애국청년회, 나라사랑청년회, 애국크리스챤청년연합 등 5개 단체 간부 70여 명이 참석하여 '서울지역청년단체협의회'(이하 서청협) 건설을 위한 여러 사업을 검토하고, 문화/교육/직업

등 각 분야별 사업에 대해 논의했다.

서청협 건설을 위한 준비사업의 일환으로 7월 1일에는 '서울지역 청년단체 대동제'를 추진했다. 이 대동제 행사는 서청협 건설이라는 목표에 집중하여 전청대협 소속 서울지역 5개 청년단체 회원들 중심으로 진행됐다. 이어 12월에 서청협 건설준비위원회가 결성되었으며, 1991년 1월에는 서청협 건설을 위한 간부교육을 진행했다. 이런 일련의 준비 과정을 거쳐 1991년 2월, 서울민주청년단체협의회 창립식이 개최되었다.

영남과 서울지역 이외에서도 지역청년단체협의회 건설에 대한 준비가 진행되었다. 성남지역의 경우, 7월에 성남 청년단체 간부간담회

1990년 7월 서강대학교 운동장에서 진행된 제2회 청년문화대동제에 두 딸 건혜, 승민이와 함께 참가한 이범영 (출처: 김설이 소장 자료)

가 열렸으며, 9월에는 성남 청년단체 체육대회를 개최하면서 '성남청년단체대표자협의회 준비모임'(성청대협)이 시작되었다. 11월에는 성청대협 우루과이라운드 토론회가 열렸으며, 12월에는 성청대협 송년의 밤 행사가 열렸다. 그리고 경기 남부 지역에서도 9월에 수원, 용인, 오산 등의 단체들이 '경기남부청년단체대표자협의회'를 구성했다. 또한 1991년 1월에는 전주새길청년회, 김제사랑청년회, 부안사랑청년회 등이 모여 '전북지역청년단체대표자회의'를 구성했다. 또한 부천 지역에서도 1991년부터 부천사랑청년회, 석왕사청년회, 한뿌리청년회, 불씨, 사랑나누기 등의 단체가 모여 '부천지구회장단모임'을 구성했다.

이렇게 전청대협 지역조직 건설 작업이 진행되는 과정에서 이범영은 시간을 쪼개가며 지역을 다녔다. 준비모임이든 결성식이든 혹은 지역행사든 이범영은 전국을 누비면서 전국 청년운동의 통일성 확대를 위해 그야말로 '헌신'했다. 이범영이 집에 귀가하는 날은 1년에 손에 꼽을 정도였다. 그 이전에도 수배와 구속 등으로 집에서 이범영을 제대로 보지 못했던 부인 김설이는 이 시기의 이범영에 대해 "이범영은 자기가 아니라 청년운동과 결혼한 사람"이라고 이야기할 정도였다.

1990년 9월 민청련 제13차 총회가 열렸고, 이범영은 다시 민청련 의장에 선임되었다. 부의장에는 이승환, 유기홍이 선임되었다. 이 총회의 특이했던 점은 민청련 최초로 의장 선출을 회원들의 직선제 투표로 했다는 것이다. 당시 민청련 내부는 전체 운동의 축소판과 같았다. 1980년대 말부터 NL-PD논쟁 구도와 같은 전체 민주화운동 진영의 노선투쟁이 민청련 내부에서도 똑같이 존재하고 있었다. 이 문제에 대한 민청련의 대응은 각 노선을 대표하는 후보들이 전체 회원들을 대상으로 자신의 주장을 적극적으로 펼친 후 회원들의 선택으로 지도부를 결정하는 직선제의 도입이었다. 선거 결과는 예상대로 이범영 후보팀

(부의장 이승환, 유기홍)이 승리했다.

전청대협 2기는 지역조직 강화 사업과 함께 전국적 단위의 청년 결집 투쟁도 더욱 확대해 나갔다. 5월 19일의 광주순례는 경찰 당국의 원천봉쇄 속에서도 전국적으로 35개 단체 약 2,000여 명의 회원들이 집결했다.

90년 3월 전민련 대의원대회에서 8.15범민족대회 개최를 결의한 후, 전청대협은 개별단체가 아닌 전청대협 차원에서 범민족대회에 결합했다. 범민족대회 추진위원으로 전청대협 주요 대표 약 50여명이 참여했고, 범민족대회 당일에는 전국에서 2,000여 명 이상의 청년들이 서울에 집결했으며, 판문점으로 진출하기 위한 60여 명의 청년선봉대가 구성되었다.

전국 청년운동의 정치·사상적 통합을 강화하는 노력도 계속됐다. 제2회 전청대협 간부 수련회가 대전 한남대학교에서 약 450여 명의 단체 간부들이 참여한 가운데 열렸다. 이 간부 수련회에 대한 이원영의 기억은 조직운동과 규율에 대한 이범영의 태도를 잘 보여주고 있다.

> 전국에서 모인 혈기왕성한 청년들이 행사를 하다보면 뒷풀이로 술자리를 갖는 것이 다반사였다. 그런데 이날 만큼은 처음부터 규율을 강조하면서, 절대 술자리를 엄금한다고 했다. 그러나 각 분반으로 나뉘어져 토론을 마친 조 중에 한남대 외부에서 술을 들여와 뒷풀이를 하던 조가 적발된 것이었다. 그것도 하필 규율을 책임지고 있던 이광희에게 적발된 것이었다. 이광희는 단호한 조치를 요구했다. 그런데 그 술자리는 자기들끼리 조용히 진행된 것이었으며, 크게 다른 조에 방해를 준 것도 없었다. 이에 간부 수련회에 참석한 전청대협의 지도부 내에서는 선처하자는 의견이 많았다. 그러나 이범영은 단호했다. 우리가 만든 규율을 어긴 것은 용납해서는 안된다는 것이었다. 물론 벌칙이라고 해봐야 대단한 것은 아니지

만 이범영이 스스로 합의한 약속을 얼마나 중요하게 여기는지를 보여주는 한 예라 할 것이다.

분신정국 속에서

1991년 2월 전청대협 3기가 시작됐다. 의장에 이범영, 부의장에 한충목, 유기홍, 이경률, 이기동, 김필중을 선임했다. 의장단은 2기와 비교할 때 민청련의 유기홍이 부의장에 추가되었다. 전청대협 3기에 들어와 본격적으로 상근자를 꾸리기 시작했다. 상근자는 총무부장 홍만희, 조직부장 임근재, 조직차장 장준호, 선전부장 정윤옥 등으로 구성되었다. 참가 단체는 21개로 이전과 비슷했지만 참관 단체는 17개 단체로 대폭 늘어났다.

1991년은 강경대 열사의 죽음 이후 격렬한 5월투쟁이 벌어졌던 해였다. 91년의 5월투쟁은 전청대협 차원에서는 매우 가슴 아픈 투쟁이기도 했다. 그해 5월, 수많은 열사들이 스스로 자신의 목숨을 버리고 하늘의 꽃이 되었는데, 그 열사들의 대열에는 민청련 회원이었던 김기설(성남 민청련)과 윤용하(민주화운동직장청년연합)도 포함되어 있었다.* 전청대협 회원들은 울며, 분노하며 투쟁에 나섰다.

---

*이 중 김기설은 전청대협 조직부장이던 임근재, 조직차장 장준호 두 사람과 함께 자취했던 사이였다. 그 두 사람이 받았던 충격은 매우 컸다. 당시는 '분신정국'이라 불릴 정도로 목숨을 건 항거가 이어지던 상황이라, 서청협 회원들은 매일 가두시위를 하면서도 그 두 사람이 혹시 충격으로 어떤 일을 벌일지 몰라 각별히 신경쓰지 않을 수 없었다고 한다. 그래서 서청협 회원들은 일부러 이들과 밤낮을 함께 보내며 특별히 '관리' 했다고 한다. 이원영의 증언이다.

특히 서울지역에서는 5월 내내 가두시위가 벌어졌으며, 서청협은 이 가두시위에 적극적으로 함께 했다. 서청협은 매일 가두시위에서 특정 지역을 책임지고 직접 시위를 주동하는 등 적극적으로 역할 수행을 했다. 매일 시위에 서청협 회원들은 퇴근 후 거리로 달려 나왔다. 사실 전국 조직 산하의 서울지역 조직들은 서울지역 조직의 정체성을 확인하기가 쉽지 않았다. 전국 조직의 정치사업이 일반적으로 서울을 중심으로 진행되었고, 제반 실무적 역할을 서울지역 단체들이 동원되어 맡는 경우가 다반사였기 때문에 전국 조직과 서울지역 조직은 동일체처럼 느껴지는 경우가 많았다. 그렇지만 91년 5월투쟁을 통해 서청협은 전청대협 산하 서울지역 조직이라는 자신의 정체성을 명확히 확인할 수 있었다.

한 달여 걸친 가두시위가 지속된 91년의 5월투쟁은 노태우 정부의 '유서대필조작사건'이라는 악재가 돌출하면서 난관에 빠지게 된다. 보수 언론은 김기설의 유서를 당시 전민련의 실무자 강기훈이 대필했다는 황당한 주장을 펼쳤고, 국과수 감정관이 동조하고 나섰다. 한 달여 지속된 투쟁에 피로감을 느끼던 때에 정부의 유서대필조작 '공작'이 대대적으로 펼쳐지면서 5월투쟁은 변화를 모색하지 않을 수 없었다.

5월투쟁을 이끌고 있던 전민련은 명동성당 농성을 결정했다. 이범영은 서청협을 중심으로 전청대협의 대오를 이끌고 명동성당 농성에 합류했다. 그러나 투쟁 열기가 하강하는 상황에서 진행된 명동성당 농성 투쟁은 오히려 고립되고 있었다. 이 투쟁의 마무리를 어떻게 할 것인가를 두고 농성 지도부에서는 논쟁을 거듭하면서 결론을 내리지 못하고 있었다. 이때 이범영은 더 이상 농성을 지속하는 것은 무리이며, 스스로 해산하는 것이 차선책이라는 주장을 폈다. 지도부 내에서 농성 마무리에 대한 결론을 내지 못하고 시간만 흘러가게 되자 이범영은 전청대협의 농성 철수를 결정했다. 시간이 지나면서 농성투쟁 지도부는 경찰 포위망 강화로 명동성당에 고립되었고, 전청대협은 경찰 포위에 갇혀 있는 농성 지도부 구출 투쟁을 전개했으나, 결과적으로 농성 지도부였던 한상열 목사의 구속으로 농성투쟁은 끝나게 되었다. 지금 되돌아 보면 전청대협의 농성투쟁 철수 결정은 힘든 결정이었지만, 투쟁 대오의 피해를 최소화할 수 있는 정확한 상황판단이었다. 또한 농성 철수 이후 지도부 구출 투쟁에 적극적으로 나선 것은 비록 결과적으로 구출에 실패했을지라도 투쟁을 투쟁으로 마무리하는 원칙적인 결정이었다. 이범영의 냉정한 현실 판단과 투쟁에 대한 원칙의 견지가 돋보였던 장면이었다.

1991년 5월투쟁 당시 명동성당 농성 집회에서 이범영이 연설하면서 참가자들에게 주먹을 흔들고 있다. (출처: 김설이 소장 자료)

'전국청년단체협의회' 건설 결의

　전청대협 3기에 들어와서도 지역 조직사업은 지속적으로 진행되었다. 3월에 진주지역민주청년회, 사천향토사랑청년회, 삼천포사랑청년회 준비위, 남해청년회 준비위 등이 함께 '서부경남청년단체대표자회의'를 구성했다. 광역 단위에서 현실에 맞춰 세분화된 지역 청년단체 협의회는 경남 지역뿐만 아니라 경기도에서도 진행되었다. 1년 전부터 추진되었던 성남지역에서의 조직사업이 결실을 얻었다. 3월에 성남 청년단체 순회 간담회, 5월에는 성남지역 청년단체들이 함께 '백골단 해체와 노태우 정권 퇴진을 위한 성남 시민결의대회'를 진행했고, 그 성과를 바탕으로 6월에 정식으로 '성남청년단체대표자협의회'를 구성했다. 부천지역에서도 부천지역의 청년단체와 지역 단체들이 함께 부천지구 연합문화제를 진행했다.

　전청대협 전체가 집결하는 5월 광주순례와 8월 범민족대회는 완전히 정착되었다. 경희대에서 벌어진 제2차 범민족대회에 약 2,000명 청년들이 전국에서 결집했다. 특히 이 범민족대회를 준비하면서 전청대협 산하에 조국통일특별위원회를 구성하여 위원장으로 한충목 부의장을 선임했다. 그런데 1991년 범민족대회를 준비하던 과정에서 이범영은 범민족대회와 관련하여 공안 당국으로부터 수배되었다. 운동을 시작하고 세 번째 맞이하는 수배 생활이었다.

　수배 중임에도 불구하고 그는 전국의 청년단체들을 돌아다니며 밤을 새워 조직건설에 나서는 문제들을 토론하고 또 토론했다. 이견이 발생한 지역이라면 어디든 찾아가 소통하고 토론했다. 이견과 문제가 생기는 곳에는 더 열심히 찾아가 이견을 좁히고 청년운동의 통일성을 강화하려는 그의 노력은 그에 대한 전국 청년단체 회원들의 신뢰를 더욱 높이게 되었다. 원주민주청년회 회장이었던 김진희는 원주를 찾아온 이범영에 대해 이렇게 회고했다.

"1991년 범민족대회를 앞두고 [전청대협] 대의원대회가 원주에서 있었어요. 그때 의장님이 짠 하고 나타나셨는데, 까만 선글라스에 영화에 나오는 007가방을 들고 오셨거든요. 말씀으로만 듣던 의장님을 그때 처음 보았어요. 당신 고향이 원주 문막이잖아요. 그래서 우리 청년회에 자주 들리셨어요. 아주 많은 이야기를 들려주셨어요. 사업상 제기되는 것은 물론이고 회원 하나하나의 생활에 대해서 묻고, 또 이럴 때는 이렇게 했으면 좋겠다고 꼭 도움말을 주셨죠. 무척 단호하시면서도 부드러우셨어요. 들리시지 못할 때는 전화를 자주 하셨어요. '나요' 전화 첫 마디가 그렇잖아요. 아침에 전화를 자주 하셔서 원주 청년회 돌아가는 사정을 들으시고 회원들 안부 물으시고 2-30분 통화는 보통 했거든요."[13]

이러한 노력으로 전청대협은 양적·질적 성장과 함께 내부 통일성이 높아지고, 덩달아 청년운동은 전체 운동진영의 가장 든든한 부문운동으로 자리 잡게 되었다. 이 성과를 토대로 9월의 전청대협 3기 간부수련회에서는 전청대협의 조직 수준을 대표자협의회에서 단체협의회로 한 단계 발전시키기로 결의했다. 명실상부한 전국적 청년조직 건설에 나서기로 한 것이다. 이 결의에 따라 간부수련회 중에 '전국청년단체협의회 건설준비위원회'(이하 전청협)를 구성했다. 전청협 건설준비위는 창립대회 준비위원장에 유기홍 서청협 의장, 집행위원장에 이원영 애국크리스챤청년연합 의장, 총무국에 김흥섭, 조직국에 김종원, 임근재, 장준호, 선전국에 정윤옥, 문화선전대에 김종철, 서상규, 정책국에 유호찬, 이남주, 김종민 등으로 구성되었다. 전청협 건준위는 미가입 단체 참가 확대와 가입 단체 회원에 대한 전국청년 통합조직 건설 필요성 교양을 진행하는 한편, 단일조직건설을 위한 조직사업 계획안을 정리했다.

1992년 1월 4일 탑골공원 앞 서청협의 부시방한반대 투쟁. 앞줄 가운데는 민청련 회원 김일중이다. (출처: 민주화운동기념사업회 오픈아카이브)

■ 전청협을 전국 청년들의 단일 조직으로 발전시켜 나가기 위한 핵심과제

① 사상 의지적 통일 수준과 규율성을 높이기 위한 지속적이고 끈기 있는 노력이 있어야 한다.
② 각 단체의 조직 활동상의 써클주의적 한계를 극복하고 모든 소속 단체에 통일적인 조직활동의 정형을 세운다.

③ 각계각층 청년 대중에 대한 조직사업 체계와 정형을 내와야 한다.

■ **전청협의 강화 발전을 위한 당면 조직사업**

(1) 전청협에 조직된 역량을 체계적으로 정비하고 단련하여 보다 통일 집중적이고 강력한 힘을 가지고 활동하며, 단일조직으로 발전하기 위한 주체적 역량을 준비해 나가기 위해
① 중앙의 정책과 집행 역량의 강화
② 전청협의 간부 대오와 전체 회원 대중의 정치 사상적 통일을 높이기 위한 사업의 중심고리로 기관지를 발간한다.
③ 핵심 대열을 늘려가며, 전청협의 열성자 대오를 체계 있게 단련시키고 조직 시키기 위한 간부 교육을 내실 있게 진행한다.
④ 지역 청년단체협의회를 건설하고 강화한다.
⑤ 부문위원회를 건설한다.
⑥ 청년선봉대를 건설한다.
⑦ 청년운동 조직 활동의 혁신을 위한 사업을 기획, 집행한다.

(2) 보다 많은 청년단체를 포괄하여 여타의 청년단체들과 폭넓게 단결을 실현하기 위하여
① 참가 단체를 확대한다.
② 참관 단체의 조직적 결합의 내용을 세운다.
③ 전청협 참가(참관)이 어려운 여건에 있는 단체들과 다양한 방식의 단결을 실현한다.
④ 해외의 진보적인 청년조직들과 연대를 추진한다.[14]

민청련 해소를 둘러싸고

전청협 건설을 준비하는 과정에서 가장 큰 난관은 바로 '민청련 해소 문제'였다. 1991년 서청협이 결성되면서 실질적인 전국청년 단일조직으로서의 '전청협' 건설에 앞장서고 있는 민청련의 조직적 진로 문제가 현안으로 부상했다.

당시 민청련은 서울지역의 3개 지부와 민직청, 그리고 수원, 성남, 안양 등에 지부를 두고 있는 단체였기에 민청련 중앙은 실무역량 외에 별도의 조직이 없었으며, 또 지역청년단체협의회와 민청련의 각 지부 조직이 어떻게 관계 맺을 것인가 하는 문제도 있었다. 각 지부조직들은 대부분 각 지역에 깊이 뿌리내리면서 지역운동의 중심으로 활동하고 있는 상황이었고, 이들은 자신의 청년운동 정체성을 전국청년조직의 일원으로 확인하는 외에 별도로 민청련이라는 이중 정체성을 유지할 필요가 크지 않았다. 이런 상황에서 치러진 1991년 민청련 제14차 총회는 전국청년 조직사업의 발전에 따른 민청련의 진로 문제가 쟁점이 될 수밖에 없었다. 민청련의 발전적 해소 논의가 본격적으로 시작된 것이다.

이 논의는 이범영 등에게 매우 고통스러운 과정이었다. 그도 마찬가지였지만, 민청련 창립과 함께 청춘을 민청련에 고스란히 바친 선배들은 논리적 이해와 별도로 정서적으로 민청련 해소를 받아들이기 어려웠다. 또 민청련 내 일부도 민청련 해소에 완강히 반대했다. "전국청년 단일조직건설과 서울지역 단일조직건설을 위해 민청련을 발전적으로 해소하여 서청협과 전청협을 강화하자"는 민청련 현역들의 주장과 "전국 청년의 단결을 꾀해 나가면서도 개별 단체로서의 민청련의 임무가 중요하다"는 창립멤버 중심의 선배들 사이의 견해 차이는 적지 않았다. 이범영은 전국 청년 단일조직건설을 위해 민청련 해소가 불가

피하다고 판단하고 선후배들을 설득해 나갔다.

이범영은 민청련의 각 지부는 개별 단체로 전청협에 가입하고, 민청련 중앙 본부는 전청협 중앙 본부로 이전하자고 제안했다. 이것은 민청련 중앙 본부를 해소하고, 민청련 지부들은 각각 개별적 단체로 활동하자는 제안이었다. 사실 전청대협과 민청련 본부는 모두 서대문 기독교사회문제연구원 건물에서 사무실을 사용하고 있었기 때문에 이전이라고 할 것도 없는 상황이었다. 1991년 제14차 총회를 한 달여 앞둔 9월, 민청련 OB그룹 20여 명이 민청련 해소에 대한 논의를 위해 서대문에 있는 기독교 선교교육원에 모였다. 최민화, 권형택, 최정순, 김성환, 남근우 외에 민족민주연구소장 채만수, 그리고 민청련 부의장 이승환 등이 참석했다. 선배그룹 중에는 민청련의 정치적 임무가 아직 끝나지 않았으며, 따라서 민청련 해소란 있을 수 없다는 주장도 강하게 제기되었다.[15] 이날의 논의는 이범영 집행부의 제안을 수용하고 성원하는 것으로 마무리되었다.

만약 이들 사이에 '민청련에 대한 애정'이라는 공통성이 없었다면, 무엇보다 이범영 등 선배그룹으로부터 깊은 신뢰를 얻고 있던 가교 세대가 없었다면, 이 논쟁은 쉽게 정리되기 어려웠을 것이다.

이후 91년 10월 민청련 제14차 총회에서 수배 중이던 이범영은 의장에서 물러나고 유기홍 부의장이 민청련 의장으로 선출되었다. 유기홍 의장의 임무는 민청련을 잘 정리하여 해소하고 질서 있게 전청협으로 이전하는 것이었다. 민청련의 공식 해소는 한청협 건설 이후인 1992년 11월 제15차 총회를 통해 이루어졌다. 민청련 해소 이후 민청련의 서울지역 지부인 남서울 민청련, 동서울 민청련과 민주화운동직장청년회 등은 한청협에 개별 단체로 가입하여 활동하게 되었다.

『90년대 한국 청년운동론』

민청련 해소 논의 당시 이범영이 자주 찾아가 협의했던 고 김근태 선배는 당시 상황에 대해 이렇게 회고하고 있다.

"그 무렵 범영이와 청년운동 전반에 대해서 많은 이야기를 나누었습니다. 청년 대중운동의 필요성을 역설했고 단일한 사상으로 무장한 전국 청년조직을 꾸리는 문제에 대해서도 의논을 한 적이 있습니다. 큰 틀에서 범영이의 생각하고 다르지는 않았습니다. 그러나 청년 대중조직, 즉 문턱이 없는 대중조직이란 결과적으로 비현실적이라는 게 제 입장이었고 결국 민주주의를 일궈가는 사람이 참여할 수밖에 없는 것 아니냐고 했죠. 각 청년단체에 생겨나고 있는 문화교양모임을 세우는 문제에 대해서도 일정 정도 이견이 발생했습니다. 많은 이야기를 했지만 한가지였죠. 청년운동의 경로에 대한 문제였던 겁니다."[16]

김근태 선배는 민청련 해소를 둘러싼 진통에 대해 말하고 있었지만, 실제 내용은 청년운동과 청년운동 조직에 대한 중요한 관점의 차이였다. 민청련 의장으로 취임하기 이전부터 한국 청년운동의 이론과 방법론적 지침을 만들 필요성을 강하게 느끼고 있던 이범영은 청년운동을 둘러싼 오해와 이견을 해소하기 위해서라도 민청련이 출범하던 80년대와 다른 90년대 한국 청년운동론을 시급히 정리할 필요가 있다고 생각했다.

그가 쓴 『90년대 한국 청년운동론』은 이런 문제의식에서 만들어진 것이었다. 『90년대 한국 청년운동론』은 이범영이 활동가 중심의 80년대 청년운동에서 새로운 청년 세대가 등장하고 대중적인 청년단체 활동이 진행되었던 80년대 말부터의 청년운동에 대한 자신의 생각과 경험을 정리한 것이었다. 이 책을 집필하는 과정에서 이범영은 유호찬, 김종민, 윤태일, 정동회, 신기동 등 가까웠던 민청련 후배들은 물론이고 각 청년단체 핵심 간부와 회원들과 만나 토론하고 각 청년단체에서 진행하고 있는 조직사업을 일일이 점검하고 토론했다. 이 책의 머리말에서 그는 이렇게 이야기하고 있다. "이미 한국 청년운동은 최근 2~3년의 집적된 경험만으로도 독자적인 이론과 방법을 체계화시키기에는 충분할 만큼 성숙되었으며, 역으로 이 시점에서 독자적인 청년운동론을 본격적으로 세워나가지 않으면 운동의 질적 비약을 이루어 낼 수 없게 되었습니다."[17]

이범영은 전청대협을 거치면서 나타난 새로운 청년운동의 성과를 바탕으로 민청련 해소를 둘러싼 논쟁을 종결짓고 싶어 했다. 전국청년조직으로서의 한청협(건설 준비 당시 명칭은 전청협)을 전국적 청년 대중운동의 중심으로 세우는 것과 함께 그 이론적 토대 정립을 위해 『90년대 한국 청년운동론』을 만들었고, 여기서 제기한 실천 방안을 한청협 건설 과정에 구체적으로 반영해 나갔다.

사실 이범영은 이미 1987년 10월 민청련 기관지인 『민주화의 길』에 「청년운동론 시론」이라는[18] 제목으로 청년운동론을 쓴 일이 있다. 그 글에서 이범영은 노동운동을 비롯한 민중운동 지원과 참여를 통한 민중운동과의 결합이 청년운동의 가장 기본적인 과제라고 제시했다. 그 이유는 첫째, 노동운동이나 농민운동이 장족의 발전을 이루었지만, 여전히 부족한 역량으로 많은 일손이 필요하며, 둘째, 청년운동은 노동운동과 결합함으로써 비로소 건강한 발전을 이룰 수 있다는 것이었다. 이어서 그는 청년운동의 구체적 임무로 다음과 같이 지적하고 있다.

첫째, 공개 정치투쟁의 수행에만 치중해 온 활동을 대중조직 활동과 통일적으로 결합하여 수행해야 한다. 대중노선의 관철은 대중조직 활동에 의한 대중 접촉 면적을 다면화함으로써 비로소 가능하다. 둘째, 민중운동과의 실질적 결합을 위해 조직원의 대부분이 중간층 출신의 지식 청년들로 구성된 것을 탈피하여 기층민중 출신의 청년들이 다수를 이룰 수 있게 해야 한다. 여기서도 노동자, 농민 출신에 주안점을 두어야 한다. 셋째, 청년운동 고유의 임무인 교육과 훈련에 각별한 관심과 노력을 기울여야 한다. 학생운동 출신의 인자에 대해서 그들이 새롭게 사회운동에 투신함에 있어서 시행착오가 적도록 청년운동은 그 가교적 역할을 수행해야 할 것이다. 넷째, 지역 단위로 노동자, 도시 하층민, 학생, 재야 등을 반외세 반파쇼 투쟁에 광범위하게 결집해 낼 수 있는 지역 단위 연합전선의 구축에 힘을 기울여야 한다. 여기서 노동운동과 긴밀하게 결속하여 연합전선의 핵심을 이루도록 해야 한다. 다섯째, 전국적인 민중운동의 통일전선 구축에 일익을 담당해야 한다. 현재의 청년운동 단체는 공개(반합법) 정치 조직이고 따라서 공개 영역의 활동에서 풍부한 실무역량을 축적할 것이므로 장차 구축되는 통일전선 공개 단위체의 주요 역량을 구성해야 한다. 여섯째, 대중조직 활동과 전선 형성에 대한 전망을 구체화하기 위해서 청년운동 조직은 이중적 멤버십을 갖고 활동하게 만들어야 하며, 역으로 지역 안에 있는 다른 그룹 또는 조직의 활동가들이 거리낌 없이 들어오거나 활용해 낼 수 있는 일종의 공개 전선체로 문호를 개방해야 할 것이다. 끝으로 청년운동 조직은 부분적 민주화의 국면을 맞이하여 자신 조직보다 대중화되고 개방화되면 될수록 핵심 대열의 형성에 의한 사상적 조직적 중심을 굳건히 세우기에 힘써야 한다.[19]

길게 이 글을 인용한 것은 이 글과 『90년대 한국청년운동론』을 비교해 보면 청년운동에 대한 이범영의 생각이 변화, 발전하는 것을 잘 알 수 있기 때문이다. 위의 인용한 글을 보면 1987년까지만 해도 청년운동에 대한 이범영의 생각은 '도구론'에 가까웠다. 청년운동의 대중적 활동을 강조하고는 있지만 독자적인 대중운동 영역으로 상정하기

보다 민중운동에 대한 지원과 전체 전선운동에서 역할을 강조하고 있다. 그러나 불과 3년 뒤에 발간한 『90년대 한국 청년운동론』에서는 청년운동에 대한 달라진 인식을 보여주고 있다.

『90년대 한국 청년운동론』에서는 청년운동의 성격을 세대적 특성에 기초한 사회적 계층운동이자, '민족문제를 중심으로 한 정치적 대중운동'으로 규정했다. 청년운동은 세대적 진취성을 특성으로 하고, 각 계급 계층적 이해와 요구를 동력으로 하여 민족문제를 중심으로 통일·집중될 때 전체 운동의 주력군으로 편성될 수 있고, 그 지위와 역할을 다할 수 있다는 것이다.[20]

청년 대중운동 단체들이 6월항쟁 이후 전국적으로 등장한 것과 그를 바탕으로 출범한 전청대협의 경험을 통해 청년운동이 독자적인 부문운동으로 설 수 있으며, 나아가 학생운동과 함께 전체 운동의 주력군으로서 성장할 수 있다는 전망을 새롭게 세운 것이었다. 즉 과거의 (청년운동) 전통을 계승하면서 '대중운동으로서의 청년운동'이 한국 사회 변혁운동의 주력군으로 성장·정립할 단계에 접어들었다는 것이다.

이는 87년의 「청년운동론 시론」에서 규정했던 청년운동의 발전 방향과는 사뭇 달라진 전망이라고 할 수 있다. 『90년대 한국 청년운동론』은 청년운동의 역할을 첫째, 한국 사회 변혁운동의 선봉대, 둘째, 통일전선운동의 매개자이자 촉매자, 셋째, 계급계층 운동의 지원대, 넷째, 새세대 간부 육성과 변혁운동 후계 세대 준비라고 정리하고, 대중운동으로서의 청년운동은 노동운동·농민운동 등 기층 민중운동과 함께 민족민주운동의 독자적 주력부대로 규정했다. 그리고 청년운동은 청년대중의 생활적·계급적 처지에 기초하고, 세대적·사회적 특성에 근거하여 청년대중의 생활과 삶 속에 뿌리내리는 운동이기에, 청년 사업의 주요 내용은 정치사상 사업, 계급사업, 문화사업 등이 된다고 정

리하고 있다.[21]

87년의 글이 주로 민청련 활동 경험을 중심으로 한 것이었다면, 『90년대 한국 청년운동론』은 87년 이후 청년운동의 변화와 전청대협 운동의 실천을 중심으로 다듬어진 것이라 할 수 있다. 즉 전청대협 운동을 통해서 청년운동의 변화가 나타났을 뿐만 아니라 그 과정에서 이범영을 비롯한 전청대협 운동을 주도하던 운동가들의 청년운동에 대한 인식의 발전이 진행된 것을 의미한다.

이 책에서 특히 강조하고 있는 것이 바로 전국 청년 단일조직건설이다. 『90년대 한국 청년운동론』이 출판된 1990년은 전청대협에서 전국 청년단일조직 건설에 대한 내부 논의가 시작되던 시기였다. 이범영은 전청대협이라는 대표자협의회 틀을 넘어 단체협의회, 나아가 단일조직에 대한 구상을 이미 이 책자에서 밝히고 있다. 민족민주운동의 주력군으로서의 정치적 과제를 수행하는 전국 청년조직은 정치·사상적으로나 조직체계 상으로나 높은 수준의 통일성을 지향해야 하며, 이를 전국적 차원에서부터 지역적 차원에 이르기까지 보장할 수 있어야 한다고 보았다. 궁극적으로 전국적 청년조직은 협의체적 조직이 아니라 단일조직을 지향해야 한다는 것이고, 전국 청년단일조직은 청년운동의 고유한 사명을 다하기 위한 정치적 대중조직, 지역과 계급·계층의 요구를 집중시킨 전국단위 조직, 조직체계 상으로 통일성을 보장하는 단일조직의 의의를 지닌다는 것이다.

이범영이 민청련 해소와 함께 전청대협에서 전청협 건설로 나아가야 한다고 주장한 것은 바로 전국 청년단일조직 건설에 대한 열망 때문이었다. 이범영은 자신의 책에서 전국적 조직의 통일·집중 수준에 대해 대표자협의회 → 단체협의회(→ 단체연합) → 연합적 단일조직 → 완전한 단일조직 단계로 설명했다. 이 점에서 보면 전청협은 단체협의회이지만 거기서 끝이 아니라 연합적 단일조직으로의 발전을 지향하는 조직이어야 하는 것이었다. 전국청년단일조직의 지향을 실현시키기 위해 그는 정치사업의 강화와 간부 대오의 준비, 지역 단위의 기초 강화와 지역 내 통합력 제고, 계열·부분간 교류 활성화, 청년운동의 정치적 역할 제고, 총회 방식을 통한 상급조직으로의 민주적 집중 등의 과제를 제시했다.

이범영이 『90년대 한국 청년운동론』에서 제기한 전국 청년단일조직에 대한 지향과 과제를 하나하나 해결해 가는 과정이 바로 전청협(한청협)의 건설 과정이었다.

'겨레의 희망 민중의 벗' 한청협

전청협 건설을 준비하는 과정에서 이범영은 명칭 문제를 새롭게 제기했다. 그가 제안한 것은 '전국청년단체협의회'가 아니라 '한국민주청년단체협의회'(이하 한청협)였다.

이 한국민주청년단체협의회라는 명칭 제안에는 두 개의 문제의식이 포함되어 있었다. 하나는 당시까지만 해도 전국조직의 명칭은 당연히 전국이라고 표현하는 일반적 관행에 대한 문제제기였다. 이범영은 우리나라가 통일된 것이 아닌데 남쪽만의 조직을 전국이라고 호칭하는 것이 타당하지 않다고 판단했다. 또 하나의 문제의식은 개별 청년단체들의 명칭은 제각각이지만 전국조직의 명칭에는 그 단체들의 통일된 지향이 반영되어야 한다는 것이었다. 이범영이 제안한 '한국민주청년단체협의회'에서 '한국'이라는 표현은 남쪽이라는 현실적 공간을 지칭하는 것이며, '민주'라는 표현은 각 청년단체들의 다양한 명칭에도 불구하고 각계각층 전국 청년들의 단일한 정치적 지향으로 '민주'라는 표현을 추가한 것이었다.

'한국'이라는 표현은 당시만 해도 매우 생소한 표현이었지만 논리적으로는 전적으로 타당하기에 비교적 쉽게 동의가 이루어졌다. 그러나 '민주'를 명칭에 포함할 것인가를 두고는 일부 논란이 발생했다. 나라사랑청년회 등 '문턱 없는 청년회'를 강조했던 단체들은 '민주'라는 용어가 갖는 정치지향성 때문에 그 용어를 사용하면 '문턱 있는 청년회'가 된다고 주장했다. 해묵은 논란이었지만, 89년 이후의 전국적 청년운동의 발전과 고양 속에서 이범영이 제안한 '한국민주청년단체협의회'라는 명칭으로 다수의 합의가 이루어졌다.

이범영은 '한청협'이라는 명칭과 함께 그 명칭 앞에 한청협을 설명하는 표현을 넣을 것을 제안했다. 그는 많은 글귀를 검토하고 회원 단체들의 성향을 면밀히 따진 끝에 한청협 앞에 '겨레의 희망, 민중의 벗'이라는 말을 추가하자고 제안했다. 이에 대해서는 거의 만장일치로 합의가 되었다. 사실 누구도 생각하지 못했던 제안이었지만, 듣는 순간 무릎을 탁 치게 할 정도로 한청협을 더 잘 표현하는 말이었다.

한청협을 건설하는 과정에서 부딪힌 가장 큰 어려움은 바로 사무처 인력을 꾸리는 문제였다. 그중에서도 한청협 초대 사무처장을 누가 할 것인가가 최대의 난제였다. 사무처 상근자들은 단체에서 파견하는 사람들과 학생운동 출신들로 꾸릴 수 있었고, 정책 역량은 전청대협을 거치면서 비교적 풍부하게 확보되어 있었다. 하지만 사무처장은 한청협의 핵심 중앙 간부로서 적어도 단체장 수준의 역량이 요구되는 어려운 자리였다. 한청협 창립을 2~3주 앞둔 상태에서도 서청협 소속 단체 대표들은 한청협 사무처장을 맡는 것에 대해 모두 난색을 표명하고 있었다. 그러자 이범영은 한충목, 이원영 등 몇몇 사람을 은밀히 불러 최종적으로 한청협 건준위 집행위원장을 맡아 실무를 총괄하고 있던 이원영에게 사무처장을 제안했다. 그러나 당시 애국크리스챤청년연합 의장이었던 이원영은 고사했다. 결론이 나지 않고 시간이 지나가는 가운데 이범영은 사무처장이 없다면 자신은 의장을 맡을 수 없다며 자리를 박차고 나갔다. 침묵이 흐르고, 무거운 분위기 속에서 한충목이 이원영을 설득하여 결국 애국크리스챤청년연합 의장과 한청협 사무처장을 겸직하기로 하고 사무처장을 수락하게 되었다. 수락한 이후 보다 푸근해진 분위기에서 술자리가 있었고, 한충목은 이범영이 자리를 박차고 나간 것은 미리 합의된 작전이었다고 고백했다. 이범영이 자리를 박차고 나가는 상황에 이르게 되면 이원영도 더 이상 고사하지 못할 것이라는 생각에 그런 작전을 짰다는 것이었다. 이범영이 사람의 마음을 움직이기 위해서는 때로는 이처럼 치밀하게 계산하는 모습도 가지고 있었던 것이다.

    1992년 2월 23일, 30개의 참가 단체와 12개의 참관 단체가 전국에서 모인 가운데에 세종대학교 대양홀에서 한청협 창립식이 열렸다. 창립식 준비 과정에서 가장 큰 고민은 이범영 의장과 한충목 부의장을 어떻게 세종대학교로 진입시키고 무사히 탈출하게 할 것인가였다. 당시 두 사람 모두 범민련과 범민족대회 문제로 수배 상태였기 때문이었다. 특히 학교로 진입하는 문제보다 무사히 빠져나가는 것이 큰 문제였다. 대양홀에서 창립식이 끝나고 2부 문화공연이 성대하게 진행되는 동안 실무진들은 막후에서 초조하게 이범영 의장과 한충목 부의장을 경찰의 눈을 피해 탈출시키는 작전을 짜고 있었다.

    당시 투쟁 전술을 담당했던 장준호는 모든 행사를 종료한 후에 참석 회원들이 학교 밖으로 행진하고 그 인파 안에 이범영 의장이 변장한 모습으로 참여한 후 중간에 외부로 빠져나가는 전술을 짰다. 일반적으로 전국단체의 창립대회 이후에는 개별 단체별로 행사장을 빠져나가 각기 다른 장소에서 뒷풀이를 했기 때문에 경찰들이 한청협 회원 모두가 가두행진을 할 것이라고는 예상하지 않았다. 세종대를 포위하고 있던 경찰의 허를 찌른 전술 덕에 이범영 의장은 무사히 빠져나갈 수 있었다. 그리고 한충목 부의장은 경찰들의 시선을 전체 대열에 쏠

리게 한 후 대열에 참여하지 않고 조용히 학교를 빠져나가는 것으로 했고, 실제로 한충목 부의장 역시 경찰의 시선을 따돌리고 유유히 빠져나갔다. 이후에도 한청협의 큰 행사마다 수배 중인 의장단을 무사히 진입시키고 빠져나가게 하는 것이 큰 문제였지만, 늘 성공적으로 진입하고 빠져나갈 수 있었다. 이는 한청협 회원들의 헌신적인 노력 덕분이었다.

한청협 출범 후 있었던 광주항쟁 기념대회 기간 중 망월동 묘역을 참배하고 항쟁의 성지였던 전남도청 앞 분수대에 집결했을 때 도청 주변과 앞

1992년 2월 23일, 겨레의 희망, 민중의 벗 '한국민주청년단체협의회' 창립대회 축하공연 모습
(출처: 김설이 소장 자료)

에는 전경과 백골단이 삼엄하게 경비하고 있었다. 분위기만으로도 위축될 수밖에 없던 상황에서 우리 한청협 동지들은 주눅들지 않고 '영차'라는 구호와 함께 백골단의 방패 숲을 한 번에 무너뜨렸다. 그것은 단순히 방패가 아니라 독재권력의 방어벽이 무너지는 소리였다. 그렇듯 한청협은 항상 투쟁의 현장에서 누구보다도 앞장서서 돌파구를 열었다.[22]

창립 당시 한청협 1기의 간부들은 전청대협 시절과 마찬가지로 전국을 망라할 수 있도록, 의장에 이범영, 부의장에 김필중, 한충목, 유기홍, 이경률, 이기동 등으로 구성되었다. 감사에는 고 최민화, 고 박석률 두 분의 선배가 위촉되었다. 중앙 상근조직은 전청대협 시절과는 비교할 수 없을 만큼 강화되었다. 사무처장 이원영, 사무차장 고 홍만희, 조직국 장준호 국장과 박기영, 김황영, 정책위원회 유기홍 위원장, 신기동 부위원장, 정책실장 이남주, 정책위원 최동규, 김종민, 신상엽 등으로 구성되었다. 부문위원회로 조국통일위원회 한충목 위원장, 문예위원회에는 유종열, 김정환을 선임했으며, 범민족대회 기간 동안 국토순례 대행진을 통솔하고 이끌어 나갈 통일선봉대는 손미희, 이광희, 이준호가 맡게 되었다.

한청협의 깃발 아래

한청협은 창립 직후 바로 큰 시련에 직면한다. 수배 중에도 사무실로 전화를 걸어 특유의 "나요" 하는 말로 이야기를 시작하면서 이모저모 활동 상황을 점검하던 이범영이 1992년 3월 구속된 것이다. 그리고 7월에는 역시 수배 중이었던 한충목 부의장도 구속되었다. 하지만 두 사람의 구속은 오히려 한청협의 단결력을 배가시키는 계기가 되었으며, 풍부해진 상근인력 덕에 활동은 더 풍성해질 수 있었다. 한청협 1

기 동안 참가단체가 39개로 확대되었으며, 지역청년단체협의회의 결성도 연이어 이루어졌다. 이미 결성을 마친 서청협, 성청대협 이외에 부산·경남 지역의 부경청협, 대구·경북 지역의 대경청협, 전북의 전북청협, 광주·전남의 남청협, 수원, 안양, 군포 등 경기남부 지역의 경기남부청협, 그리고 제주도의 제청협에 이르기까지 각지에서 지역청년단체협의회가 결성되면서 한청협의 하부 토대는 더욱 단단해졌다.

한청협 1기의 전국적 투쟁사업은 전청대협 시기보다 대폭 강화된 한청협 본부 역량을 토대로 보다 효율적으로 진행되었다. 92년 5월의 광주순례는 약 2,500여 명의 회원들이 결집하여 광주민중항쟁계승투쟁을 전개했다. 8월의 범민족대회에도 역시 약 2,500여 명의 청년들이 범민족대회가 열린 서울대에 진입하여 한청협의 독자적인 청년결의대회를 진행했다. 특히 한청협은 약 200여 명의 독자적인 청년 통일선봉대를 만들어 대학생 통일선봉대와 함께 국토순례대행진을 진행했다. 청년운동은 이제 명실상부하게 독자적인 힘을 가진 주력군의 하나로 확고히 정착되었다. 한청협이 '민주주의민족통일전국연합'(이하 전국연합) 건설 과정에서 전노협(노동자), 전농(농민), 전대협(학생) 등 전국 부문운동 조직들과 대등한 위치에서 참가하는 것이 당연한 일이 되었다.

한청협의 실질적 힘은 각 지역단위의 전선운동을 움직이는 과정에서 발휘되었다. 전국의 각 지역 연합운동조직의 핵심 실무를 해당 지역 청년단체가 담당하는 경우가 대부분이었다. 이는 한청협의 통일된 방침이 각 지역의 논의에 강한 영향을 주게 되는 것을 의미한다. 『90년대 한국 청년운동론』에서 제시한 이범영의 구상이 현실에서 발휘되기 시작한 것이다. 민주주의민족통일전국연합의 지역 조직인 지역연합이 만들어질 때 대부분 지역에서 청년단체의 활동가들이 핵심 역할을 수행했고, 그 힘을 바탕으로 한청협의 통일된 방침이 지역연합 내에서 합의되고, 지역연합들의 합의를 바탕으로 전국연합의 논의에 주요한 역할을 할 수 있었다.

한편 이범영은 청년운동이 지역에서 각계각층 청년들 속에 뿌리내리는 과정에서 문예사업의 중요성을 특별히 강조했다. 그는 누구보다 문예 일꾼들을 살뜰하게 챙기고자 했고, 문예행사에는 빠지지 않고 최대한 참석하려 노력했다. 그는 93년 여름 투병 와중에도 문예일꾼 후배들에게 티셔츠에 '노란 민들레와 나비' 그림을 직접 그려 전하기도 했다. 이 땅에 '자주·민주·통일'의 시대를 열고자 하는 마음을 담은 그 그림은 아무도 흉내낼 수 없는 것이었다. 또한 그는 문예사업을 펼치고 있는 회원들에 대한 세부적 지도, 부딪치는 소소한 문제들에 대해 늘 경청하고 함께 토론하며 해결해 나갔고, 그 스스로 그런 일을 즐기기도 했다. 1990년부터 통일노래어울림 사업을 했던 오윤정은 다음과 같이 회고한다.

"1990년 통일노래어울림을 처음 기획하셨죠. 문예 사업이 일천하던 때였는데, 처음 하는 일이라 저희들도 힘들었지만 의장님은 더 하셨어요. 처음부터 끝까지 노래 가사 하나하나를 점검하시고 오탈자 잡아주시고 행사 진행 전반에 대해서 꼼꼼히 체크를 하셨어요. 무대며 사회자 의상까지 아마 의장님 지적을 받지 않은 게 없을 정도였죠. (…)

1992년 통일 노래 어울림을 준비하고 있을 때였습니다. 밤이 늦어서야 모임이 끝나서 귀가를 서두르며 어두컴컴한 좁은 골목길을 빠져나가고 있는데, 의장님이 골목에서 툭 튀어나오시는 거예요… 술 한잔 먹으러 왔소. 의장님 특유의 말투로 천연덕스럽게 회원들에게 술 한잔 하자는 거예요. 의장님이 맨 귀퉁이에 앉아 우리들에게 고생한다며 일일이 술잔을 채워주시고 그 동안의 준비 과정을 차근히 들으셨어요. 그런데 평소에는 행사 전반에 꼬투리를 잡고 지도를 하시던 분이 그날은 아무 말도 않고 고

개만 끄덕거리거나 눈을 지긋이 감고 우리들이 하는 얘기를 경청하셨어요. 술자리 끝에 담배하고 술 자제하고 건강들 생각하라는 말씀만 하셨죠."[23]

실제로 한청협 운동에서 문예사업은 매우 중요한 사업이었다. 전국적으로 청년들 결집 규모가 날이 갈수록 늘어나면서 모든 중요한 행사의 마무리는 문예사업이 되었다. 그리고 개별 청년회에서 가장 큰 소모임들이 거의 문예 소모임들이었고, 문예일꾼들의 육성이 중요한 과제가 되었다. 김정환은 한청협 1기부터 문예 일꾼으로 활동하면서 한청협의 문예사업을 발전시키는데 크게 기여하였다.

92년 대통령 선거를 둘러싸고

1992년은 대통령 선거가 있던 해였다. 87년 대선 패배를 겪은 한청협은 대선 투쟁방침에 관한 토론을 지속적으로 전개한 결과 '범민주단일후보를 통한 민주정부수립투쟁' 으로 방침을 결정하였다.

당시 전국연합 내에서는 범민주단일후보 노선과 독자후보 노선이 대립하고 있었다. 논란이 정리되지 않자 전국연합은 대의원 대회에서 표결을 통해 대선 투쟁방침을 결정하지 않을 수 없었다. 표결의 결과는 범민주단일후보 노선의 채택이었다. 이 결정이 이루어지는 과정에서 지역연합을 움직이는 한청협의 힘이 재확인되었다. 한청협에서는 대의원 대회 표결에 들어가기 전에 각 지역연합에서 핵심 실무자로 활동하는 한청협 지역 간부들을 통해 이미 그 지역 상황을 충분히 파악하고 있었으며, 어느 정도 결과를 예측할 수 있었다. 심지어 당일 표결 직전 한청협 정책위원회 신기동 부위원장은 양측의 득표수까지 정확하게 예측하고 있었다.

그런데 이해 9월에 출감해서 활동에 복귀한 이범영은 대통령 선거 투쟁방침으로 '당선가능한 야당후보 지지 방침'을 주장했다. 속칭 '당야'라고 불리던 이 방침은 이범영과 친밀한 사이인 『새벽』지의 장명국의 주장이었다. 이미 정리된 한청협의 '범민주단일후보' 노선에 대해 이범영이 '당선가능한 야당 후보 지지 방침'을 주장하자, 많은 후배 활동가들이 곤혹스러워 했다. 87년 대통령 선거에서의 분열에 대한 트라우마가 강하게 남아 있는 상황에서 한청협 집행부는 이범영의 주장을 받아들이기 어려웠다. 92년 대선방침 논란은 한청협 운동과정 전체를 통틀어 유일하게 이범영과 집행부 사이에 발생한 논쟁이었다. 그러나 사실 '범민주단일후보' 방침이나 '당선가능한 야당후보 지지' 방침은 결과에서는 큰 차이가 있는 것은 아니었고, 심각한 노선 논쟁으로 발전할 정도의 문제는 아니었다. 한청협과 전국연합의 '범민주단일후보' 방침은 변함없이 유지되었고, 이범영도 결국 이 방침을 수용했다.

한청협은 대선 투쟁을 준비하면서 당시 유력 대통령 후보들에 대한 초청 토론회를 연속적으로 개최했다. 전국연합의 대선 방침이 '범민주단일후보'로 결정된 이후, 지지 후보는 사실상 김대중으로 정해진 것이나 다름 없었기 때문에, 한청협은 보다 많은 대중들이 참여할 수 있는 문화행사 등을 중심으로 대통령 선거 캠페인을 치르기로 했다. 한청협은 대선을 앞둔 1992년 10월경에 '4천만의 대합창'이라는 문화행사를 전국대학생대표자협의회와 공동으로 주최하였다. 이 문화 공연은 서울, 대구, 광주, 부산 등 전국 대도시를 순회하면서 대규모로 열렸다. 이와 더불어 청년신문과 스티커를 각각 37만 부와 20만 부를 제작하여 전국에 배포하는 대대적인 홍보사업도 병행했다. 그리고 '참여하자, 감시하자, 꼭 바꾸자'라는 신세대 3대 운동과 지역감정 극복을 위한 '영호남 청년 한마당' 등의 다양한 대중사업을 전개했다.

그러나 1992년 대통령 선거에서 범민주단일후보로 추대되었던 김대중 후보는 당시 집권 여당인 민주자유당의 김영삼 후보에게 패배했다. 이 패배는 이범영에게 깊은 실망감을 안겼다. 그는 이 선거의 패배가 한청협만이 아니라 향후 민족민주운동 전반에 심각한 영향을 미치게 되리라 예감했다. 선거가 끝나고 열흘 정도가 지난 12월 29일 이범영은 「한청협 동지들에게 드리는 글」을 한청협 회원들에게 내보냈다. 화두는 '장기항전'이었다.

> 우리도 변화된 조건 하에서 새로운 대응이 필요합니다. 중요하게 고려되어야 할 점은 다음 3가지입니다. 첫째, [YS가] 선거에서 압승하였기 때문에 정권의 정통성을 둘러싼 문제가 상당 기간 대중적으로 제기될 수 없다는 것입니다. (…) 이제 우리는 상당 기간 정권문제보다는 정책문제를 중심으로 대중투쟁을 제기해나가야 하는 조건에 처하게 된 것입니다. 둘째, 상당한 기간 권력문제가 전면에 부각될 수는 없다는 객관적 조건과 더불어 우리 스스로가 질서정연한 퇴각과 대오의 정비, 그리고 착실한 역량 축적을 필요로 한다는 주체적 조건을 감안하여 모든 사업을 '장기항전'의 관점에서 배치하고 풀어가야 한다는 것입니다. 셋째, 앞으로 민중생존권 문제와 함께 민족문제(민족자주와 통일)가 중요한 이슈로 등장하리라고 전망합니다. YS정권은 모두가 이야기하듯이 정치문제보다는 경제문제에서 어려움에 봉착할 것입니다.[24]

그는 권력의 정통성 문제가 사라지고 권력문제가 투쟁의 전면에 부각될 수 없는 조건을 내세우며 질서있는 퇴각과 장기항전을 강조했다. 그리고 "어려워진 조건하에서 대오를 정비하고 힘을 축적하기 위하여 투쟁사업보다는 조직사업과 대중사업에 역점"을 둘 것을 강조하고 장기항전을 위해서는 청년들의 생활문제와 청년회 재정의 자주성을 강화하는 자력갱생을 강조했다.

다음 해인 1993년 1월에 한청협 핵심간부수련회가 열렸다. 이 자리에서는 대선 투쟁에 대한 평가와 향후 한청협 활동 방향에 대한 논의가 진행되었다. 이 수련회 논의를 바탕으로 3월 27일 한청협 제2기 대의원 대회가 열렸다. 이 대의원 대회가 열리기 직전, 이범영은 「한청협 동지들에게 드리는 글」의 문제의식을 잇는 글 「미래를 열어가는 활기찬 토론」을 『한청협회보』에 발표했다. 이 글에서는 '대중화와 자력갱생'을 다시 한번 강조하면서 '승산 있는 투쟁'과 '간부 육성 3개년 계획'을 제기하고 있다.[25]

한청협 2기 대의원 대회는 이범영이 제시한 방침에 따라 전체 민족민주운동과 청년운동의 조직사업과 대중사업을 강화하기 위한 내용이 논의되었고, 한청협 제2기가 출범했다. 한청협 2기 간부 진용은 1기에 비해 실무 단위 부분에 변화가 있었다. 의장단은 이범영 의장에 김필중, 한충목, 유기홍, 이경률, 이기동으로 변화가 없었으며 감사 역시 고 박석률, 고 최민화로 동일했다. 그런데 사무처에 변화가 있었다. 사무처장 고 홍만희, 조직국에 윤태일, 장준호, 박기영, 총무국 박선희, 선전국 김황영으로 변화가 있었다. 정책위원회는 위원장 이승환, 부위원장 신기동, 정책실장 이남주, 정책위원 신상엽, 서원식으로 변화가 있었다. 그리고 재정위원회를 신설하여 이원영이 사무처장에서 재정위원장으로 옮겼으며, 문예위원회가 대폭 보강되어 서상규, 오윤정, 손희경, 임경혜, 김미연, 지은주 등으로 구성되었다. 그리고 통일선봉대장으로는 고 이영기가 선임되었다.

한청협 2기는 대선 패배 이후 이완된 조직력을 회복하고 청년운동과 민족민주운동의 전망을 명확히 하기 위해 '청년의 미래를 열어가는 소위원회'를 구성하였다. 이범영이 제시한 장기전과 자력갱생, 그리고 청년활동가들와 회원들의 생활의 불안정과 운동에 대한 낙관적 전망의 재확인을 위한 것이었다. 이 미래소위는 실질적인 해결책을 많이 제

통일선봉대 기자회견 장면. 왼쪽에서 세 번째가 지금은 고인이 된 1993년 당시 한청협 청년통일 선봉대장이자 대구새로운청년회 회장 이영기이다. (출처: 민주화운동기념사업회 오픈아카이브)

시하지는 못했지만, 미래소위에서 제언된 과제는 한청협 해소에 이르기까지 내부 활동가의 인식과 실천(변화된 상황에 대응하기 위한 청년 운동의 역할과 임무)에 큰 영향을 미쳤다.

담도암과 이임(離任)

이즈음 이범영은 전청대협에서 한청협 운동, 전두환-이순자 구속 투쟁에서 92년 대선투쟁에 이르기까지 쉼 없는 투쟁과 사업으로 자신의 몸을 혹사했고, 본인도 모르는 사이에 몸에 탈이 나고 있었다. 한청협 2기가 출범한 1993년 3월 그는 기어이 병마로 쓰러졌다. 담도암이었다. 이때만 해도 이범영은 자신의 병명을 몰랐다. 어머니가 모든 사람들에게 말하지 말라고 단속했기 때문이었다. 경희의료원에 입원하고 6월에 수술을 받았다. 이범영은 수술 후 병원에서 퇴원했지만, 예전처럼 활동에 복귀할 수 있는 몸 상태가 아니었다.

이범영이 부재한 가운데 한청협 2기 활동이 진행되었다. 한청협 2기에서는 민주개혁운동과 조국통일운동을 두 축으로 사업을 전개했다. 민주개혁운동은 김영삼 정권의 개혁 드라이브에 의해 열린 공간을 활용하여 아래로부터의 실질적인 개혁 실현을 주요 과제로 내세웠으나 정세 변화를 주도할 수 있는 정도로 발전하지는 못했다. 반면에 조국통일운동은 93년 상반기에 남북합의서 서명운동을 중심으로 지역에 따라 큰 성과를 나타냈고, 93년 범민족대회에는 전국에서 약 2,500여 명의 청년들이 집결했다. 한청협 2기의 각종 투쟁은 대선 패배 이후 전체 민족민주운동이 침체에 빠져 있던 상황에서 지역별로 투쟁력을 회복하는데 큰 자양분이 되었다.

그리고 한청협 2기에서부터 해외와의 연대사업이 시작되었다. 7월에는 일본 청년학생평화우호제 실행위원회 주최의 '아시아청년평화포럼'에 유기홍, 이승환을 한청협 대표단으로 파견하여 국제연대사업에도 나서기 시작했다.

병마와 싸우느라 한청협 의장 역할 수행을 하지 못했던 이범영은 1994년 한청협 3기 발족식을 맞이하여 한청협 의장직에서 물러났다.

동지 여러분! 이제 저는 한청협 의장이라는 영광된 직책에서 물러갑니다. 지난 5년 동안 고통과 시련도 많았고, 특히 지난 1년 동안은 병상에 누워있으면서 병고의 괴로움이 얼마나 혹독한 것인가도 직접 체험했습니다. 그러기에 병상에서 끝내 타계하고야 말았던 고 김병곤 선배와 고 김남주 시인의 비운이 새삼스럽게 가슴 저미는 비통함으로 느껴집니다. 제가 병마와의 싸움에서 다시 일어서게 된 것은 동지 여러분의 사랑과 격려가 아주 크게 작용하였습니다. 고통의 기억은 시간이 흐르면서 씻겨져 가

투병중 1994년 한청협 3기 총회에 참석하여 이임사를 하는 이범영 (출처: 김설이 소장 자료)

고, 이제는 여러분이 저에게 베풀어 주신 사랑에 대한 감사와 앞날에의 희망으로 가슴이 차오르고 있습니다. 저는 이후에도 자주·민주·통일의 대의를 위해 일해야 하며 더구나 한청협의 명예에 한 점이라도 누가되는 처신을 해서는 안될 의무가 있다는 것도 깊이 자각하고 있습니다. 사람인 이상 부족한 점이 있고 때로 실책도 범하기도 하지만 그럼에도 불구하고 지도 구심에게 쏟아주신 여러분의 사랑과 격려는 한청협의 좋은 전통입니다. 이 전통에 따라 저의 자리를 계승하는 유기홍 의장단에게도 여러분은 사랑과 격려를 아낌없이 쏟아주실 것을 부탁드리며 저의 이임 인사말을 마치겠습니다. 여러분의 건승을 기원합니다.[26]

한청협 의장 이임사는 그가 회원들에게 들려준 마지막 인사말이 되었다. 한청협 3기 발족식 이후 그는 원주에서 지내며 요양했으며, 이어 진주 지리산 자락으로 옮겨 요양했다. 자신의 힘으로 병을 이기고 돌아오겠다는 의지의 표현이었다. 1994년 정초에 이범영은 문익환 목사에게 세배를 갔다. 그의 병이 심상치 않다는 것을 알고 있었던 문 목사로서는 전혀 뜻밖의 손님을 맞이한 것이다. 그가 왔다는 소식을 듣고 벌떡 일어나 그를 온몸으로 끌어안고, "범영아, 고맙다. 이렇게 병을 이겨주니 얼마나 고마운지 몰라. 위대한 인간 승리야"라고 격려했다. 그러나 이렇게 이범영을 격려했던 문익환 목사는 바로 얼마 뒤 이 세상을 떠나게 된다.

이범영은 1994년 6월 경희의료원을 거쳐 국립의료원에 다시 입원하였다. 병상에서도 이범영은 삶의 의지를 잃지 않았으며, 미소도 잃지 않았다. 이즈음에야 그는 자신의 병명이 담도암이라는 것을 비로소 알게 되었다. 김설이에 따르면, 이즈음 이범영의 병상을 지켰던 박승옥이 이범영에게 담도암이란 정확한 병명을 알려주고 상태를 설명했다고 한다. 죽음을 받아들이게 되면서 그는 친구 박승옥에게 이런 이야기들을 남겼다.

> 죽는다고 생각했을 때 제일 먼저 떠오른 사람이 누군지 알아? 아이 엄마야. 아내에 대해서 왜 그렇게 내가 옹졸했는지… 단지 반 발자국 반 마디만 뒤로 물러서서 생각하면 되는 건데, 왜 그렇게 다투고 상처를 주고 그랬는지 모르겠어. 그렇게 한다고 해서 목숨이 오락가락 하지도 않고 자신의 가치가 폭락하는 것도 아닌데 말야. 이해가 안돼. 자존심이라기보다는 따지고 보면 욕심, 욕망, 이런 마음이 원인이었던 것 같아. 아내와 애들이 생각나고 나서 그 다음으로 생각나는 게 어머니와 아버지였어. 지금까지 맨날 속만 썩이고 효도 한 번 제대로 못하다가 부모님보다 먼저 죽는 진짜 불효를 저지를지도 모르는데 말야… 내리 사랑이지 치사랑 아니라는 말이 맞아. 그리고 그게 자연의 섭리고 진화의 법칙인 것 같아.[27]

하관식에서 부인 김설이가 삽을 뜨고 있다. (출처: 『이 강산의 키 큰 나무여』)

그해, 1994년 여름

1994년 8월 12일 이범영은 끝내 다시 일어나지 못하고 영면에 들었다. 그해 여름은 정말 뜨거웠다. 그 뜨거웠던 여름만큼이나 뜨겁게 살다 간 사람이 이범영이다. 한청협의 많은 후배들은 이범영의 장례를 치르고 경기대 영결식을 마치고서야 그해 범민족대회 장소인 서울대로 달려갔다.

우리들이 삶이 다하더라도 역사는 계속된다. 이범영이 세상을 뜨고 나서도 한청협 운동은 계속됐다. 1998년 한청협은 한국청년연맹(KYC)의 건설과 함께 발전적으로 해산했지만, 한청협 출신들은 사회 곳곳에서 여전히 한국 사회의 변화를 위해 뜨거운 삶을 살고 있다. 꿈을 꾸는 사람이 있는 한 진보와 변화를 위한 투쟁은 세대를 넘어 계속될 것이다.

    이범영 장례식의 실무 주관을 했던 홍만희도 이제는 하늘의 별이 되었다. 한청협 감사였던 최민화, 박석률 두 선배도 고인이 되었다. 대구의 이영기 역시 고인이 되었다. 세월이 흘러 한청협 활동 속에서 이범영과 인연을 맺었던 많은 사람들이 세상을 떠났다. 모두가 참 뜨겁게 살아온 사람들이었다. 이범영의 어머니, 홍정숙 여사의 기도가 크게 가슴에 다가온다. "예수님, 사탄의 유혹에 넘어가지 않도록 도와주십시오. 세속을 끊을 수 있게 힘을 주십시오. 한국의 민주화와 통일을 위해 몸 바친 영혼들에게 영원한 안식을 주소서. 영원한 빛을 그들에게 비추소서."[28]

3

NL(민족해방)운동론과
이범영

많은 사람들이 민청련 의장을 맡은 88년 이후 이범영의 삶과 운동을 보며 그가 당시 학생운동의 주류를 형성하고 있던, 소위 NL(민족해방 National Liberation) 계열의 사상과 운동론에 경도되어 간 것으로 평가한다.* 이러한 평가는 당시 민청련을 포함한 청년운동 전반의 분위기로 보았을 때 매우 자연스러운 평가라 할 수 있다.

6월항쟁 이후 전국 각지에서 청년운동이 들불처럼 확대되고 있었고, 새롭게 청년운동에 투신한 사람들은 대부분 학생운동 출신이거나 그와 직간접적인 영향 아래 있던 사람들이었다. 특히 학생운동으로 구속, 수감되었던 다수 학생운동가들이 줄지어 청년운동과 연합운동에 투신하였다. 80년대 학생운동을 대표하던 전대협의 주요 간부들 상당수가 전국 각지에서 민청련 조직에 참여하거나 다양한 신생 청년운동 조직을 만들면서 청년운동 조직화에 앞장섰고, 이들은 1세대 청년운동을 대표하던 민청련 세대들과 전혀 다른 운동적 배경과 생각을 가지고 있었다. 이전 세대와 구분되는 이들의 가장 중요한 특징이 NL운동론이라 할 수 있고, 반미운동, 통일운동에 대한 태도는 이 구별의 바로미터와 같은 것이었다. 일반명사로서의 민족해방, 민족해방운동과 구별하기 위해, 운동이론과 정파로서의 '민족해방운동론'을 지칭할 때는 NL로 용어를 통일하였다.

---

*이 장은 8, 90년대 한국 사회를 풍미한 NL운동론에 대한 이범영의 탐구와 고민을 다룬다. 여러 민감한 문제가 예상됨에도 불구하고 이 장을 별도로 설정한 이유는 이범영과 그 시대에 우리가 겪었던 사상적 고민과 성장, 그리고 변화의 흔적들을 가감 없이 객관적으로 기록할 필요가 있다는 판단 때문이다.

이범영을 비롯하여 70년대 학생운동 출신이 주축이던 당시의 청년운동 주도층이 과학적 사회인식 정립을 위한 다양한 사상적 방황과 모색을 거치면서 스스로 변혁운동적 선도(先導) 세력이 되고자 했다면, 80년대 학생운동을 거쳐 등장한 새로운 청년운동 세대는 이미 제시되어 있는 자주·민주·통일의 운동 목표를 가지고 이를 각 지역과 각계각층 대중 속에서 확산하고 조직하는 것을 자신들의 명확한 사명으로 삼고 있었다. 즉 이 새로운 세대는 청년운동의 선각성을 대중화, 조직화하는 청년대중운동을 지향하였고, 반독재민주화운동과 함께 반미자주화와 조국통일운동을 한국사회 변혁의 구체적 과제로서 인식하고 실천하려는 높은 의지를 지니고 있었다.

따라서 이들과 함께 2세대 청년운동의 확고한 구심으로 역할 수행했던 이범영을 NL운동가로 분류하는 것이 크게 틀렸다고 말하기는 어렵다. 그러나 이범영을 단순히 NL운동가나 NL파로만 이해하는 것은 오히려 그의 삶과 사상을 이해하는 데 별 도움이 되지 않을 수 있다. 그는 기본적으로 유행을 따라가거나 거기에 쉽게 흔들리는 인간형이 아니고, 한국 사회에 적합한 운동의 사상과 이론을 추구하기 위해 쉼 없이 공부하고 성찰해 온 사람이었다. 이는 외유내강형인 그의 성격과도 연관이 있지만, 그보다는 그가 이미 오랜 운동과 공부를 통해 자신의 운동관과 세계관을 어느 정도 정립하고 있었던 것이 더 중요한 이유였다. 물론 이것이 당시 그의 운동관과 세계관이 고착되어 있었다는 의미는 아니다.

그는 학생운동과 농법회 활동, 민청련 내에서의 운동론 논쟁(소위 CNP논쟁)과 조직논쟁(AB논쟁), 그리고 노동현장 투신 준비와 소위 '석탑' 그룹과의 개인적 인연 등을 통해 형성된 독자의 운동관과 세계관을 가지고 있었다. CNP논쟁은 흔히 말하는 '사회구성체논쟁'으로 CNP는 CDR(Civil Democratic Revolution), NDR(National

Democratic Revolution), PDR(People's Democratic Revolution)의 앞 글자를 딴 약자이다. 그리고 AB논쟁은 민청련 탄압 이후 민청련 내부에서 전개된 조직발전 방향과 관련한 논쟁인데, A입장은 민청련의 전투적 공개조직운동 역할을 강조하는 입장이고, B입장은 민청련의 기층대중운동과의 결합론을 강조하는 입장이다. 이러한 과정을 거치면서 나름 탄탄한 운동론적 학습과 경험을 가지고 있음에도 불구하고 그는 기성의 운동이론과 철학에 대해 많이 회의했고, 한국사회에 적합한 운동의 사상과 이론 탐구에 늘 목말라 있기도 했다. 그런 그에게 80년대 학생운동을 휩쓸던 NL운동의 사상과 이론은 자신의 운동관과 세계관을 정비하고 발전시키는데 큰 계기가 되었다. 즉 그는 NL운동 이론의 열렬한 전파자가 되려는 생각은 없었지만, NL운동론에 대한 탐구와 수용을 통해 자신이 정립해 온 운동관과 세계관의 부족함을 메우고 발전시키려는 태도를 일관되게 유지하였다. 더불어 그는 80년대 학생운동 출신들과의 지속적 토론과 공동 실천을 통해 그들이 제기하던 NL운동의 사상과 이론을 남한 사회의 현실에 맞게 재구성하는 노력도 병행하였다.

그는 특히 80년대 이전의 학생운동 출신자들이 여러 방황과 시행착오를 거치면서도 다양한 학습과 경험을 통해 운동의 기초를 쌓아온 것에 비해, 아주 극단적으로는 주어진 몇 개의 한글 텍스트 읽은 것이 운동론 학습의 전부인 80년대 학생운동 출신자들의 사회운동가로서의 성장 발전에 자신이 도움을 줄 수 있다고 생각했고, 그대로 실천에 옮겼다. 그는 NL운동론 공부를 통해 자신의 운동이론과 사상을 좀 더 높은 수준으로 정립하는 것은 물론, 막 사회로 진출한 80년대 학생운동 출신 활동가들의 성장과 발전에 도움이 될 수 있도록 자신의 학습과 경험을 아낌없이 제공했다. 그의 NL운동론 탐구는 그 자신은 물론 함께 활동한 80년대 학생운동 활동가들의 공진(共進)을 추구하는 디딤돌이었다.

이범영이 NL운동론에 주목한 이유

대부분 그랬듯이 당시 이범영이 NL운동론에 주목하고 관심을 가지게 된 가장 중요한 이유는 광주민중항쟁의 충격과 그 이후 크게 확대된 반미의식과 NL계 학생운동의 성장이었다. 광주항쟁으로 시작된 80년대는 '광주'의 배후로 지목된 미국의 문제와 지난날 민주화운동의 반성 속에서 "자주와 민주와 통일의 과제는 분리될 수 없으며 분단을 극복하지 않고는 한반도의 그 어떤 모순도 해결될 수 없다는 자주의식이 폭발적으로 고양되는" 시기였다.[1]

NL운동론의 확산에 따른 학생운동의 폭발적 진출과 조직화는 그에게 두 가지 과제를 부여하였다. 하나는 학생운동 대중화를 이끈 NL운동론을 정확히 이해할 필요성이었고, 또 하나는 학생운동 출신의 사회운동 진출자가 소수였던 과거와 달리 엄청나게 많

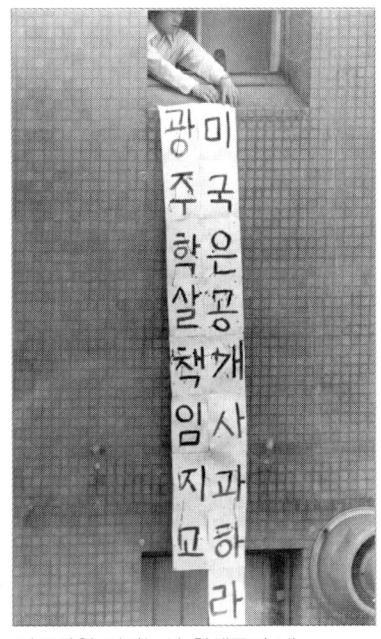

미문화원 점거농성 학생들이 내건 '미국은 광주학살 책임지고 공개사과하라' 플래카드 (출처: 민주화운동기념사업회 오픈아카이브)

은 숫자의 학생운동 출신 활동가들이 사회로 진출하는데 대한 민청련의 수용 준비였다.

85년 전두환정권의 김근태에 대한 야만적 고문 등 민청련에 대한 전면적 탄압이 시작되면서 이범영도 오랜 수배 상태에 돌입하였고, 수배 중에 그는 민청련 지도부로서 많은 활동을 전개하였다. 당시 그는 사실상 집단지도체제를 구성하던 김희택 지도부의 중앙위원이었고[2] 기관지 『민주화의 길』 제작 발행과 개헌투쟁 등을 둘러싼 복잡한 운동적

논란을 정리하는 핵심부서 '정책실'을 책임지고 있었다.

"정책실은 장기 수배 중이던 이범영 부의장이 맡았다. 그는 경찰의 집요한 수배망에 쫓기면서도 쉼 없이 민청련 운동에 헌신했다. 수배 중이었기 때문에 내부 구성원들 사이에서 실명이 아닌 '노 선생'이라는 가명으로 불렸다. (…) 그는 조성된 정세의 성격과 당면투쟁의 전략전술에 관한 토론을 즐겼으며, 논리적으로 설득력 있게 발언하는 능력이 탁월하였다."[3]

정책실을 책임지고 있던 이 시기 그의 핵심적인 고민은 탄압 이후 조직적으로 약화되고 있는 민청련의 조직적 강화였고 그 대안의 하나는 새롭게 성장하는 학생운동의 성과를 민청련이 어떻게 수용할 것인가 하는 문제였다.

> 당시 민족민주운동 진영 내에는 이북에 대한 새로운 관점을 정리하는 일이 주요한 과제로 떠올랐고, 6월항쟁을 전후해서 80년대 초반 학번이 대거 민청련에 가입하면서 새로운 흐름에 관한 입장 정리는 중요한 과제였다. 이때 정책실 핵심 멤버였던 범영이 형을 비롯해 유기홍, 이승환 형 등은 모두 민청련이 새로운 사조를 적극적으로 받아들여야 한다는 입장이었고 나도 같은 생각이었다.[4]

이와 같은 한홍구의 기억처럼 당시 이범영은 민청련이 NL운동론을 적극 수용해야 한다는 입장이었고, 여기에는 민청련운동의 진로에 대한 고민이 크게 작용하고 있었다. 그는 민청련과 같은 전투적 선도조직도 필요하지만, 당시의 반독재민주화운동 전반이 기존의 엘리트 중심 운동에서 벗어나 대중운동으로 발전하는 것이 무엇보다 중요하다고 판단하고 있었다. 또한 80년대 학생운동 출신 활동가들이 청년운동에 투신하게 되면 청년운동의 대중화, 정치화가 함께 촉진될 수 있을 것으로 판단했다. 특히 80년대 들어 크게 성장한 학생운동과 대중운동의 발전 성과를 청년운동 속에 끌어들일 수 있으면, 엘리트 선도투쟁체 성격이 강한 민청련이 보다 대중적이면서 정치투쟁체로서 성격을 잃지 않는 '정치적 대중운동 조직'의 모델로 발전할 수 있다는 기대를 가지고 있었다.

88년 9월 19일 민청련 의장으로 선임된 이범영의 첫 일성이 청년대중조직으로의 발전이었던 것은 이러한 오랜 고민의 산물이었다.

> 87년 이후 대중운동의 본격적 진출과 도약은 민주화운동청년연합이 소수 선각자 중심의 단체에서 선진 청년들에 의한 보다 폭넓은 대중단체로 발전해나갈 것을 요구하고 있었다. 이에 우리는 서클주의적 폐쇄성을 벗어던지고 대중이 주체가 된 조직, 청년대중의 튼튼한 힘에 의거한 조직으로 발전해 나가는 데 진력할 것이다.[5]

이범영이 볼 때, NL운동론은 청년운동의 대중운동화에 잘 부합하는 운동이론이었다. 탄압 속의 민청련 활동 과정에서 운동의 대중화를 치열하게 고민했던 이범영은 고답적이고 난해한 PD계열의 운동론, 한국 현실과 맞지 않은 '러시아 운동 경험과 이론'의 교조화에 지나지 않는 PD운동론으로 운동의 대중화가 어렵다고 판단했다. 그가 보기에 PD운동론이 가지고 있는 '러시아의 특수한 경험, 계급론, 경제우위성 강조, 이론이 갖는 난해함' 등은 고답적인 학문 연구의 소재로는 몰라도 실천적 대중운동 이론이 되기는 어려웠다. 더구나 '누가 더 레닌주의자인가'를 따지는 식의 교조주의는 그가 가장 질색하는 운동 태도였다. 우리나라 항일운동 경험에서 산생(産生)되고, 언어 장벽 없이 한글로 쉽게 풀어쓴, 복잡하지 않고 명쾌한 NL운동론은 이범영이 볼 때 운동의 대중화에 훨씬 더 적합한 무기였다. 쉽고 명쾌한 특성으로 인해 NL운동론이 당시 학생운동 속에 깊이 확산될 수 있었던 것과 마찬가지로, 학생운동 활동가들을 수용하면서 대중운동 조직으로 발전해야 하는 청년운동이야말로 NL운동론을 적극 수용해야 한다고 생각하였다.

또한 NL운동론은 분명하고 단호한 것을 선호하고, 복잡하고 어지러운 것을 싫어했던 그의 성정과도 잘 맞았다. 그는 명확한 결론을 좋아하였고, 복잡한 것을 단순화하고 쉽게 정리하는 데는 탁월한 능력이 있었다.[6]

이 시기 이범영의 NL운동론에 대한 관심과 공부에는 이승환, 한홍구 등이 많은 도움을 주었다. 당시 이범영은 정책실 멤버로 함께 활동

1987년 대선 당시 민청련 정책실 멤버들
이범영, 이승환, 유기홍, 한홍구, 김영현

했던 유기홍과 한홍구, 그리고 민청련의 '민중운동지원투쟁' 담당을 맡아 노동·학생·청년 연대활동에 매진하고 있던 이승환 등과 자주 어울렸다. 특히 유기홍, 이승환은 각각 이범영과 오랜 인연을 가지고 있었고, 비슷한 기간에 함께 수배 생활을 하기도 하였다. 수배 생활 중에 그는 이승환, 유기홍, 한홍구 등과 한홍구 사무실 등에서 운동방향과 이론 등에 대해 많은 공부와 토론을 했는데 단연 많은 비중을 차지한 것이 학생운동에서 제기하고 있던 NL운동론에 대한 토론이었다.

> 항일무장투쟁이나 북에 대한 연구자였던 나는 주로 특수자료를 열람할 수 있는 연구소에 가서 북에서 나온 책을 읽으며 공부했지만, 범영이형은 문건을 읽고, 많은 사람을 만나 토론을 하면서 생각을 정리했다. (…) 형은 늘 토론거리를 사무실로 가져왔다. 내가 주로 항일무장투쟁 경험에 입각한 이야기를 하면, 형은 현실에서 제기되는 문제로 다시 자기 생각을 말하고 이런 식으로 나는 현실에 대해 배우고, 형은 역사에 대해 공부할 기회를 가졌다.[7]

당시 이승환은 노동·학생·청년 연대활동과 함께 북한 김일성 항일활동 역사를 주로 다루는 『1930년대 한국근현대민족해방운동사』를 집필하고 있었고, 한홍구는 이미 학계에서도 독보적인 위치를 지닌 북한 역사와 한국 공산주의운동사 전문가였다. 한홍구가 미국 유학을 떠난 후에도 이승환은 주체사상 등에 대한 책자와 문서를 이범영에게 다수 소개하고, 유기홍 등과 함께 여러 운동적 관심사에 대해 자주 토론하였다. 이러한 개인적 인연과 관계는 이범영의 NL운동론 공부에 좋은 환경이 되었고, 이후 80년대 학생운동 출신자들과 만나게 되는 이범영의 청년운동 지도자로서의 진로에 큰 영향을 미치게 되었다.

'식민지반봉건사회론'의 충격

이범영이 NL운동론을 탐구하면서 주로 관심을 가지고 배웠던 것은 크게 세 가지였다.

하나는 한국 사회의 성격과 '민족문제'에 대한 보다 깊이 있는 이해였다. 사실 한국 사회의 외세 종속과 지배라는 문제는 80년 광주항쟁 이후 모든 운동권의 핵심 고민이었고, 이는 이범영도 마찬가지였다.

이범영의 한국 사회 및 민족문제에 대한 초기의 인식과 대응전략은 그가 83년경에 쓴 「한국 노동운동의 방향 정립을 위하여」(약칭 「노방」)라는 문건에서 어느 정도 정리된 형태로 제출되고 있다.[8] 80년 '서울의봄' 이후 다양한 모색을 하던 시기의 이범영은 노동운동 진출에 대한 관심과 함께 전두환 군사독재에 대항하는 '투쟁성의 회복'을 동시에 고민하고 있었고, 그 고민의 결과가 바로 이 「노방」이란 지하유인물이었다.

이 유인물에서 그는 현 단계 한국 민중운동의 목표를 "군사독재를 타도하고 민주화(민중에 의한 민중의 정권 수립)를 달성하는" 반군사독재 민주화투쟁단계로 설정하고, 주요 공격방향으로 "첫째로 모든 억압기구의 사령부인 군사독재정권이며, 둘째로 외자의존, 즉 수출경제정책에 의해 성장하여 민중을 수탈하는 독점재벌이고, 셋째로 군사독재의 하수인인 고급관료들 (…) 여기에 덧붙여 군사독재정권을 비호하고 지지하는 미국과 일본의 보수권력도 공격 대상"이라고 규정하고 있다.[9]

여기에서 보듯이 당시 그의 한국사회와 민족문제에 대한 인식은 70년대 학생운동의 교과서였던 『후진국경제론』과 박현채의 '민족경제론'에 깊은 영향을 받고 있었다.[10] 즉 일체화된 과제로서의 자주·민주·통일 운동에 대한 총체적 인식보다 외자의존의 매판독점자본, 군사독재 지지자로서의 미일 보수정권이라는 분절적 인식이 강하게 남아 있었다.

또한 그는 반군사독재 민주화를 위한 투쟁방식과 관련해서 광주민중항쟁 등의 역사적 경험을 사례로 "반군사독재 민주화투쟁의 최종적인 승패는 민주세력이 군대와 경찰을 상대로 하는 주요 도시의 가두전투와 연쇄적 봉기에서 판가름날 것"으로 규정하였다. 이것이 그가 장래에 노동운동으로 진출을 염두에 두면서도 당면하게는 '투쟁성의 회복'을 내건 민청련의 창립과 활동에 적극 나섰던 이유였다.

박현채 『민족경제론』 표지

「노방」에서 보였던 이범영의 한국 사회와 운동방향에 대한 이런 인식은 85년 2.12총선 대응을 둘러싸고 촉발된 민청련 내 운동론 논쟁에서도 비슷하게 지속되었다. 소위 CNP논쟁으로 일컬어지는 이 논쟁은 원래 민청련 내부논쟁이었지만, 이 논쟁은 민청련만이 아니라 한국사회에 대한 과학적 인식에 목말라 있던 모든 사람들의 관심과 참여를 불러일으키면서 '사회구성체 논쟁'이란 이름으로 학계로까지 번져나갔다. 이후 이 논쟁은 몇 가지 변곡을 거치면서 6월항쟁 이후 소위 NL-PD 논쟁으로 이전하였고, 이 NL-PD 논쟁은 90년대 내내 한국 사회운동과 학계에 적지 않은 영향을 미친 것은 물론 지금도 그 여진이 지속되고 있다.

조희연 등이 편집한 『한국사회구성체논쟁』 표지

「노방」의 키워드였던 '외세 간섭, 독점자본, 자립경제' 등에 나타난 이범영의 한국사회 인식은 CNP논쟁에서 당연히 NDR(민족민주혁명론) 주장에 대한 동의로 연결되었다. 그러나 이 시기 이범영은 NDR 주장에 동의하면서도 ND론자들의 '신식민지국가독점자본주의'라는 한국사회성격 규정에 대해서는 약간 유보적 태도를 보이고 있었다. 당시의 그는 분명한 대안을 가지고 있는 것은 아니었지만, 신식민지국가독점자본주의 규정이 한국자본주의 발전 과정의 전근대성과 후진성 문제를 제대로 반영하지 못하고 있다고 생각하고 있었다.

이런 유보와 갈증 속에서 그는 NL운동론을 접하게 되었고, NL운동론이 제기한 '식민지반봉건론'의 충격을 통해 신식민지국가독점자본주의라는 사회성격 규정이 한국 자본주의의 발전단계를 과도하게 규정하고 있다는 점에 확신을 갖게 되었다. 여기서 '충격'이라는 말은 '식민지반봉건론'이 당시 일반적이었던 한국사회 인식에 도발적으로 반기를 들었다는 뜻이다. 이 시기 한국사회 인식에 대한 일반적 이해를 대표하는 용어가 '신식민지국가독점자본주의론,' 즉 한국사회를 직접 식민지가 아닌 간접적인 신식민지 통치체제이고 동시에 재벌의 존재 등 상당한 독점이 진행된 자본주의 사회로 인식하는 것이 일반적이었다. 물론 이범영은 '식민지반봉건론'에 동의하지는 않았다. 그는 '식민지반봉건사회론' 자체에는 부정적이었지만, 식민지반봉건 주장을 통해 '신식민지국가독점자본주의론'이 자칫 한국 사회의 주된 과제가 독점단계로 발달한 한국 자본주의의 극복에 중점을 두는 것으로 오도할 수 있다는 점을 명확히 제기하게 되었다. 즉 그는 식민지반봉건론을 비판하면서도 그 이론의 도발이 주는 충격을 통해 한국 사회는 근대 극복이라는 과제와 함께 '식민지 자본주의화 속에 온존된' 전근대성의 극복, 즉 근대 적응의 과제도 함께 가지고 있다는 점을 명확히 확인하게 되었다. 이는 오늘의 학문적 용어로는 소위 '이중과제론'이다.[11]

이 당시에 유행했던 '국가독점자본주의'라는 용어는 사실 부정확하다. 박정희와 전두환정권 시기의 한국 자본주의에 대한 정확한 사회과학적 용어는 'political capitalism'이고 이를 일반적으로는 '국가자본주의'로 번역한다.[12] 오늘날 '국가자본주의'는 영미식 자본주의와 대비되는 국가주도형 혹은 공산주의·사회주의 경제체제부터의 이행체제를 통칭하는 의미로 사용된다. 당시의 '국가독점자본주의'라는 용어는 국가자본주의를 독점자본주의와 등치시키는 오류를 불러일으켰다.

이때의 이범영은 이를 정확히 인식하지는 못하고 있었지만, 분명한 문제의식을 가지고는 있었다. 그는 신식민지국가독점자본주의론을 주장하는 사람들의 주 논점이 실제로는 한국 자본주의의 독점자본주의로의 발전단계에 맞춰져 있고 '신식민지'라는 접두어는 사실상 부차적 수식어로만 취급하고 있다고 비판하게 된다. 그는 한국 사회를 '독점자본주의'라는 용어로 규정하는 한 한국사회의 전근대성과 민족문제에 대해서는 불철저한 입장을 가지게 될 것이 분명하다고 보았다.

> 여기에는 이른바 남한 독점자본의 성장에 대하여, 그리고 남한 독점자본의 사회 통합력에 대하여 환상적인 과대평가가 깔려 있다. (…) 제국주의에 의해 지배되고 있는 우리 현실을 이러저러하게 호도하고 우리 사회가 독자성이 있다는 전제하에 전개되는 중진자본주의론, 또는 예속성을 단지 의례적인 수식어 정도로나 붙이고 있는 신식민지국가독점자본주의론으로는 우리의 민족문제에 대하여 올바른 시각을 가질 수 없다는 점을 다시 강조한다.[13]

그의 이름으로 발간된 『90년대 한국청년운동론』에는 90년 당시의 한국 사회를 '식민지 반(半)자본주의'로 규정하는 내용이 있다. 이 책은 '식민지반봉건'과 '식민지반자본주의'를 비교하면서 식민지반봉건론이 90년대 한국사회의 변화상을 제대로 반영하지 못한다고 비판하고 있다. 이 두 이론은 "기본적으로 식민지적 규정성을 본질로 하지만 사회 내부의 모순구조의 관철 과정과 계급구성에서 상당한 차이를 갖고 있"다면서, "식민지반봉건 사회가 농민계급이 압도적 다수를 차지하고 외세를 극복하고 토지문제를 중심으로 한 반봉건적인 모순을 극복하는 것이 주요 과제라면 식민지반자본주의 사회는 노동자가 압도적 다수를 이루며 …제국주의의 군사·정치적 지배의 청산과 더불어 미국자본과 매판자본의 전근대적인 착취 관계를 극복하는 것이 주요한 내용"이 된다고 정리하고 있다.[14]

완벽하게 동의한 것은 아니지만, 생전의 이범영은 '식민지반자본주의사회론'이라는 규정이 그나마 자신의 한국사회 인식과 가장 근접하는 개념이라고 인정하였다. 이범영은 식민지반자본주의라는 용어를 한국 사회의 자본주의적 발전을 보다 강조하는 의미로 사용하였고, 가깝게 지내던 장명국 등의 '몰락하는 식민통치 하의 자본주의사회'라는 규정이 이와 크게 다르지 않다고 생각하였다. 그러나 사실 이 양자의 규정은 '자본주의사회'로서 남한사회 성격을 얼마나 강조하느냐 하는 점에서 일정한 차이가 있는 것은 분명했다. 당시의 핵심 쟁점은 식민지반봉건론이었고, 이범영 등은 이 식민지반봉건론을 정리하고 한국 사회의 자본주의적 성격을 명확히 하는데 초점을 두었기 때문에 장명국의 주장과 식민지반자본주의론 사이의 개념 차이에 대해서는 크게 신경쓰지 않았던 듯하다.[15]

마르크스주의와 주체사상

식민지반봉건사회론과 함께 이범영에게 큰 충격을 준 것은 소위

'주체사상'이었다. 식민지반봉건사회론은 이미 한국 학계에서 상당한 논의가 진행되고 있던 친숙한 이론이었지만,[16] 사실상 '김일성사상'과 등치되는 '주체사상'은 금기의 영역에서 존재하던, 그리고 80년대 후반 이후 한국사회에 본격적으로 소개·전파되기 시작한 그야말로 북한 직수입판 철학이었다. 이런 이유로 일각에서는 NL운동론과 주체사상을 분리하려는 경향도 존재했지만, 엄밀히 말하면 NL운동론은 주체사상의 하위범주로 포괄되는 것이었다.

주체사상에 대한 관심과 공부는 마르크스주의의 영향을 깊게 받고 있던 이범영의 사람과 역사에 대한 인식에 적지 않은 영향을 끼쳤다. 정확히 말하면, 주체사상의 일부 내용이 이범영이 공부했던 기존의 철학, 특히 마르크스주의 철학의 한계와 극복에 하나의 돌파구를 제공하였다.

노동자가 아니라 학생과 청년들이 사회변혁운동에 앞장섰던 80년대 한국 사회의 현실은 사실상 '경제결정론'에서 자유롭지 않은 마르크스주의의 토대·상부구조론이나 생산력·생산관계론, 거기에 토대하는 역사적 유물론으로는 잘 설명되지 않는다. 마르크스주의에 존재하는 이러한 한계 때문에 기계적 결정론이 아닌 상부구조의 '상대적 자율성'을 강조하는 주장도 생겨났지만,[17] 그것만으로는 사람과 의식에 대한 마르크스주의적 인식의 답답함이 해소되지는 않는다.

이런 상황에서 등장한 북한의 주체사상은 사람과 의식에 대한 철학적 이해에 큰 충격을 던졌다. 주체철학의[18] 핵심은 '사람의 본질적 특성은 자주성과 창조성, 의식성을 갖는 사회적 존재'이며 그렇기 때문에 '사람이 세계의 주인이며 모든 것을 결정한다'로 요약된다. '의식'을 인간 최고의 본질로 보고, 그 의식 때문에 사람이 세계에서 특별한 지위와 역할을 차지한다는 주체철학의 핵심 내용은 마르크스주의가 제대로 해명하지 못한 '의식과 운동, 사람과 사회 발전'에 대한 새로

제1회 재미 주체사상 연구 토론회

시 일 : 3월 4일 오후 7시
장 소 : LA 선한사마리아인
　　　　장로교회
　　　　(아담스 와 크린쑈 교차점)

연제 와 연사

▲ 주체사상의 발상, 역사적 고찰
　　　　……… 서 정균
▲ 주체사상의 세계관
　　　　……… 선우 학원
▲ 주체사상의 인생관
　　　　……… 홍 동근

주최 : 재미주체사상연구회
　　　(일반의 참석을 환영합니다)

미국에서 진행된 〈주체사상토론회〉 안내장 (출처: 민주화운동기념사업회 오픈 아카이브)

운 해석이었다. 세계에서 가장 발전된 존재가 '사람'이고, 사람의 기관 중에서 가장 발전된 최고의 물질은 '뇌수(腦髓)'이며, 여기서 생산되는 '의식'이 "세계와 자기 자신을 파악하고 개변하기 위한 [인간의] 모든 활동을 규제하는"[19] 것이 당연하다는 것이다.

이범영과 함께 NL운동과 주체사상을 검토하던 이승환 등은 북한식 수사와 과장을 감안하더라도 주체사상의 핵심 요소가 '사람 중심의 새로운 철학사상'으로 자처할 만한 내용을 가지고 있다고 생각하였다. 의식과 이데올로기의 상대적 자율성을 강조하는 유럽의 신좌익 이론이나 포스트모더니즘, 구조주의 계열의 주장들은 언어의 장벽과 그 논리 구성 차제의 난해성으로 인해 일반적 접근과 탐구가 어려웠다면, 주체사상의 주장은 그 논리의 단순명쾌함과 특히 언어 장벽의 부재로 인해 분단과 '금기'의 장벽에도 불구하고 크게 확산될 수 있었다.

특히 복잡함보다 단순하고 명료한 것을 선호했던 이범영의 입장에서는 의식과 이데올로기 등에 대한 복잡 난해한 마르크주의 연구를 최대한 단순화시키고 이해하기 쉽게 정리했을 뿐만 아니라, 운동의 객관 조건의 성숙을 강조하는 마르크스주의 일반에 비해 주체의 '사상의식'의 준비 정도를 더 중요하게 강조하는 주체사상의 실천적 태도가 '마르크스주의 철학의 새로운 발전'으로 여겨졌다. 최고로 발전된 물질, 즉 뇌수(腦髓)의 작용인 사람의 의식성이 세계를 변화시키는 근본동력이라 보는 것은 사실 주체사상만의 독창적 주장이라기보다 마르크스주의의 유산이기도 하다(F. 엥겔스, 「루드비히 포이에르바하와 독일고전철학의 종말」). 그럼에도 불구하고 후기 마르크스주의자들이 사회와 인간을 대등한 상호작용 관계로 파악함으로써 구조와 주체(행위)의 관계를 변증법적 긴장으로 파악하는데 반해, 주체사상은 구조와 주체의 관계에서 궁극적으로 사람의 의지와 행위, 능력의 결정성을 주장한다. 바로 이 지점에서 주체사상은 구조와 주체 사이에서 각종 편향에 시달려온 서구마르크스주의의 절충과 실패를 '독창적으로' 해결했다는 평가를 받을 수 있다.

그러나 이범영은 주체철학을 마르크스주의 철학과 무관하거나 그와 다른 신사상으로 이해하기보다 마르크스주의의 발전 속에서 주체철학을 이해하려는 태도를 견지했다. 즉 그의 사상적 바탕에 가장 큰 자리를 차지하고 있던 것은 역시 마르크스주의였고, 항상 마르크스주의를 발전시키고 한계를 보완하는 측면에서 주체철학을 바라보고자 했다. 그는 죽음을 앞둔 순간까지 마르크스주의에 천착했다.

"마르크스의 이론에는 삶과 죽음의 문제, 인생론이 없어. 그냥 인간관계에서 발생하는 잘못된 점과 그 잘못된 점을 뜯어고치는 인간의 노력밖에는. 또 인간관계에서 발생하는 모든 잘못의 원인이 돈에 있다는 반쪽의 진실 밖에는. 그게 마르크스 이론의 근본 한계야."[20]

죽음 직전의 이범영과 많은 대화를 나눈 박승옥의 기록이다. 여기서 이범영은 자신의 죽음을 객관화시키고 그것을 온전히 받아들이기 위해 내내 마르크스를 호출했고, 결국 '인간'과 '삶과 죽음'의 문제에 대한 마르크스주의의 공백과 한계를 더 깊게 느끼고 있었다.

좁은 의미의 주체철학과 함께 이범영이 많은 영감을 받은 부분은 이른바 주체사상의 '지도적 원칙,' 그중에서도 사업 방법과 관련된 내용들이었다. 실정에 맞게 사업하는 '창조적 방법'과 '정치사상사업 선행'

의 원칙들은 수도권, 영남권, 호남권, 대도시, 소도시, 시군구 단위 등 다양한 지역과 사무전문직, 일반 노동자, 여성, 농민 등 특성과 조건이 전혀 다른 다양한 대상을 상대로 운동의 뿌리를 내려야 하는 청년운동 발전 과정에서 매우 필요하고 유용한 원칙이었다.

청년운동에서 대중사업의 방식은 역사적으로 계승된 성과물이 거의 없는 상황에서 다양한 처지, 이해, 요구를 가진 청년대중을 묶어 세우는 것이기 때문에 창조성이 매우 요구되며 작은 모범이라도 소중히 여기고 확대해 실천적 검증을 계속해 나가야 합니다.[21]

사실 이범영에게 이 대중사업 원칙은 새로운 것이라기보다 그간의 운동 경험에서 이미 체득된 내용이었고, 주체사상의 지도적 원칙은 그것을 재확인 해주는 의미를 지니고 있었다. 그는 청년운동 사업 방법과 관련하여 현장과 실정에 대한 정확한 파악, 모범의 창출과 확산, 그리고 "정치·사상사업, 정치적 과제의 수행 등에 관하여 어찌 보면 지리하리만치"[22] 반복적으로 강조하였다.

이범영 특유의 성실함과 일에 몰두하는 집중력, 그리고 부족한 점에 대한 지속적인 성찰과 변화 노력은 주체사상의 대중사업 원칙으로부터 받은 영감과 상호작용하면서 전국 단위의 모든 현장 활동을 커버해야 하는 한청협 활동에서 그의 지도력은 더욱 빛이 났다.

"민청련 시절이나 한청협 시절이나 그는 한결같았다. 특히 한청협 시절은 그의 장기와 특기가 번득이고 훨훨 펼쳐진 절정의 시기였다. 앞뒤 안 가리고 일에 몰두하는 거야 변할 리 없는 그의 장기고 사람 잘 챙기기로 소문난 이력도 더하면 더 했지 덜 하지는 않았다. (…) 아무리 작은 일이라고 해도 함께 일하는 사람들의 일이라면 일일이 신경 써주고 거들어줘야 속이 풀렸던 이범영. 그런 세심함은 사업에서도 여실히 드러나 하부단체에 내려가 간부들과 토론하고 해결책을 찾는 것으로 나타나곤 했다. 현장에서의 지도는 아마도 그의 장기 중에 빼놓을 수 없는 것이리라."[23]

소위 '혁명전통'과 운동적 전통의 확장

이범영이 NL운동론과 접하면서 가장 재미있어 하고 또 그것을 자신의 운동 태도, 자세와 바로 연결시켰던 것은 항일무장투쟁의 전승(傳承), 사적에 관한 이야기들이었다. 그가 이런 '이야기'와 '전승'에 관심을 가진 것은 그 이야기가 운동하는 '사람'에 대한 이야기이고 거기에는 운동의 교훈과 귀감이 담겨있기 때문이었다.

1935년 2월 13일 동북인민혁명군 제1군 이홍광부대의 '동흥읍진격사건'에 대한 동아일보 호외. 이홍광은 1930년대 만주항일무장투쟁의 개척자의 한 사람이다. 그는 35년 5월 일본군과의 격전 끝에 중상을 입고 환인현 밀영에서 25세의 나이로 전사했다.

특히 그는 항일무장투쟁의 복원과 전승이 독립군과 임시정부를 넘어서는 새로운 항일혁명전통의 발굴이면서 동시에 귀감이 될 운동의 모범이 확대되는 것으로 생각하였다. 만주 고한산구(孤寒山區)에서 십수년간 목숨을 건 무장 유격대 활동을 전개한 항일혁명가들의 투쟁과 그 속에서 전개된 수많은 사적과 곡절들은 직업적 운동가, 혁명가의 삶을 지향하던 이범영에게 자신의 운동적 자세와 태도를 재확인할 수 있는 거울 같은 것이었고, 그는 그들의 이야기를 늘 자신이 처한 현실과 연결하여 판단하였다. 김병곤 형에게 바치는 조사이자, 자신과 청년운동 동지들에게 보내는 결의였던 "참다운 투사는 자신의 임무를 다하기 전에는 죽을 권리도 없다는 자세로 전투적으로 살아가야 한다"는[24] 이범영의 유명한 어록은 그가 항일혁명운동가들의 이야기로부터 가슴에 새긴 것이었다.

"언젠가 항일무장투쟁의 전사들 얘길 하면서 혁명가는 임무를 완수하기 전에는 '죽을 권리도 없다' 는 말을 하며 그들이 싸웠다는 말씀을 드린 적이 있었다. 형은 무릎을 치면서 고개를 뒤로 젖히는 예의 그 큰 동작을 취하며 몹시 감동해 하셨다. 나중에 보니 병곤이 형 돌아가신 뒤에 추모사에 '죽을 권리도 없다' 는 말을 쓰셨다."[25]

그러나 그에게 항일혁명전통은 북한에서처럼 그 자체로 박제화되고 신화화되는 것이 아니라 계속 발전하고 새로운 내용이 추가되는 '운동적 전통' 의 한 부분일 뿐이었다. 그리고 그것은 훨씬 더 복잡하고 간고한 내용을 띠는 남한에서의 민주변혁운동의 성장과 발전의 당연한 귀결이기도 했다. 그는 그와 함께 싸워온 청년운동가들의 가장 귀감이 될 만한 '운동적 전승' 의 대표적 사례로 김병곤 형의 운동 서사를 내세웠다.

그대들 중에 애국과 민주를 위한 고난의 길을 갈 것인가, 아니면 개인

1988년 12월 19일 민청련 송년회에서 인사말 하는 김병곤 (출처: 민주화운동기념사업회 오픈아카이브)

적 안일과 출세의 삶을 살 것인가를 두고 고민하는 사람이 있다면, 김병곤 동지가 개인적 출세의 길도 가정적 안일도 뒤로 하고 분단에 피흘리고 독재에 짓밟히는 이 땅의 고난을 자신의 것으로 받아들여 투쟁의 길로 흔들림 없이 걸어갔던 것을 기억해야 한다. (…) 그대들 중에 누가 우리 운동이 일시적으로 침체하거나 후퇴할 때 가던 길을 포기하고 싶은 마음이 생기면, 김병곤 동지가 계속되는 투옥과 좌절에도 불구하고 칠전팔기 이상의 끈질긴 투혼으로 의연하게 쉼없이 투쟁의 길을 걸어갔던 것을 기억해야 한다.[26]

운동이 지속되면 운동 전통의 축적과 확장도 동시에 진행된다. 이범영은 금기와 배제의 영역에 있었던 항일혁명전통의 재발견과 복원, 그리고 그보다 훨씬 더 긴 기간 지속되고 있는 남한의 민주변혁운동 과정에서 축적된 운동 전통을 하나로 연결하여 일체화하였고, 그러한 운동적 전통의 계승과 확장을 통해 운동가로서의 삶과 자세, 운동방식에 대하여 스스로 확고한 기준을 세웠다.

운동가란 '자신의 삶에 대해 변혁운동의 관점에 서서 각계각층의 대중 속에 뿌리박고 물질적, 정신적 헌신을 하며 육체적 헌신까지도 실현하고자 노력하는 사람'을 말합니다. (…) 운동가가 되기 위해서 갖추어야 하는 변혁운동의 관점과 험난한 변혁운동의 도정에서 맞부딪칠 고난과 역경을 기쁘게 감내하고자 하는 변혁운동에 대한 헌신성과 의지는 개별적으로 선포한다고 갖추어지는 것이 아니라 구체적 실천 속에서 발현되고 검증되어 그 자신이 대중으로부터 신뢰받고 권위를 인정받아 대중과 깊은 결합을 이룰 때만이 가능한 것입니다."[27]

NL운동론의 한계와 이범영

이범영이 NL운동론으로부터 배운 것은 그의 운동적 태도와 방향에 많은 영향을 미쳤다. 우선 NL운동론은 한국 사회의 전근대성과 외세의존성, 분단의 문제를 분절적이 아니라 체제론적 시야에서 인식하고 운동의 방향을 자주·민주·통일의 분리할 수 없는 총체적 운동으로 시야를 확장하였다. 또한 사회 발전과 역사 인식에서 '사람'의 '의식'의 결정적 역할을 정리한 것과 운동에서 '사상사업'과 '정치사업'을 강조한 것은 NL운동론의 큰 장점이었다. 그리고 무엇보다 대중사업의 방법과 운동하는 사람의 '작풍(作風)'과 태도에 대한 강조는 NL운동론이 가진 가장 큰 무기였다. 더불어 NL운동론은 감춰졌던 30년대 만주항일투쟁의 역사를 복원하고, 북한에 대한 보다 객관적인 이해와 접근 노력을 촉진하였다.

그러나 이 수많은 장점과 기여에도 불구하고 NL운동론은 결정적 한계와 문제를 가지고 있었다. 그것은 NL운동론이 기본적으로 북한의 이론이라는 점이었다. 북한의 이론이라는 것은 다른 여타의 운동론과 마찬가지로 남한의 현실을 중심으로 볼 때는 '이식된 이론'과 같다는 의미이고, 더 문제인 것은 그것이 철저한 북한 중심주의적 혁명론이라는 것이었다.

NL운동론에 내포된 한계의 첫 번째 지점은 NL운동론의 토대를 이루는 주체사상이 분단체제의 '금기와 배제' 속에서 공식적인 발전과 진보의 기회를 갖지 못한 점이었다. 현실에서 주체사상은 북한의 공적 해석만이 존립하면서 비판과 성찰의 기능이 거세되고, 남한에서는 국가보안법 하에서 자유로운 논의와 비판이 봉쇄당함으로써 더 이상의 사상적 발전이 불가능하게 되었다. 그로 인해 주체사상은 '의식성 결정론'이라는 '좁은 의미의' 주체철학 외에 정치적, 실천적으로는 더 이상 진보적 내용물을 생산하지 못하게 되었고, 결과적으로는 '사회정치적 생명체론'에 근거한 수령론과 후계자론만 남게 되었다. 또 '북한중심주의'는 이식된 이론이나 교조화의 문제만이 아니라, 다른 한편에서는 결국 적대적 상호의존이 구조화된 분단체제의 어느 한 기득권 편에 서는 것으로 귀결될 위험성이 크다. 그런 점에서 NL운동 일각의 '북한중심주의'는 분단에 대해 어느 누구보다 가장 강력히 저항하는 그들의 노력과는 반대로, 결과적으로는 어느 한 분단기득권에 힘을 싣는 방식으로 분단체제의 재생산에 기여하는 모순된 결과를 낳게 된다.

바로 이점 때문에 NL계열 운동 내에서도 PD운동 진영 못지않은 교조적 편향이 발생할 수밖에 없었다. 북한식 모델에 대한 과도한 맹신, 북한의 수령론과 후계자론 등 수령절대주의에 대한 무비판적 수용, 더 나아가서는 남한 사회변혁을 북한 혁명의 확장으로 이해하는 북한 중심주의 편향 등이 NL운동 일각에 존재하고 있었다.

이범영은 NL운동론의 많은 부분을 수용하고 그 운동론에 일정 부분 동의하는 입장이었지만, NL운동의 교조주의화 경향에 대해서는 매우 엄격하였다. 이에 대해 권형택 등은 이렇게 쓰고 있다.

> 이범영은 유기홍, 이승환 등과 함께 학생운동에서 퍼져나가던 민족해방 계열의 논리와 체계에 대해 깊이 학습하고 자기 것으로 소화해 냈다. 사실 학생운동 내 민족해방 계열 핵심부의 논리는 김일성주의나 주체사상을 날것 그대로 받아들이는 등 과격한 측면이 있었다. 이범영은 이를 학생운동의 미숙함으로 보았다. 학생운동 선배로서 그들의 열정은 이해하고 수용해주되 미숙함과 지나친 과격함은 일정하게 제어되어야 한다고 생각했다.[28]

여기서는 NL운동의 교조화를 '미숙함'이라고 표현했지만, 사실 이는 미숙함의 문제는 아니었다. 이범영이 생각할 때 NL운동 교조화는 미숙함이 아니라 그보다 더 근본적인 운동의 태도, 운동가의 '주체성'과 관련된 문제였다. 그는 진정한 운동가는 자기가 발 딛고 선 현실에 대해 '자기 머리로' 치열하게 고민하고 스스로 문제해결의 방법을 체득하는 사람이어야 한다고 생각했다. 이 과정에서 다양한 이론의 도움을 받을 수 있지만, 자기 스스로 현실 이해와 해법을 찾는 노력이 결합되어야 '어느 이론으로도 완벽히 설명되기 어려운' 한국 사회에 대한 보다 정확한 이해, 그리고 대중 속에 좀 더 깊이 뿌리내릴 수 있는 실천적 운동 방향을 찾아갈 수 있다고 보았다.

북한방송 등 주어진 텍스트나 지침에 따라 진행되는 주입식 운동, 남한 변혁운동의 중심이나 지도체가 북한에 있다는 식의 과도한 신념화는 이범영이 생각하는 '진정한 운동'과는 거리가 멀었다. 이 점에서 이범영은 "80년대 중후반 급진적 운동의 한 축으로서 민족해방 계열의 입장이었지만, 교조주의적 NL 수용과는 다른 차원에서 동아시아-한국적 변혁사상 정립에 관심을 두고 민족적 민중주의를 재구성하고자 했다"고 평가할 수 있다.

급진과 혁명의 시대 한복판에서 이범영 역시 급진화의 편향에서 완벽히 자유로울 수는 없었지만, 그는 자신이 축적해 온 운동이론과 경험의 프리즘을 통해 NL운동론의 장점을 흡수·체화했고, NL운동론에 내재한 교조화와 과도한 신념화의 위험성에 대해서는 매우 엄격한 태도로 이를 걸러냈다. 동시에 그는 자신의 운동적 발전과 함께 80년대 학생운동 출신 활동가들이 자기 머리로 고민하면서 자기가 발 딛고 선 현실과 대중 속에 뿌리내릴 것을 끊임없이 촉구하였다. 이런 상호작용 속에서 그와 그의 동지들, 80년대 학생운동 출신 활동가들은 높은 정치사상적 단결을 유지하면서 청년대중운동의 발전에 함께 공진(共進)할 수 있었다. 그는 진정한 의미의 '주체인(主體人)'이었다.

4

통일운동에 대한 이범영의 생각

통일투사 고 이범영

이범영의 통일운동사상이라는 말은 쓰기에도 좀 어색하다. 그에게 통일운동은 남한, 그리고 분단된 한반도의 변혁을 꿈꾸는 운동가라면 당연히 수행해야 할 임무의 하나였다. 그의 주 관심사는 개별운동보다 자주·민주·통일 혹은 부문과 지역 등 총체로서의 운동 발전이었고, 따라서 당연히 전선운동과 정치적 대중운동의 향방이 그의 운동적 탐구와 고민에서 중심을 차지하고 있었다. 잘 알려져 있듯이, 그가 개별운동으로서 가장 오랜 기간 관심을 가졌던 것은 노동운동이었다. 또 그는 많은 글을 남기지 않았지만, 그나마 그가 남긴 몇 안 되는 글 중에서도 통일운동을 주제로 쓴 글은 단 한 개, 법정 진술까지 포함하면 두 개에 지나지 않는다.[1]

그렇다고 해서 그가 통일운동에 대해 정리된 생각과 사상이 없었던 것은 아니었다. 통일운동의 열풍을 불러일으켰던 NL운동론에 대해 그는 누구보다 깊이 탐구했고, 80년대 학생운동 출신의 청년운동 동지들과 함께 통일운동에 대해 쉼 없이 논의하고 토론했다. 그는 '범민족대회'의 추진과 발전을 위해 누구보다 열정적으로 활동했고, 90년대의 격변하는 한반도 정세 속에서 통일운동을 어떻게 발전시켜 나가야 하는지에 대해 깊이 고민하였다. 다양한 현실의 활동이 축적되면서 통일운동에 대한 그의 생각도 함께 발전해 갔다. 큰 틀에서 보면 통일운동에 대한 그의 생각은 한국 민주화운동 전반의 통일문제 인식과 거의 동일한 궤적을 그리며 성장·발전했지만, 몇몇 지점에서는 어느 누구보다 선도적이었고 또 모두를 압도하는 열정으로 통일운동을 이끌어갔다.

이범영은 이른바 '새로운 통일운동체'(약칭 새통체)* 논쟁으로 시

통일투사 고 이범영 민주청년장 부고

작된 통일운동 내부의 분화와 변화가 본격화되는 초입에 투병과 함께 세상을 떴기 때문에 통일운동과 관련된 그의 사상적 변화는 사실 통일운동의 분화와 변화 초기 단계에서 중단되었다고 할 수 있다.[2]

---

* '새로운 통일운동체'(약칭 새통체)라는 말은 조국통일범민족연합(약칭 범민련)을 대체하는 새 통일운동조직을 의미한다. 새통체를 둘러싼 논쟁은 1991년 범민련 공식 결성 과정에서부터 이미 시작되고 있었고, 92년에 들어와 운동 전반에 영향을 미치는 본격 논쟁으로 발전하게 된다. '민주주의민족통일전국연합' 주도하에 '새로운 통일운동체'로서 '자주평화통일민족회의'(약칭 민족회의)가 결성된 것은 94년 7월이었다.

그러나 그는 한참 투병 중이던 1993년 8월, 경찰 침입과 봉쇄로 연세대에서 한양대로 장소가 변경된 범민족대회에 몸소 참가할 정도로 생애 마지막까지 통일운동에 헌신했으며, 통일운동의 발전에 대한 고민도 죽는 순간까지 놓지 않았다. 그렇기에 그의 장례식은 다른 여러 수식어를 제치고 '통일투사 고 이범영'의 이름으로 치러졌다.[3]

통일문제에 대한 이해

분단과 통일문제에 대한 이범영의 생각은 적어도 1987년 이전까지는 그 시기 소위 '재야(在野)'로 불리던 민주화운동 세력이 일반적으로 지니고 있던 생각과 크게 다르지 않았다.

이범영 등이 83년에 작성한 지하유인물 「한국노동운동의 방향」(약칭 「노방」)은 당면 민중운동의 목표를 '외세 간섭 배격', '민주정권 수립', '자립경제 수립'으로 제시하고 반군사독재민주화투쟁 단계에 있다고 정리하고 있다. 분단과 통일문제는 전혀 언급되지 않고 있다. 즉 지금은 반독재민주화투쟁 단계이고 통일문제는 현단계 과제가 아니라는 의미가 내포되어 있다고 볼 수 있다. 이는 80년대 전반기까지 민주화운동 세력 일반이 지니고 있던 전형적인 '선민주(先民主) 후통일(後統一)' 주장을 전제하고 있다는 의미이다.

통일문제에 대한 이범영의 입장에 변화가 나타나기 시작한 것은 1987년 전후인 것으로 보인다. 1987년 5월에 쓴 「민족민주주의의 깃발을 높이 들자!」에서 처음으로 통일문제와 통일운동에 대한 그의 분명한 언급이 등장한다.

> 올바른 운동노선을 정립하기 위한 우리 운동의 노력은 특히 지난 2~3년 동안 불철저한 운동론, 협애한 투쟁 형태, 관념적 조직체계 시도 등

수많은 시행착오에도 불구하고 괄목할 만한 진전을 이루었으며, 그 결과 중요한 결론들을 획득하게 되었다. 첫째, 우리 운동의 전략적 과제는 외세의 신식민지적 지배로부터 민족의 자주성을 회복하고 조국의 평화적 통일을 이루어내는 것이며, 동시에 완전한 민주화의 실현, 즉 군부 독재를 타도하고 민주적 기본권의 전면적 보장을 실현하는 것이다.[4]

여기서는 「노방」에서 보이던 '선민주후통일'이 아니라 보다 명료한 형태로 '자주성 회복, 평화적 통일, 민주화 실현'이 일체화된 과제로 제시되고 있고, 그것이 "지난 2~3년 동안의 불철저한 운동론"을 극복하고 올바른 운동노선을 정립하기 위한 성찰의 결과임을 분명히 하고 있다. 또 통일문제를 민족의 자주성을 회복하는 문제와 연결하여 이해

'남북공동 올림픽 쟁취와 평화협정을 위한 범국민결의대회'에서 결의문을 낭독하는 이재오
(출처: 민주화운동기념사업회 오픈아카이브)

하는 전형적인 'NL운동론'적 통일문제 이해도 드러나고 있다.

이 시기 이범영의 통일문제에 대한 관심의 고양은 88올림픽을 둘러싼 국제정세와 한반도 분단체제의 변동 조짐과 연동되어 있다. 그는 "한반도 안정화를 바라는 미·중·일·소 4강의 공통된 입장과 그를 위해 88올림픽의 [남북] 공동개최가 긴요하다는 점"을 강조하면서 "여기에 대응하여 우리는 통일을 위한 방안을 제기해 나가야 한다"라고 주장하였다. 그러면서 그는 "누차 주장해 왔듯이 자주·평화·민족대단결의 원칙이 구체적으로 어떻게 관철되어야 하는가"를 밝히는 차원에서라도 남북 간의 "상호 비방과 왜곡 선전으로 파괴된 민족의식을 바로 세우는 데 각별히 노력해야 한다"고 주장하고 있다.[5]

이범영의 이런 NL운동론적 통일문제 이해에는 86년 4월 '반전반핵 양키고홈'을 외치며 분신한 김세진, 이재호 열사의 투쟁, 같은 해 3월부터 유포된 지하유인물 「강철서신」의 충격과 '구국학생연맹'(약칭 '구학련')의 등장 등 학생운동 속에서의 급속한 NL운동 확산의 영향도 반영되어 있다. 이 무렵부터 NL운동론에 대한 그의 관심과 탐구가 본격화되었고, 민청련 사태로 인한 오랜 수배 상태에서 자주 만나던 이승환, 한홍구 등이 그의 NL운동론 공부에 도움을 주었다.

이범영이 민청련 의장으로 선출되기 직전에 발간된 『민주화의 길』 제18호는 '조국통일운동'을 특집으로 다뤘는데, 이것은 통일운동에 다소 소극적이던 당시 민청련 김성환 집행부 하에서는 좀 이례적인 일이었다. 이는 80년대 학생운동 출신 운동가들이 민청련 구성에서 점점 확대되고 있었고, 또 『민주화의 길』을 발간하는 정책실을 이범영이 맡고 있었기 때문이었다.

그 특집의 첫 글인 「자주적 평화통일운동론」(필자 미게시)은 통일문제의 본질을 "첫째 '외세의 지배와 간섭을 종식시키고 우리 민족의 자주권을 전국적 차원에서 완전히 실현하는 문제'인 동시에, 둘째 '외세에 의해 일시적으로 갈라지면서 비롯된 남북간의 대립과 갈등을 없애고 민족적 단결을 이룩하는 문제'이다"라고 정리하고 있다.[6] 여기서 첫 번째 정의인 '전국적 차원에서 민족자주권 실현' 부분이 말하자면 전형적인 NL운동론적 조국통일 정의인데, 이 정의를 북한 언술 그대로 해석하면 '북한에 의한 남한의 민족해방' 즉 북한중심주의 통일론으로 환원된다. 그래서 이 정의는 이후 계속해서 남한 통일운동을 둘러싼 논쟁의 쟁점이 된다. 1993년 이후 본격화되는 범민련과 새로운 통일운동체를 둘러싼 논란의 이면에도 이 '전국적 범위에서 민족자주권의 실현' 정의에 대한 북한식 해석 문제가 존재하고 있다. 유기홍, 이승환 등 민청련 출신의 한청협 지도부가 범민련 사수가 아니라 새통체 건설 운동에 앞장서게 된 이유도 근원적으로는 이 문제의 영향 때문이었다.

이즈음의 이범영은 조국통일 문제를 체제대립의 현상 이면에 있는 민족자주의 문제, 즉 분단을 강요하는 외세의 극복 문제로 보는 시각에 적극 동의하고 있었고, '전국적 차원의 민족자주권 실현'에 대한 북한식 정의에는 큰 문제의식을 가지고 있지 않았다. 미국의 개입에 의한 남한 민주화운동의 거듭된 좌절로 인해 통일문제를 민족자주의 전국적 실현으로 보는 시각에 적극 동의하였지만, 그렇다고 북한 중심의 통일 해석에 동의한 것은 아니라는 의미이다. 그가 '남한 민주화운동의 통일운동'이라는 정체성에 대해 보다 분명한 자각을 가지게 된 계기는 남한 실정에 대한 고려 없이 조급하게 이루어진 범민련 남측본부 결성 결정과 91년 범민족대회와 범민련 결성 건으로 인한 수배·구속 무렵부터였다.

이 시기에도 그의 주 관심은 여전히 '민주'와 '자주'에 집중되어 있었고, 통일운동에 대한 그의 접근은 조심스러웠으며, '선민주후통일론'의 여진도 얼마간은 남아 있었다.

조국통일의 문제는 현재로서는 계몽적 교육적 수준에서 제기되어야 한다. 작년 운동권 일부에서 나타났던 것처럼 정치투쟁의 중심고리로까지 높게 설정하는 것은 현실적 조건을 무시하고 지나치게 앞서 나간 모험주의적 경향으로 마땅히 비판되어야 한다고 본다. 조국통일 방안을 제기해나가는 것은 결국 외세의 간섭을 배격하고 군부독재를 타도하여 민족자주와 민주화를 달성할 때만이 조국통일이 달성될 수 있다는 사실을 대중으로 하여금 자각할 수 있도록 하는 데 그 목적이 있음을 인식해야 한다.[7]

미국과 군부독재에 맞서는 투쟁보다 '연방제 실현' 등 통일방안 문제를 정치투쟁의 중심으로 설정하는 태도가 현실 조건을 무시한 모험주의라는 그의 비판은 매우 정당하지만, 조국통일 문제는 계몽적 수준에서 제기되어야 한다거나 군부독재를 타도해야 조국통일이 달성될 수 있다는 듯한 주장에는 통일문제를 여전히 조심스레 대하는 그의 태도가 묻어나 있다. 이때까지만 해도 그는 통일운동의 대중화 전망에 대해 명확한 태도를 유보하고 있던 것이다.

그러나 통일문제에 대한 이범영의 다소간 소극적인 태도는 80년대를 마감하고 90년대를 맞으면서 다시 한번 변화하게 된다. 90년대를 맞이하며 청년운동 동지들에게 보내는 그의 결의는 "조국통일로 민족민주운동을 완수하자!"였다.[8]

"일부 논자들은 자주·민주·통일이라는 3대 과제의 통일적 연관을 부정하여 분리시키고, 3대 운동의 총체적 발전이 아니라 단계적 실천을 강변하기도 한다. 우리는 반공국시론과 온갖 민족 분열주의에 반대하여 통일국시론과 민족대단결 의식을 선전해야 한다. 뿐만아니라 80년대 그 무수한 고난과 대중투쟁의 성과로 얻은 자주·민주·통일의 상호연관성과 총체적 발전이라는 귀중한 결론을 새삼스럽게 혼란시키려는 온갖 기회주의적 사상 조류도 퇴치해 버려야 한다. 모든 난관과 장애를 넘어서서 우리 민중의 자주·민주·통일 운동은 승리할 것이다. 80년대가 위대한 전진의 시기였다면 90년대는 영광스러운 승리의 시기가 될 것이다."[9]

자주·민주·통일 운동의 총체성을 강조하면서 '조국통일로 민족민주운동을 완성하자'고 주장하는 이범영의 이러한 변화는 그 스스로 말하듯이 80년대 운동의 고난과 성과에 대한 성찰과 총괄의 결과였다.

80년대 운동에 대한 총괄 결과는 이범영의 운동적 삶에도 전환을 가져왔다. 그는 오랫동안 염두에 두고 있던 노동현장으로의 이전 대신 청년운동 지도자로서의 삶을 선택하였다. 이후 그는 '아직도 청년이냐'는 비아냥에도 아랑곳하지 않고 청년운동의 중요성에 대한 확신과 '청년운동에는 아직도 내가 필요하다'는 사명감을 가지고 청년운동 발전에 그야말로 헌신(獻身)하였다. 1987년 6월항쟁 결과로 치러졌으나, 범민주진영의 분열로 패배한 13대 대통령선거의 뼈아픈 결과는 그의 결심을 더 굳게 만들었다. 그는 운동 승리의 핵심이 되는 전선운동과 정치적 대중운동 발전의 결절점에 청년운동이 존재한다고 보았고, 청년운동의 발전이 전체 전선운동과 '대중운동의 정치적 발전'에 결정적 영향을 미칠 수 있다고 판단했다.

그는 1988년 민청련 의장으로 취임하며 청년운동 대중화를 본격 추진하였고, 또 전국 각지에서 만들어진 청년단체들을 민청련과 함께 연결하여 1989년 1월 '전국청년단체대표자협의회'(약칭 '전청대협')를 구성하였다. 전국적 단위에서 청년운동의 대중화 조직화가 확대되기 시작했고, 이들과 함께하면서 그는 학생운동과 달리 대중의 생활현장 속에 존재하는 청년운동의 선도적 역할이 있으면 통일운동의 대중적 발전이 가능하다는 분명한 확신을 갖게 되었다.

문익환 방북시 김일성과 만나는 장면

문익환 목사가 방북 후 구속 상태에서 한승헌 등 변호사들을 접견하고 있다. (출처: 민주화운동기념사업회 오픈아카이브)

특히 88년 5월 '남북 공동올림픽 개최' '주한미군 철수' 등을 외치며 투신한 조성만 열사의 투쟁, 89년 3월을 뜨겁게 달군 문익환 목사의 방북과 이어진 임수경의 방북 등은 '통일운동의 90년대'에 대한 예고이기도 했다. 거기에 노태우정권의 '7.7선언'과 북방정책 추진은 철벽같았던 반공이데올로기의 성채를 더 이상 유지할 수 없게 만들었고, 통일운동은 대중적 공간을 더욱 확대하였다. 당연히 학생운동과 그 학생운동 출신들이 다수를 점하게 된 청년운동 속에서는 통일운동의 열기가 흘러넘쳤고 이범영 역시 이런 통일운동의 고양을 열정적으로 수용하고 있었다. 이에 대해 유기홍은 이렇게 회고하고 있다.

> 그가 학생운동에 헌신했던 유신시대는 통일운동의 불모지였다. 80년대 초반의 운동을 이끌었던 민청련 운동에 있어서도 통일문제는 그리 중심적으로 고민되지 못한 것이 사실이다. 그런 그가 80년대 후반 청년운동을 이끌면서 청년운동을 통일운동의 중심세력으로 진출시킨 것은 어찌 보면 참으로 놀라운 일이 아닐 수 없다. 시대의 변화를 읽고 자신이 기존에 가지고 있던 방향성과 운동론을 신속하게 변화 발전시켜 앞장서 나갈 수 있었던 유연함은 그가 가진 놀라운 능력 중 하나였다.[10]

그 자신은 물론 청년운동 전체를 단기간에 통일운동의 중심세력으로 세울 수 있었던 이 '놀라운 변화'는 통일문제에 대한 그 자신의 지속적인 탐구와 함께 청년운동을 통한 통일운동의 대중적 발전 가능성에 대한 확신과 그의 헌신 때문이었다.

사실 '선민주 후통일'의 소극적 입장에서, 자주·민주·통일의 상호연관성 속에서 민족민주운동의 완성으로 통일문제를 이해하는 수준의 인식 변화는 이범영 외에도 그가 '통일운동 선구자'라고 칭했던 문익환 목사에게서도 전형적으로 나타난다. 문익환 목사는 1976년 '3.1

민주구국선언' 당시만 하더라도 '통일은 승공을 전제로 한 민주역량 강화로'라는 소박한 반공주의와 뒤섞인 '선민주 후통일' 입장이었다. 그런 그가 온몸으로 80년대를 헤치며 마침내 1989년 3월 방북길에 올랐을 때는 '민주화와 통일은 하나다' '통일은 민족해방의 완성이고 민족자주의 성취다' '통일의 주인은 민(民)이다'라는 민족자주와 일체화된 민(民) 주도 통일사상을 선포하게 된다.[11]

통일문제에 대한 이범영과 문익환의 이러한 변화 궤적은 그들 자신의 통찰력과 발로 뛰면서 만난 민중의 현실, 그리고 남한 민주화운동의 역사적 경험과 성찰의 결과물이었다. 결국 유기홍이 말하는 이범영의 사상적 '유연함'은 한반도 분단체제의 변동과 NL운동의 자극이 그의 오랜 운동 경험과 성찰, 탐구의 프리즘을 통해 재구성되는 일종의 변증법적 변화 과정이었다.

통일운동의 고양 속에서

1980년대 말 통일운동의 발전 과정에서 가장 큰 변곡점이 된 것은 88올림픽이었다. 88올림픽을 앞두고 전국대학생대표자협의회(약칭 전대협)의 '남북 공동올림픽 개최'와 6.10남북학생회담 제기, 그리고 문익환 목사가 이끄는 민통련과 민청련 등 68개 재야단체의 '조국통일의 대업을 앞당기기 위한 시국선언' 발표 등으로 통일운동이 새로운 국면으로 접어들었기 때문이다.

이범영 등은 통일운동에 대한 당시 민청련 지도부의 소극적 대응과 달리 '남북 공동올림픽'에 보다 적극적인 대응을 해야 한다는 입장이었다. 당시의 김성환 의장을 비롯한 민청련 집행부는 4.26총선으로 여소야대 정국이 조성되고, 특히 광주에 기반을 둔 평민당이 제1야당이 된 정세 아래에서는 무엇보다도 광주항쟁의 진실을 밝혀내는 투쟁을 중심에 두어야 한다고 보았다. 이런 시기에 통일 문제를 제기하는 것은 투쟁역량을 분산시키고 전열을 흐트러뜨릴 우려가 있다고 주장했다. 또 이들은 올림픽이 민중 생존권을 도외시하는 행사이므로 거부해야 한다는 입장이 강했다. 반면 이범영 등은 광주 문제가 중요하기는 하지만, 그것 때문에 당장 다가온 올림픽 이슈를 도외시할 수는 없다는 입장이었다.[12] 이범영 등은 『민주화의 길』 등을 통해 자신들의 입장을 적극 표출하였다. 조국통일운동을 특집으로 다룬 『민주화의길』이 발행되고, 〈민중신문〉에 공동올림픽 관련 기사들이 나가기 시작한 것도 이 시기였다.[13]

『민주화의길』 18호 표지

조국통일운동 특집을 다룬 『민주화의길』 제18호 논설에서는 공동올림픽 등과 관련한 조국통일운동 방향에 대해 이렇게 정리하고 있다.

> 조국통일 촉진투쟁의 구체적 방향은 남북한 민중의 다양한 교류를 위한 운동을 토대로 하고 공동올림픽 쟁취투쟁을 정점으로 하여 통일운동의 법적·제도적 보장을 위한 투쟁과 결합시켜야 한다. 이 속에서 민족대결 의식을 민족대단결 의식으로 전환시키고, 현재의 대중조건에 조응하는 통일운동을 대중의 구체적 참여 속에서 불러일으키는 것이 중요하다. 특히 공동올림픽 쟁취투쟁은 올림픽을 계기로 전 민족적인 화해와 단결을 드높이고, 40여 년간 분단 상태로 조성된 남북 간의 장벽을 제거하는 데 있어 결정적인 역할을 할 수 있을 것이다.[14]

동시에 이 논설은 올림픽을 매개로 한 '조국통일 촉진투쟁'이 성과를 얻기 위해서는 청년학생과 민주인사 등이 선도적 투쟁을 통해 조국통일 촉진투쟁의 전개를 가로막는 현실적 장벽을 허물고 대중의 참여와 투쟁을 보장해야 하며, 또한 조국통일운동의 대중화는 반독재민주화투쟁의 성과와 토대에 근거해야만 해결될 수 있다고 강조하고 있다.[15]

이범영 등이 주도하던 정책실 등에서 이런 입장을 강조한 것은 당시 학생운동 중심의 통일운동이 통일의 당위성만 강조하는 '당위론적 수준'에서만 진행되거나, 광주항쟁 계승투쟁 등 민주화투쟁과 올바로 결합하지 못했기 때문에 통일을 가로막고 있는 미국·군부독재와의 투쟁전선을 집중적으로 형성하지 못함으로써 통일운동의 대중운동화가 정체되고 있다는 판단 때문이었다.[16]

이와 함께 이범영 등은 일부 PD(민중민주주의) 계열 운동세력이 통일운동을 '계급운동을 희석시키는 소부르주아 민족주의운동'이라거나 혹은 '통일은 변혁 이후 문제이니 현재는 반제반파쇼 투쟁에 집중하자는 선변혁 후통일론'에 대해서도 적극 비판하였다. 이러한 견해들은 민중의 모든 고통이 분단과 군사독재를 앞세운 미국의 강력한 지배에서 연유하고 있다는 점을 무시하고 있으며, 당면과제로서의 조국통일문제를 계급문제 해결 등 한반도변혁의 궁극적 목표와 혼동하고 있다는 것이 이범영 등의 입장이었다.

통일운동에 대한 일부 PD세력의 비판이 노골화된 계기는 문익환 목사와 임수경의 방북 사건으로 인해 형성된 공안정국이었다. 이들은 문익환 목사 등의 방북이 울산 현대노동자들의 투쟁 등을 위축시키는 등 노동·민중운동의 후퇴를 초래하였으며, 이로 인해 통일운동은 결국 노동계급과 무관한 소부르주아 민족주의운동임이 확인되었다고 주장하였다. 이범영은 이런 주장들에 대해 '운동 과정에서 필연적으로 발생하는 난관들을 회피하려 하거나 남 탓으로 돌리는 무책임한 태도'라며 강력히 비판하였다.

작년의 공안 정국 당시에 노태우 정권의 탄압 공세에 의해 겁에 질린 나머지 일부 운동 세력은 통일운동을 소리 높여 매도하였다. 통일운동을 마치 이적 행위처럼 몰아 부친 것도 기억난다. 노태우 정권이 통일운동을 가리켜 북을 이롭게 하는 이적 행위라고 악선전을 해대는데 운동세력 일부에서 통일운동이 반동세력을 이롭게 돕는 이적 행위라고 비난한 것은 참으로 아이러니가 아닐 수 없다.[17]

서민협이 주최한 문익환 방북 평가토론회 안내 자료 (출처: 민주화운동기념사업회 오픈아카이브)

그는 "약화되고 있기는 하지만 반공이데올로기의 위력이 작동하고 있는 분단독재체제 하에서 통일문제, 남북문제가 운동세력에게는 여전히 취약점이고, 역대의 독재정권들이 이를 분단독재체제 강화의 구실로 악용해 온 것이 사실"이라고 인정하면서, 이러한 난관들은 회피한다고 해서 넘어가거나 저절로 해결될 것들이 아니라, 대중적 돌파를 통해 맞서 나가야 할 문제라고 생각하였다. 즉 "통일운동의 전개를 통해 대중들이 민족대단결 의식과 올바른 통일정책으로 각성할 때 비로소 통일문제, 남북문제는 더 이상 파쇼정권의 무기가 아니라 민중의 무기로 활용"될 수 있으며, 통일운동 앞에 나서는 난관과 장애는 "통일운동을 대중화시켜서 올바른 통일관으로 각성된 대중들에 의해 반통일세력을 포위, 고립시킴으로서 비로소 완전한 해결을 볼 수 있다"는 것이다.[18] 마찬가지로 노동운동도 자신 앞에 발생하는 난관은, 노동운동을 압도적 다수의 대중운동으로 만들어 가는 스스로의 투쟁적 돌파로 해결해야 한다는 것이 그의 답이었다.

세계적 탈냉전과 통일운동

이범영이 민청련 의장으로 취임한 이래 전청대협, 한청협 등으로 청년운동의 대중화·전국화를 추진하는 한편, 열정적으로 통일운동에 매진하던 89년에서 92년에 이르는 시기는 세계적 탈냉전의 본격화와 함께 한반도 정세에도 큰 변화가 발생하던 대전환기였다. 소련의 페레스트로이카, 동유럽의 격변과 독일 통일, 노태우정권의 북방정책과 한·소 및 한·중수교, 남북의 UN 가입과 교차승인 분위기, 남북고위급회담과 남북기본합의서 채택 등 급속하게 진행된 이러한 변화는 통일운동 방향과 관련하여 많은 고민과 논란을 던졌다.

냉전에서 탈냉전으로의 변화는 냉전 질서에 익숙한 미국(의 대한반도정책)이나 노태우정부, 김영삼정부, 그리고 북한 등 모두를 고민스럽게 했지만, 냉전 질서의 가장 강력한 반대자였던 당시의 민주화운동세력도 고민스럽기는 마찬가지였다. 이범영 등이 이끌던 민청련 지도부 역시 탈냉전의 급속한 진행을 불안스럽게 지켜보며 어떻게 대응할 것인가를 깊게 고민하고 있었다. 1990년 이후『민주화의길』에는 변화하는 정세와 통일운동 방향에 대한 글이 매 호 빠지지 않고 실리고 있었고, 페레스트로이카와 동구혁명 관련 글도 심심치 않게 게재되었다. 또 90년 하반기에는 '페레스트로이카와 동구사회주의 진로' 및

'교차승인 문제와 통일운동 방향'을 주제로 민청련이 직접 편집한 두 권의 논쟁 자료모음이 책자로 출간되기도 하였다.[19]

사회주의 세계체제의 붕괴를 배경으로 노태우정권은 남북 교차승인과 UN 동시 혹은 단독가입을 목표로 하는 소위 '북방정책'을 적극적으로 추진하였다. 이 북방정책에 대해 이범영 등 민청련 지도부는 그것이 표면적인 통일 추구 속에서 '두 개의 한국'을 추구하는 이중정책이라고 비판하면서도, 북방정책으로 인해 "대내적으로 반공이데올로기의 약화, 민중들의 통일문제에 대한 관심 증대, 국가보안법

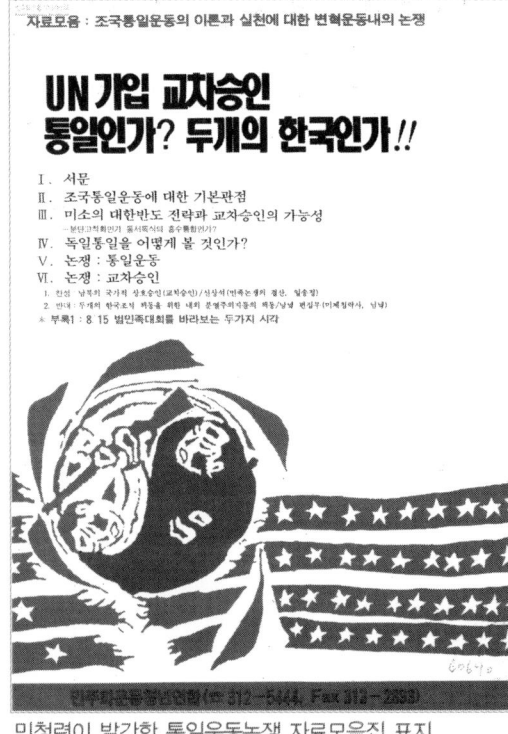

민청련이 발간한 통일운동논쟁 자료모음집 표지

의 무력화를 감수하면서까지 북한과의 접촉을 예전보다 빠르게 추진"할[20] 수밖에 없는 측면에 대해서도 주목하고 있었다. 그리고 그 고민의 일차적 결론은 '통일운동의 확대와 반미투쟁으로의 집중'이었다.

민청련 지도부는 당시의 "국내외 제반 조건들을 한마디로 '두 개의 한국 고착화 추세'라고 규정하는 것은 외적 조건에 의지한 일면적 결론"이고 따라서 '통일인가 분단고착화인가'라는 문제의 해답은 주변 강대국들의 손익계산서에서 찾을 것이 아니라 오직 남북한 통일운동 주체들의 투쟁으로 결론을 제시해야 한다고 주장하였다. 그렇기에 통일운동이 "향후 정세를 규정할 핵심 관건으로 등장할 가능성이 점점 커

지고 있다는 것이 우리의 결론"이라고 제시하고 있다.[21] 전체 운동의 기본방향은 미국과 노태우정권의 "친미보수대연합 음모를 좌절시키는 투쟁에 두 개의 한국책동을 저지하고 민족의 이익에 맞게 분단의 문제를 해결하는 조국통일운동을 결합하고 이를 반미투쟁으로 집중하는 것이 민족민주운동의 기본좌표"이고, 이러한 투쟁의 성과에 기초하여 "91년 이후의 대회전기에 민주연립정부를 세워 자주·민주·통일의 획기적 전기를 만들어야 한다"는[22] 것이다.

이런 입장에 대해 당시 일부 PD계열을 중심으로 통일운동이 결국 서독같이 흡수통일을 추구하는 노태우정권을 도울 뿐이라고 비판하고 있었는데, 이런 비판에 대해 이범영은 매우 강한 거부감을 나타내고 있다.

> 운동 세력 일각에서는 남북 교류가 남쪽 자본주의 체제의 북한 체제에 대한 자신감에서 나오는 것이라는 주장을 한다. 그래서 교류를 앞세운 자본주의 우위의 선전으로 서독이 동독을 흡수 통합했듯이 북한을 자본주의화시켜 통합을 이루려 한다는 견해이다. 따라서 교류운동은 노동자 계급에게 유해한 운동이며, 미국과 노태우 정권의 대북정책이 두 개의 한국 고착화를 책동한다는 견해도 현실을 모르는 잘못된 견해라는 것이다. 여기에는 이른바 남한 독점 자본의 성장에 대하여, 그리고 남한 독점 자본의 사회 통합력에 대하여 환상적인 과대평가가 깔려 있다. 남한 사회를 서독과 등치시켜 보고 있는 것이다. 그러나 서독은 제국주의 국가이고 우리 사회는 제국주의에 의해 지배되고 있는 사회이다.[23]

또한 이범영은 전인류적 가치와 상호의존을 강조하는 페레스트로이카의 일부 요소가 반제국주의 노선의 수정을 강제할 수 있고, 이 영향이 남한의 중진자본주의론자들이나 전민련 내 일부의 합법정당 경도와 연결되어 당시 운동의 사상이론적 혼란을 증폭시킬 가능성에 대해서도 매우 우려하고 있었다.

> 어떤 분은 활동가들은 모두 다 합법정당으로 모여들어야 한다고 주장한다. 돈 없고 빽없는 민중들에게 가장 위력적이고 주요한 무기는 대중투쟁이다. 우리 사회처럼 민주적 권리가 박탈되어 있는 곳에서는 더욱 그러하다. 그런데, 의석 몇 개 얻어보자고 활동가들이 대중들과 결합할 수 있는 생활 현장을 떠나 합법정당으로 간다는 것은 탱크를 버리고 소총을 택하는 것과 같은 어리석은 짓이다. 그것은 민중의 정치 세력화가 아니라 민중의 정치적, 사상적 무장 해제이다.[24]

광주항쟁과 6월항쟁을 거치면서도 미국의 지원 아래 군사정권이 연이어 들어서는 상황을 겪은 이범영은 '자주 없이 민주 없다'는 6월항쟁의 투쟁 구호를 가슴 깊이 새기고 있었다. "미국의 신 식민지 지배를 끝장내는 투쟁이 모든 투쟁의 기본 지향으로 되어야 한다"는 것과 "미국의 지배를 종식시키지 못하면 완전한 민주화는 성취되지 않는다"는[25] 것이 90년의 투쟁을 마감하고 91년을 맞는 이범영의 각오와 의지였다. 그런 이범영에게는 신사고 등을 내세워 제국주의와 약소국 간의 대립성보다는 상호의존과 협력을 강조하는 소련 등의 변화는 개량주의로 간주되는 것이 당연했고, 소련 주장에 직간접적으로 영향을 받고 있던 남한의 중진자본주의론이나 합법정당 이전(移轉)론도 제국주의관과 변혁운동 노선의 수정을 야기한다는 점에서 명백한 개량주의였다.

국가보안법과 민간통일운동

1991년 6월 이범영은 제2차 범민족대회를 앞두고 범민련 남측본부 준비위 건으로 수배되었고, 92년 3월 구속된 후 그해 9월에 출감하였다. 이 6개월의 수감 기간 동안 그는 통일운동과 향후 민족민주운동의 방향에 대해 많은 생각을 하게 된다.

그의 법정진술문 「화해와 단결은 우리 시대의 민족적 과제입니다」는 탈냉전 시대의 한반도 통일문제에 대한 그의 입장이 잘 드러나 있는데, 특히 주목을 끄는 것은 국가보안법의 부당성과 민간통일운동의 의미, 그리고 연방제 통일방안에 대한 그의 정리들이다.

법정진술문에서 그는 민주화와 탈냉전으로 나아가는 한반도는 과거 냉전 시기의 대결과 분단에서 '화해와 통일'로 가치와 목표의 전환이 이루어져야 하고 그를 위해서는 최대의 장애물인 국가보안법이 폐지되어야 한다는 것을 강력히 강조하였다.

> 누가 우리 사회에 민주주의가 실현되었느냐고 묻는다면 저는 아직도 해결되어야 할 과제들이 많다고 대답할 것입니다. 그중에서도 가장 핵심 되는 문제는 통일문제와 국가보안법 문제라고 생각합니다. 이제 냉전과 대결의 시대로부터 화해와 단결로 가는 마당에 남북관계의 필연적인 진전에 따라 국가보안법에 의한 기본권의 제한은 없어야 될 것이라고 생각합니다.[26]

그는 "동서 냉전체제도 붕괴되고 남북합의서도 채택되는 등 남북한이 냉전과 대결에서 화해와 단결로 나가고 있는 지금 시대에" 현실가능성도 없는 북한의 적화통일 위협을 이유로 국가보안법과 같은 특별법에 의한 국민 기본권 제한은 필요가 없고, 노태우 대통령 스스로 "이번 [남북]고위급회담 결과 분단 46년간 단절과 대립의 남북관계를 교류협력의 관계로 전환시키고 냉전을 종식시키는 전기를 이룩해 낼 수 있었다"고 주장하는 마당에 국가보안법은 존립 이유가 없다고 강조하였다.[27]

많은 사람들이 인정하듯, 이범영은 생각과 말이 일치하는 사람이고 해야 할 일이 있다고 판단하면 즉각 행동으로 나서는 인물이다. 수배 중에 한청협 결성과 초대 의장으로 취임한 그는 감옥 속에서도 한청협 운동과 통일운동의 방향에 대해 끊임없이 고민하고 지시하였다. 국가보안법 문제도 마찬가지였다. 그는 국가보안법 철폐투쟁과 관련해 감옥 속에서 그가 실천할 수 있는 활동에 곧바로 돌입했다.

92년 3월 그가 범민족대회를 주도한 혐의로 구속됐을 때의 일이다. 당시 서울구치소에는 학생운동을 하다 군입대하여 경비교도대로 근무하던 후배가 하나 있어서 바깥과 그를 연결하는 역할을 하고 있었다. 그래서 비록 구치소에 있었지만 부족하나마 의장 업무를 수행할 수 있었다. 하루는 국가보안법 철폐를 내용으로 하는 소책자를 하나 만들었으면 좋겠다는 의견을 전해왔는데 다들 바빠서 원고를 쓸 사람이 없자 자신이 직접 구치소 안에서 원고를 집필하겠다고 했다. 당시만 해도 구치소 안에서의 집필이 금지되어 있었고 국가보안법으로 구속된 사람이 구치소 안에서 국가보안법을 철폐하라는 '이적표현물'(?)을 집필하는 것은 쉽지 않은 일이었다. 그러나 며칠 지나지 않아 그의 원고가 도착했고 당시 한청협의 정책위원회 실무자 한 사람은 그의 유명한 악필을 해독해 소책자를 만드느라고 밤을 밝혀야 했다. 이처럼 그는 자기만 부지런한 것이 아니라 남들까지 부지런하게 만드는 재주가 있던 사람이었다.[28]

한청협 작성 이범영 구속 관련 자료집

이범영 구속 항의 재야원로 성명

　　이범영이 감옥에서 써서 내보낸 글 「국가보안법 철폐투쟁으로부터 민주와 통일로 전진하자!」를 토대로 한청협이 제작한 국가보안법 철폐를 위한 토론 자료집 『분단의 철창과 국가보안법이 아직도 우리를 가두고 있습니다』(1992)는 이렇게 해서 만들어졌다.

　　한편 노태우정권은 미국의 지원 아래 적극적 북방정책을 추진하면서도 남북관계에 대해서는 정부 독점과 창구단일화로 일관했는데, 이와 관련하여 당시 통일운동 세력은 자주교류 실현과 민간 통일운동의 자율성 회복을 핵심 이슈로 제기하고 있었다. 이 문제는 통일운동과 결합된 반독재민주화운동의 일환이기도 한데, 문익환 목사의 방북이나 임수경의 방북도 결국은 '노태우정권의 민간통일운동 배제와 탄압'에 항거하는 일종의 '민의 통일운동 독립선언'이었다.[29] 이범영의 법정진술서 역시 민간통일운동의 독자적 의미와 중요성을 강조하고 있다.

누구든지 자기 민족의 존엄과 번영을 위해서 노력하는 것은 실정법 이전의 자연법적 권리입니다. 통일 없이 우리 민족의 존엄과 번영을 기할 수 없다고 할 때 통일운동은 민족 구성원 모두의 권리이자 의무이기도 합니다. 그런데 정부 당국은 통일문제에 민간이 나서는 것을 좋아하지 않습니다. 그러면 통일문제를 정부 당국에만 맡겨두면 모든 게 잘 되어간다고 믿을 수 있을까요? 이것은 역사적 경험으로나 최근의 현실을 보거나 그렇지 않음이 명백합니다.[30]

그는 통일문제를 정부가 독점하면 안되는 이유에 대해 정권 차원에서 통일문제를 정략적으로 이용하거나 외세의 압력에 의해 남북관계 진전이 방해받기 때문이라고 정리하고 있다. 사실 이 시기의 남북관계는 이범영의 이런 우려가 그대로 현실로 나타나고 있었다. 북핵문제의 돌출과 함께 미국은 노태우정권의 남북관계 주도성을 사실상 박탈하고 남북관계에 직접 개입하기 시작했다. 그에 따라 순항하던 남북관계는 악화 일로를 걷게 되고, 노태우정권 내부에서도 탈냉전파 박철언 등이 보수강경파에 밀리면서 최초의 포괄적 회담이던 남북고위급회담도 8차를 끝으로 좌초하게 되었다. 이범영은 옥중에 있으면서도 이런 정세 상황을 정확히 이해하고 있었다.

당초 정부 당국은 남북의 경제협력과 북한 핵문제 해결을 병행시켜 간다는 방침이었습니다만, 미국은 핵 문제 우선 처리를 요구해왔습니다. 그래서 지난 2월 말 '더글라스 팔'이라는 부시 미 대통령 보좌관이 서울로 와서 노 대통령을 비롯한 고위 관리들을 만나서 '북한의 핵문제 해결없이 남북의 경제 협력 진전은 바람직하지 않다'고 쐐기를 박았습니다. 그리고 리처드 솔로몬 아시아 태평양 차관보도 3월 중순에 서울로 와서 '국제원자력기구에 의한 핵사찰도 전제조건이다'라고 압력을 넣었습니다. 이 때문에 정부 안의 극우 보수파의 입김이 드세져서 (…) 정부와 경제계의 움직임도 갑작스레 움츠러들었다고 합니다."[31]

이범영은 통일문제를 정부에만 맡겨둘 수 없다고 주장하면서도 자신의 주장이 '정부 당국에 의한 통일정책 추진'을 부정하는 것이 아니라고 부연하였다. 그는 남북관계를 진전시키는 행정적, 실질적 조치들은 정부 당국의 손에 달려 있기에 "우리는 정부 당국이 통일에 기여할 몫이 있다고 인정하면서 동시에 민간의 몫을 인정해 달라는 것"이며, "정부와 민간이 각자의 몫을 제대로 하면서 상호 협력해야 민족통일의 역사적 대업이 온전하게 이루어진다고 주장하는 것입니다"라고[32] 진술하고 있다.

이범영의 이러한 '정부-민간 각각 역할론'은 문익환 목사의 민(民) 주도 통일론과 거의 완벽히 일치하고 있다. 문익환은 '민 주도'의 의미에 대해 "이것은 결코 관을 밀어내자는 말이 아닙니다. 관은 어디까지나 민의 뜻을 받아 민과 함께 민을 앞세우고 민에 밀리면서 통일의 문을 향해서 걸어 나가야 한다는 말입니다. 민을 배제하고 관이 독점한 관 주도 하의 통일운동이 불통일운동이었다는 것은 지난 45년 민족사가 증명하고 있는 것이 아니겠습니까?"라고[33] 설명하고 있다.

민간통일운동에 대한 이 두 사람의 일치된 입장은 상호 논의와 토론을 거친 것이 아니라 그들의 운동 경험과 역사의 공통성에서 발생한 '필연적 우연'이었다. 그 공통성은 이 두 사람이 남한 민주화운동의 성장 속에서 사상·실천적 단련을 거쳤다는 정체성과 함께 누구보다 통일운동에 대해 치열하게 고민하고 투쟁했다는 점이었다.

'연방제' 통일방안에 대해

이범영은 법정진술문에서 연방제 통일방안에 대해서도 자신의 생각을 밝히고 있다. 그는 '남북합의서'를 거론하며 남과 북은 서로 체제를 인정하고 존중하면서 통일로 나가자고 약속했으며 이를 보장하는 국가 형식이 하나의 통일국가 안에 두 개의 체제가 존속하는 연방제 방식의 통일이라고 정리하고 있다.

그는 연방제 통일방안에는 북한의 '고려연방제'만 있는 것이 아니라 "재야의 문익환 목사님이 제시하는 단계적 연방제 안도 있고, 민주당이 통일강령으로 내놓은 3단계 통일방안에도 두 번째 단계로서 연방제를 수용하고" 있다는 점을 지적한 후, 노태우 대통령도 1991년 가을, 캐나다 방문 중에 토론토에서 "6공 정부의 한민족공동체 통일방안

〈남북기본합의서〉에 서명하는 노태우 전 대통령 (출처: 민주화운동기념사업회 오픈아카이브)

과 북한의 고려연방제를 한데 묶을 수 있으며, 구체적으로는 국가연합 단계를 거쳐 연방 형태를 지나 완전통일로 가는 3단계 방안"을 이야기한 바 있다며 정부 당국도 연방제 일반을 모두 배격하는 입장이 아니지 않느냐고 반문한다.[34]

이어서 이범영은 북한도 "종전에는 점진적·단계적 연방제 안을 분단 고착화 위험이 있다고 해서 배제하였으나 근래에는 점진적 연방제 안도 공식적으로 수용하고" 있다면서 "점진적·단계적 연방제 안을 중심으로 정부 당국이 이를 원천적으로 배격하지 않는 이상 남북한 당국과 민주당, 재야의 의견이 접근될 가능성이 있다"고[35] 정리하고 있다.

사실 이범영의 이러한 통찰은 새로운 것은 아니다. '단계적·점진적인 연합이나 연방'의 사고는 '결과로서의 통일'보다 '통일을 쟁취하기 위한 투쟁' 즉 '통일로 가는 과정'을 더 중시할 수밖에 없었던 80년대 남한 민주화운동 진영의 통일문제에 대한 집단적 성찰의 결과물이기도 하였다.

문익환 목사가 방북하여 김일성과 만나 가장 심혈을 기울여 설득한 문제도 바로 이것이었다. 그는 "대한민국 정부는 통일을 원치 않는다고 부정적으로만 볼 것이 아닙니다. 지금 대한민국 정부가 구상하고 있는 '체제연합'은 실질적으로 북이 제안하고 있는 연방제 통일방안에 매우 가까이 접근되어 있습니다"라며,[36] 남한의 국가연합 방안도 단계적인 연방제 추진과 배치되지 않을 수 있다는 것을 과감히 주장하였다. 북한도 '결과'로서의 고려연방제만 주장할 것이 아니라 점진적으로 진행될 수밖에 없는 '한반도 통일과정'의 현실을 수용할 필요가 있다는 것을 설득한 것이다. 남한 민주화운동의 경험에서 우러난 이 통찰은 김일성의 마음을 흔들어 놓았다.[37] 문익환-김일성 만남 이후 발표된 〈4.2공동성명〉 제4항에는 "(…)공존의 원칙에서 연방제 방식으로 통일하는 것이 (…) 합리적인 통일방도가 되며 그 구체적인 실현방도로서 단꺼번에 할 수도 있고 점차적으로 할 수도 있다"라고 정리되어 있다. 이는 남과 북이 통일의 기본원칙으로서의 '공존'과 추진 방도로서의 '점차성'에 처음으로 합의한 것이었다.[38] 이 합의 이후 북한 김일성은 1991년 신년사에서 "연방제통일을 점차적으로 완성하는 문제도 협의할 용의가 있다"며 소위 '낮은 단계의 연방제'에 대한 입장을 공식화했다. 이범영의 '북한의 점진적 연방제 수용' 주장은 바로 이 사실을 지적한 것이다.

'남북한 당국의 통일방안이 접근될 수 있다'는 이범영의 통찰은 결국 〈6.15공동선언〉의 제2항 "남측의 연합제안과 북측의 낮은 단계의 연방제안이 서로 공통성이 있다고 인정하고 이 방향에서 통일을 지향시켜 나가기로 하였다"는 합의로 현실화되었다. 공존과 점진성의 원칙 하에 남북의 통일방안을 수렴시키는 것은 결국 통일문제를 민족해방혁명의 성채에서 끌어내려 '과정으로서의 통일'이라는 현실에 발 딛게 하는 일이었다. 92년 당시의 이범영은 이에 대한 명확한 인식과 정리로 나아가지는 못했지만, 적어도 탈냉전 이후 한반도 통일문제가 어떻게 변화되어 갈 것인지에 대해서는 중요한 통찰의 단서를 제시하고 있었던 것이다.

조국통일범민족연합과 '새로운 통일운동체' 논란

90년대 통일운동에서 가장 뜨거운 논란의 하나는 범민련 문제였다. 이범영이 구속된 직접적 이유도 '조국통일범민족연합'(약칭 범민련) 남측준비위원회의 실행위원으로 선임된 것 때문이었다. 이는 본인의 의사와 상관없이 일방적으로 발표된 것이기는 하지만, 실질적인 이유는 그가 중심이 된 청년운동이 범민족대회 추진본부의 중심 역할을 하면서 91년 범민족대회를 주도했기 때문이었다.

91년 1월 23일 서울 향린교회 '범민련 남측준비위원회' 결성식. 연단에는 이창복 전민련 상임대표
(출처: 민주화운동기념사업회 오픈아카이브)

이범영은 통일운동의 발전 과정에서 범민련을 결성할 필요성이 있다는 점에 대해 기본적으로 동의하는 입장이었다. 다만 그가 생각하는 범민련은 대중적 통일운동의 집중점이자 상징적 공간인 '범민족대회'를 추진하는 범민족대회추진본부의 상설연합체로의 전화(轉化)였다.

1989년 8월부터 매년 8.15를 전후하여 열리는 범민족대회는 남북의 평화와 통일을 위하여 민간 차원의 대화와 교류를 추진하는 행사입니다. 범민족대회추진본부(이하 범추본)는 이 행사를 주최하기 위해 매년 그 행사를 앞두고 만들어지는 임시적인 연대 기구입니다. 이에 비하여 범민련은 범민족대회의 성과를 계승하여 민간 차원의 대화와 교류를 항상적으로 관장하는 상설적 연합단체입니다. 통일운동의 발전에 따라서 한시적 연대

기구인 범추본이 상설적 연합단체인 범민련으로 발전적 개편을 하는 것은 자연스러운 일이나, 그것은 가입 단체들의 높은 결의가 있어야 가능한 일이었습니다.[39]

문제의 출발은 범민족대회와 범민련 결성의 출발점인 소위 1990년 11월 말의 베를린 남·북·해외 3자회담에서* 1991년 1월까지 남과 북의 범민련 결성을 완료하고 2월 중에 의장단회의를 소집하기로 한 결정이었다. 이 때문에 많은 대중단체들은 제대로 된 토의과정을 거칠 시간 여유도 없이 범민련 남측준비위에 떠밀리듯이 참가 결정을 내릴 수밖에 없었다.

이범영이 말하듯 상설단체 가입은 가입하려는 단체들의 법적, 정치적, 조직적 책임이 수반되기 때문에 높은 조직적 결의가 필요하다. 더구나 조직운동을 중시하고 한번 결정하면 반드시 책임을 져야 한다고 생각하는 이범영에게, 대의원총회라는 최고 의사결정기관의 결의 없이 한청협의 범민련 가입 결정이 불가능하다는 것은 너무 당연한 상식이었다.[40]

게다가 범민련은 북과 직접 연결되는 조직이기에 노태우정권의 탄압이 집중되고 있었다. 91년 1월 23일 범민련 남측준비위는 결성되자마자 이창복 전민련 의장을 비롯해 다수의 간부가 구속, 수배되고 이

---

*1990년 11월 19~20일 사이에 열린 이 회의는 '범민족 통일운동기구' 구성을 위한 남·북·해외 3자 실무회담이며, 이 회의에서 '조국통일범민족연합'이라는 명칭과 조직구성 등을 결정하였다. 이 회의에 남에서는 조용술 범추본 공동본부장, 이해학 전민련 조통위원장, 조성우 범추본 사무처장 등 3인이, 북에서는 전금철 범민족대회 북측준비위원회 부위원장, 해외에서는 소설가 황석영 등이 참석하였다.

적단체 판결을 받았으며,[41] 6월에는 문익환 범민련 남측준비위 의장과 권형택 등이 구속되고 범민족대회가 있는 8월에는 범민련 남측준비위 간부 대부분이 구속, 수배되었다. 이런 상황은 범민련 가입과 관련하여 많은 대중단체들을 고민하게 만들었다.

고민의 핵심 지점은 두 가지였다. 하나는 통일운동의 대중화와 전국화를 위해 범민련 결성을 추진했으나 현실은 노태우정권의 무차별 탄압으로 인해 '전노협' 같은 대중단체들이 범민련 참가를 머뭇거리고 있는 점이었다. 운동의 대중화를 위해 만드는 조직이 탄압으로 인해 운동의 확산과 대중화에 오히려 부담으로 작용하는 상황이었다. 다른 하나는 현재의 운동역량이 정권의 탄압을 돌파할 수 있느냐, 또 많은 희생을 무릅쓴 돌파가 통일운동 대중화에 얼마나 유의미할 것인가 하는 점이었다.

범민련 초대의장을 맡았던 문익환 목사는 범민련이 그간 통일운동을 열심히 하지 못한 세력들도 참여하는 '범민족적 실체'를 갖추어야 하고, 또 "남과 북의 두 정부를 동시에 동등하게 중재하면서 끌고 가고 밀고 가는 일을" 해야 한다고 생각하였다. 그래야 "범민련이 지금까지의 통일운동보다 한차원 높게 올라서지 않겠느냐"는 것이다.[42]

협의체나 비상설적 회의조직도 아니고 북한과 직접적 연결을 갖는 상설 연합조직으로 설정된 범민련이, 또 그로 인해 노태우정권의 집중적 탄압을 받는 조직이 사상·정파·이념을 초월한 그야말로 대중적인 통일운동 조직으로 발전한다는 것은 사실상 불가능한 일이었다. 이는 범민련 결성 결정을 통해 남과 북이 함께하는 통일운동체 결성이란 '원칙과 명분'은 얻었지만, 남쪽에서 통일운동의 '대중적 확산'엔 걸림돌이 됐다는 뜻이었다.[43]

이런 상황에서 전민련과 그 후신인 '민주주의민족통일전국연합'(약칭 전국연합) 내부는 범민련 문제를 두고 내내 고민할 수밖에 없었고, 문익환 목사와 이창복 전국연합 의장은 93년 12월 범민련 남측본부 준비위원장과 실행위원 직을 사퇴하고 '새로운 통일운동체' (약칭 새통체) 건설에 나서게 된다.

문익환 목사는 새로운 통일운동체는 냉전 시기의 대정부투쟁단체와 같아서는 안되며, 기본적으로 남북 양 당국에 중립적이어야 하고 또 북과의 연대 수준도 "각자 상황에 맞게 통일운동을 발전시키는 가운데 수준에 맞게 서로 연대해 나가는 것이 적절하다"고 판단했다.[44] 범민련과 같은 북과의 상설 연합조직 형태는 기본적으로 과도하고, 또 국민적 통일운동체가 필요한 남한 실정에 비추어 볼 때 범민련을 고수할 이유가 없다는 것이다. 이런 입장에 따라 그는 범민련을 발전적으로 해체하고 '민의 운동을 광범위하게 실천하고 이를 남북 정부가 받아들일 수 있는 새로운 전기를 마련하기 위해' 새로운 통일운동체의 결성을 제안하였다.[45]

이 '새로운 통일운동체' 건설에 가장 앞장선 조직은 한청협이었다. 한청협은 1993년 9월 4일 「대중적 통일운동체 강화·발전을 위한 전국연합의 임무」라는 제목으로 전국연합에 "보다 확장된 통일운동의 대중적 토대를 전국적으로 담아낼 수 있는 '통일운동 조직의 새로운 강화·발전'을 위해 주도적으로 나서야" 한다며 이를 위해 "전국연합은 중앙집행위원회 산하에 주요 지역과 부문의 책임있는 대표들로 구성되는 (가칭) '통일운동 조직의 강화·발전을 위한 특별위원회'를 두어 논의와 합의"를 추진해나갈 것을 공식적으로 요청하였다.[46] 이후 1993년 12월 전국연합 중앙위는 새로운 통일운동체로서 '자주평화통일민족회의'를 조직할 것을 결의했고, 다음 해 7월 2일 민족회의가 정식 출범하였다.

1994년 7월 2일 연세대 백주년기념관에서의 '자주평화통일민족회의' 창립대회 (출처: 민주화운동기념사업회 오픈아카이브)

    그런데 이범영은 통일운동을 둘러싼 이 뜨거운 논란에서 본의 아니게 한발 비켜나 있었다. 이범영은 범민련 건으로 수배중이던 1992년 2월 한청협 초대 의장으로 취임하고 나서 불과 한 달 만에 구속되었고, 92년 9월 출감 후 93년 3월부터 담도암 투병에 들어갔기 때문이다. 물론 그는 94년 7월 12일 의식을 잃고 쓰러지기 직전까지도 열정적으로 운동에 대해 고민했고, 범민련과 새통체를 둘러싼 논란에 대해서도 잘 알고 있었다.

    당연하지만 이범영은 새통체와 관련한 문익환 목사와 전국연합 다수의 의견에 기본적으로 동의하고 있었다. 93년 여름에 이범영이 요양 중이던 친가를 찾아가 그와 여러 문제를 논의한 적이 있는 이승환은 새통체 문제에 대해서도 그와 대화를 하였다. 그때 이범영은 자신이 구속된 이유이기도 했던 범민련 결성문제에 대해 "통일운동에 앞장서는 한청협조차도 부담을 느끼는 북과의 상설연대조직 추진은 무리였다"라고 간단히 정리했다. 당시 이범영의 주된 관심은 전체 운동 전반의 재편성 문제였기 때문에 새통체 문제로 길게 얘기 나누지는 않았다.

당시 그는 제도정치 시대의 도래에 '민주화운동 세력이 어떻게 대응할 것인가, 전선운동을 어떻게 강화할 것인가'에 온통 집중해 있었다. 특히 그 시기는 민청련 출신을 중심으로 일부 선배들이 국회로 진출하고, 초대의장이었던 김근태 역시 제도권 진출이 분명해지고 있는 상황이었다. 또 전국연합 내부에서도 합법정당 운동에 대한 관심이 고조되고 있었다. 전선운동의 고수와 민주연합정부 추진이 정답이라고 생각하고 있던 이범영은 이런 상황을 흔쾌하게 생각하지 않았다. 그래서 담도암과의 마지막 싸움에 들어서조차 문병 오는 사람들에게 '연합정부론'을 내내 설파했다. 그에 대해 한 인사는 "운동이 전부인 그의 삶이 가슴을 찔렀다"고 회고했다.[47]

투병과 전체 운동에 대한 고민 때문에 통일운동에 대한 고민의 양이 얼마간 축소되었다 해도, 통일운동 발전에 대한 그의 관심과 열정이 식은 것은 아니었다. 앞서도 얘기했듯이, 투병 중의 몸으로 93년 8월 한양대 범민족대회에 참가할 정도로 통일운동에 대한 그의 애정과 책임감은 한결같았다.

그가 남긴 마지막 유지는 새로운 대중적 통일운동체를 건설하여 통일운동을 획기적으로 대중화하는 것과 남북관계를 새로운 단계로 발전시키는 것이었다. 그것은 문익환 목사님의 뜻이기도 하였다. 대중적 통일운동체는 자주평화통일민족회의(민족회의)를 거쳐 민족화해협력범국민협의회(민화협)로 발전하면서 온 국민과 함께 하는 통일운동의 초석을 다지고 있다. 그가 살아 있었다면 누구보다 반겨 맞았을 남북정상회담과 그 이후 남북관계에서 일어난 눈부신 변화들은 수구세력의 끊임없는 저항에도 불구하고 시대의 흐름으로 되어가고 있다. 이 모두 그가 뿌린 씨앗들이 그의 피와 살을 자양분으로 성장해 온 것이 아닌가 싶다. 그는 비록 아무것도 누리지 못한 채 우리 곁을 떠났지만 말이다.[48]

이런 유기홍의 회고는 다소 주관적 해석이 담겨 있다고 보이긴 하나, 누구보다 통일운동의 대중화를 위해 노력했던 이범영의 생각과 큰 틀에서는 일치하고 있다고 보인다.

남은 이야기

그는 학생운동 시절부터 가곡 '수선화'를 즐겨 불렀고, 한청협 활동 이후에는 운동가요 '내사랑 한반도'도 즐겨 불렀다. 사회과학적 토론을 즐기고 수배 생활하던 시절 '노 선생'이라는 별칭으로도 불리던 선비같은 이미지와 달리 그는 문예사업과 활동에 관심이 많았다. 당연하게도 그는 청년 통일운동의 대중적 발전 과정에서 대중적 문화사업의 중요성과 그것을 통일운동과 결합시키는 문제에 누구보다 깊은 관심을 가졌다. 그러나 문화사업에 대한 그의 관심은 개인적 차원을 넘어서는 것이었다. 대중 속에서 살아 움직이는 운동은 높은 문화적 소양에 바탕해야 한다는 것이 그의 청년운동론의 핵심 중의 하나였고, 그는 청년운동가들에게 대중의 삶과 결합하는 운동은 높은 문화성과 성숙한 사회성을 가져야 한다는 것을 반복해서 강조하였다.

풍부하고 심오한 문화적 교양과 성숙한 사회성을 갖도록 노력하여야 합니다. 사회성이 없고, 문학·예술 등 문화적 소양이 척박하면 다양한 측면으로 분출되어 나오는 대중의 요구를 올바로 이해하고 접근할 수 없게 되어 대중과의 결합이 전면적으로 실현될 수 없게 됩니다. 따라서 사회과학 일변도의 학습을 극복하여 대중이 보고 듣고 읽고 말하는 것에 주의를 기울이고 함께 할 수 있도록 노력하여야 합니다.[49]

그는 이 '심오한 문화적 교양'에 대해 실천으로 모범을 보였다. 90년에 시작한 '통일노래어울림'이라는 사업은 그가 직접 기획·실행한 것이었고, 한청협의 통일운동이 각 지역과 주체의 실정에 맞는 다양한 문화적 사업과 결합하도록 격려하였다.[50] "그분만큼 문예사업을

'93청년통일노래어울림' 행사 결과 보고

정확하게 이해하는 사람은 드물었죠. 그나마 [한청협의] 문예사업이 진행되고 성과를 얻을 수 있었던 것은 의장님 때문이었어요." 한청협의 문예일꾼이었던 오윤정의 이야기이다.

"93년 한양대였어요. 공연이 새벽에 끝났는데 썩 마음에 드는 공연은 아니었어요. (…) 비는 내리고 기분은 착잡한데 누군가 의장님이 보내셨다고 꾸러미 하나를 전해줬어요. 펴보니 공연 준비하느라 고생한 동지들에게 고마움의 표시로 준다는 티셔츠였어요. 그분이 티셔츠에 민들레를 그려 넣고 민들레 위를 나는 나비를 얹어 놓은, '93.8.15 영'이라고 쓰인 티셔츠였어요. 그때만 해도 몸이 많이 안 좋으셔서 공연을 지켜보시다가 얼굴도 못보고 간다고 중간에 가셨다는데… 그 티셔츠를 받고 얼마나 울었는지 몰라요."[51]

90년대 한국 청년운동이 '겨레의 벗 민중의 희망'으로 단시간에 우뚝 설 수 있었던 것은, 그리고 한국 통일운동 대중화의 실질적 중심으로 발전할 수 있었던 데는 문화적 사업역량의 발전을 위한 그의 각별한 관심과 노력이 크게 작용하였다. 투병 속에서도 생애 마지막까지 우리를 울렸던 그의 헌신과 사랑, 그리고 높은 문화적 소양과 성숙한 사회성에 대한 그의 끊임없는 지도와 격려는 통일운동의 발전과 대중화에 크게 기여하였다.

농법회 후배 김준희(서울대 76)가 그려서 부인 김설이에게 기증한 이범영 초상화

 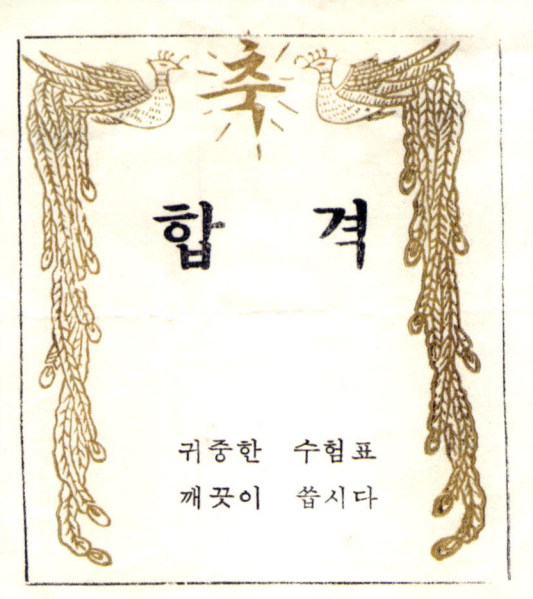

서울중학교 수험표와 합격증 (출처: 김설이 소장 자료)

서울중학교 시기 모습 (출처: 김설이 소장 자료)

서울중 졸업을 앞두고. 왼쪽 가운데가 이범영 (출처: 김설이 소장 자료)

왼쪽 사진: 서울고등학교 3학년 시절 (출처: 김설이 소장 자료)
오른쪽 사진: 서울 법대 행정학과 3학년 이범영 (출처: 김설이 소장자료)

대학시절 농법회 동료들과 함께. 왼쪽 아래가 이범영 (출처: 김설이 소장 자료)

1979년 8월 출소 후 목요기도회에서 인사하는 이범영 (출처: 김설이 소장 자료)

이범영이 손글씨로 쓴 「유신잔재 세력의 획책」 첫 페이지 (전체 12쪽). 미완성이고, 내용으로 보아 작성 시점은 80년 5.17쿠데타 직전으로 추정된다. 기증자가 '박승옥' 임을 알려주는 메모가 붙어 있다.
(출처: 민주화운동기념사업회 오픈아카이브)

1983년 광주 YMCA 앞에서 부인 김설이와 함께
(출처: 김설이 소장 자료)

1984년 10월 16일, 민주통일국민회의 창립식에서의 이범영
(출처: 민주화운동기념사업회 오픈아카이브)

1988년, 수배 해제 후
지리산에서
(출처: 김설이 소장 자료)

1988년 9월, 민청련 제11차 총회. 이범영이 민청련 의장에 선임된 총회이다.
(출처: 김설이 소장 자료)

1988년 10월, 광주학살·부정비리 주범 전두환, 이순자 처벌을 위한 범국민 투쟁본부 발대식 후 탑골공원 앞에서 백만인 서명운동 전개하고 있는 이범영
(출처: 민주화운동기념사업회 오픈아카이브)

1988년 11월 19일, 대학로에서 진행된 전두환 이순자 구속 촉구 제2차 국민궐기대회에서 이범영의 모습 (출처: 민주화운동기념사업회 오픈아카이브)

전두환 이순자 구속 촉구 제2차 국민궐기대회를 마치고 가두 행진에 나선 모습 (출처: 민주화운동기념사업회 오픈아카이브)

1989년 3월 청년학교 폐쇄를 항의하는 모임에서 발언하는 이범영. 왼쪽 옆에 앉아 있는 사람이 한홍구 (출처: 『이 강산의 키 큰 나무여』)

1989년 5월, 노태우 퇴진을 요구하며 전대협 구국단식에 민청련 의장으로서 함께 하고 있는 이범영 (출처: 민주화운동기념사업회 오픈아카이브)

1989년 6월 29일, 평양 세계청년학생축전 남측위원회 발족식에서 연설하는 청년대표 이범영 (출처: 민주화운동기념사업회 오픈아카이브)

1990년 범민족대회 추진
본부 결성 초기 수련회에
서 박우섭과 함께
(출처: 김설이 소장 자료)

1990년 연세대 범민족대회에
서 경찰과 대치고 있는 이범영
의장의 모습
(출처: 한청협동지회장 박영호
제공)

1991년 2월, 경기대에서 진행된
서청협 창립대회
(출처: 김설이 소장 자료)

1991년 김귀정 열사 장례식에 참석해서 노래 부르고 있는 이범영, 이승환, 유기홍 (출처: 민주화운동기념사업회 오픈아카이브)

1991년 명동성당 농성 당시 퇴근하고 명동성당 집회에 참여한 한청협 회원들과 함께 하고 있는 이범영. 대화 중인 사람은 남민청 김재석 (출처: 김설이 소장 자료)

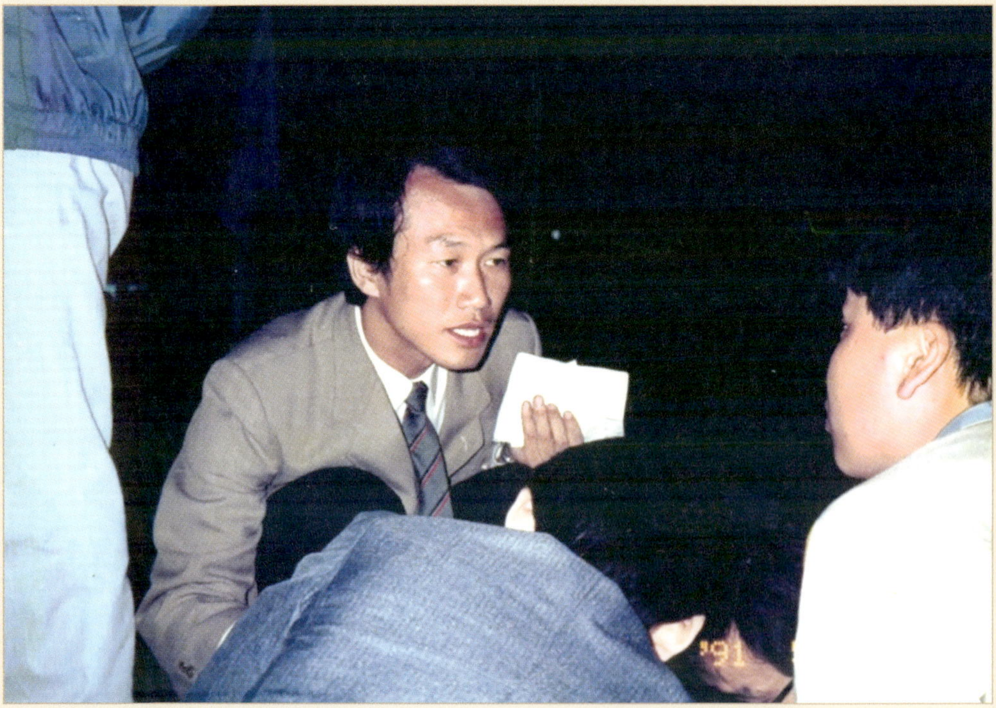

1991년 12월, 김병곤 1주기에 진행된 묘비 제막식 후 식사하는 이범영, 문익환, 박석률 (출처: 민주화운동기념사업회 오픈아카이브)

92년 2월 23일 한청협 창립 대회 (출처: 김설이 소장 자료)

1992년 7월, 대경청협 행사에 참석하여 대경청협 의장 이영기와 함께 구호를 외치는 이범영 (출처: 김설이 소장 자료)

1993년, 민청련 10주년 기념식에서 문익환, 이해찬과 함께하고 있는 이범영 (출처: 민주화운동기념사업회 오픈아카이브)

1992년, 애국크리스챤청년연합 행사에 참석한 이범영. 옆에 앉은 이는 한청협 감사 박석률 (출처: 김설이 소장 자료)

1994년 8월 14일 경기대학교에서 열린 영결식 (출처: 『이 강산의 키 큰 나무여』)

영결식의 운구 장면. 영정 사진을 들고 있는 사람은 김흥섭이고, 운구하는 이들은 한청협 회원들이다. (출처: 김설이 소장 자료)

5

이범영의 민주주의론과 청년운동 사상

청년운동 지도자 이범영

'영원한 청년지도자 이범영.' 많은 이들은 이범영 의장을 엄혹한 유신독재 시절의 학생운동과 80년 광주민주화운동 이후 이어지는 민주화운동청년연합, 전국청년단체대표자협의회, 한국민주청년단체협의회 의장을 역임한 청년운동의 대부로 생각한다. 그러나 이범영 의장은 '청년운동 지도자' 이자 '가장 모범적인 직업운동가' 로 불렸던 인물이며 '직업운동가다운 삶의 전범' 을 보여준 '우리 사회 최초의 전업활동가' 이기도 했다. 김근태 의원은 "싸움의 현장에서 한 번도 비켜서지 않은 사람, 싸움을 잠시도 멈출 줄 모르던 사람"이라고 이범영을 지칭한 바 있다.

73년 서울법대 입학 이후 반유신 학생운동에 투신, 76년 졸업을 2개월 남겨놓고 시위를 주도하여 투옥, 79년 병역대책위 위원장으로 수배, 80년 서울대 복학생협의회 활동, 83년 민청련 창립멤버이자 집행국장, 85년부터 3년간 수배, 88년 민청련 의장, 89년 전국청년단체대표자협의회 의장, 범민족대회와 범민련 등 통일운동 주도 혐의로 약 2년간 수배·구속, 수배 중이던 92년 한국민주청년단체협의회 초대 의장 취임 등이 그의 공식 약력이다. 학생운동 투옥 이후 그의 삶은 사실상 직업운동가의 삶이었다.

'산자여 따르라' 던 광주항쟁의 정신은 그를 주저 없이 직업운동가로 나서게 했고, 민청련 운동은 그의 직업운동가로서의 삶을 확고하게 만들었다. 민청련 의장을 지낸 김성환은 "85년쯤의 어떤 회의에서 이범영이 '3차원 헌신론' 주장으로 사람들을 숙연하게 만들었다면서, 그는 자신이 천명한 그 원칙을 고집스러울 만큼 충실히 실행에 옮겼던

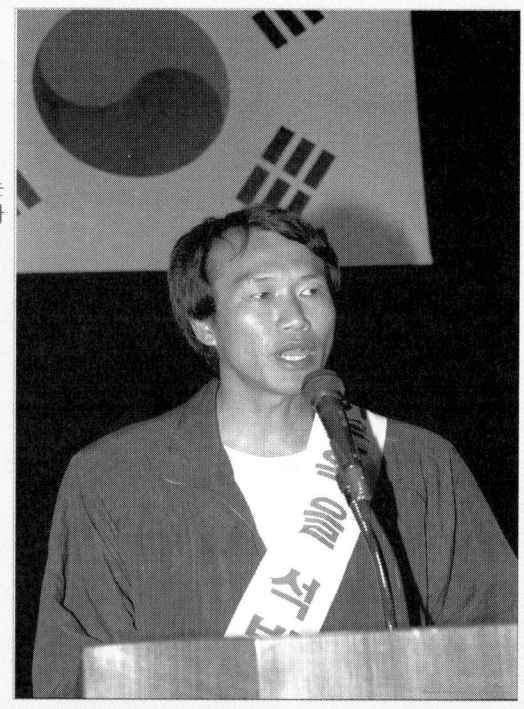

이문옥 감사관 석방촉구 연설하는 이범영 (출처: 민주화운동기념사업회 오픈아카이브)

사람이었다"고 말했다. 이범영이 말하는 3차원 헌신론이란 "운동을 하겠다면 설렁설렁해서는 안되며, 육체적, 정신적, 물질적으로 3차원에 걸쳐 운동에 모든 것을 바쳐야 한다"는 의미였다.[1] 이범영에게 '운동가란 자신의 삶에 대해 변혁운동의 관점에 서서 각계각층의 대중 속에 뿌리박고 물질적, 정신적 헌신을 하며 육체적 헌신까지도 실현하고자 노력하는 사람'이었다.

운동가는 대중사업과 투쟁 속에서 준비되고 탄생하게 됩니다. 운동가가 되기 위해서 갖추어야 하는 변혁운동의 관점과 험난한 변혁운동의 도정에서 맞부딪칠 고난과 역경을 기쁘게 감내하고자 하는 변혁운동에 대한 헌신성과 의지는 개별적으로 선포한다고 갖추어지는 것이 아니라 구체적 실천 속에서 발현되고 검증되어 그 지신이 대중으로부터 신뢰받고 권위를 인정받아 대중과 깊은 결합을 이룰 때만이 가능한 것입니다.[2]

직업운동가로서의 이범영은 청년운동을 통해 꽃을 피웠다. 그는 청년운동의 대중화와 전국화를 실현해 낸 탁월한 조직가였고, 단순한 탁상의 이론가가 아니라 늘 현장에서 앞장서 뛰는 실천가였다. 또한 그는 훌륭한 사상가로서의 면모를 가지고 있기도 했다. 그의 후배 최상일은 "이범영선배는 청년운동가로 생을 마감하기에는 너무나 아까운 훌륭한 사상가가 될 자질이 있는 분이었다"고 아쉬워한다.[3]

1990년 4월 21일 민자당일당독재분쇄와 민중기본권쟁취를 위한 국민연합결성대회」에서 묵념하는 이범영 (출처: 민주화운동기념사업회 오픈아카이브)

이범영의 삶과 한국사회운동은 거의 일치되어 있다. 1970년대 후반부터 운동권에 보편화된 '농활'이라는 용어도 이범영에게서 나온 것으로 알려지고 있다. 그전까지 통용되던 '농촌봉사활동'에서 시혜적 느낌을 주는 '봉사'라는 말을 빼고 '농촌활동', 줄여서 '농활'로 부르게 된 것이다. 대학시절 '쩍다리' 또는 '망원동 친구'라고 불렸던 이범영은 가끔 술자리에 가면 대부분 유행가들을 많이 부르는데 굵은 목소리로 우리 가곡을 멋지게 부르는가 하면 걸쭉한 입담과 빼어난 하모니카 실력으로 우리의 귀를 즐겁게 해주던 사람이었다고도 한다.[4] 이범영은 수배 중에도 늘 많은 사람의 아침을 깨우고 일상의 잠을 흔들어 준 부지런함과 열정을 가진 사람이었다. 이범영은 학생운동시절부터 직업운동가의 삶에 대해, 그리고 동지적 결혼에 대하여 벗들과 많은 이야기를 나누었다고 한다.

이범영은 180센티미터가 넘는 훤칠한 키에, 굵지만 윤기 있는 목소리로 정세나 활동 방향에 대해 조리 있게 설명하곤 했다. 그래서 그에게 붙여진 별명이 '노가리'였다. 그는 글 솜씨가 좋기로 소문이 난 사람이다. 글을 쉽게 빨리 쓰는 장점을 가지고 있으며 논리적인 글귀를 구사하였다. 민주화운동청년연합(이하 민청련) 초창기 대외적인 문건이 그의 손에 의해서 많이 완성되었다고 한다. 민청련 의장 김근태가 주요 문안을 작성하면 그것을 다듬어서 문장으로 만든 경우가 더러 있었고 그가 쓴 논설이 김근태 명의로 실린 적도 있다고 한다. 또 동서양의 고전을 넘나드는 해박한 지식으로 해서 인용구가 돋보였고 토론회 과정에서 그의 고사성어를 구사하는 적절한 표현법에 무릎을 친 경험을 한 사람이 많았다고 한다.

이범영은 현안을 정리하고 요약하는 능력이 누구보다 탁월했다. 그는 모든 사안에서 핵심을 명확하게 짚어내고 알아듣기 쉽게 후배들에게 전달했다. 이범영이 메모지에 그림을 그려가며 정리해 준 60~70

민청련의 상징 옴두꺼비 (출처: 민주화운동기념사업회 오픈아카이브)

년대 민주화운동사나 'CNP 논쟁' 요약을 기억하는 사람이 많다.[5] 그는 현대사는 실천 속에서 구전으로 전달된다는 '삶으로 생환하는 역사'를 몸소 실천하고 있었다.

이범영은 82년 민청련을 준비할 때부터 93년 발병하여 94년에 세상을 떠날 때까지의 12년을 오로지 청년운동을 위해 모든 것을 바친 사람이었다.

"사회의 발전은 인간의 실천 없이 저절로 이루어지지 않는다" "각계각층의 힘들을 통일 단결시키는 길만이 승리를 보장한다"라고 했던 이범영은 무엇보다 협동과 연대를 강조했다. 이는 운동가와 운동조직이 겸손하게 민중을 대하는 원칙의 출발점이다. 이범영의 삶과 사상에는 굳센 신념, 깊은 사랑, 끈끈한 의리, 셈하지 않는 헌신, 차이보다는 공통분모, 겸손과 상대의 존중과 같은 가치가 온통 배어 있다.

민중에 대한 무한한 헌신성과 불타는 투쟁성, 행동의 일치로 찢어지고 흩어진 민족 민주 역량을 결집하자. 비록 작고 보잘 것 없이 보인다 하더라도 공동 실천을 조직하자. 단결은 우리의 영원한 생명수이다. 사상 통일, 조직통일, 대중투쟁에서의 행동 통일, 이 세 가지 차원의 통일이 하나로 될 때 민족 민주 투쟁은 승리할 것이다. 낮은 수준의 실천에서 높은 수준의 실천으로, 작은 단위에서 행동 통일을 이루어 보다 큰 단위로, 민주주의와 대중노선 원칙에 입각한 행동 통일을 이루어 내자!⁶⁾[6]

일찍이 이범영과 그의 동료들은 '한 개의 칼과 두 개의 방패론'를 통해 민중의 편에 서서 사회운동을 적극적으로 추진해 나가며, 운동의 조직력 강화와 기층민중과의 연대를 위한 사회운동의 토대 건설의 중요성을 설파했다.[7] 그에게 변혁은 불의한 정치권력을 향한 투쟁만이 아니었다. 변혁은 '사회운동의 잘못과 부족함을 주목하는 것'에서 출발하여 '각계각층의 힘들을 통일 단결시키는 것'이었다. 이범영은 '조급성과 허세, 사상누각의 조직건설 방식을 청산'하는 것에서부터 새로운 사회운동을 시작해야 한다고 봤다.

1992년 2월 22일 한국민주청년단체협의회 제1기 대의원총회 (출처: 김설이 소장자료)

그는 "책임 없이 이름만 거는 매명주의, 실세 없이 간판만 올리기에 급급한 형식주의, 토대 없는 사상누각의 조직건설 작풍 모두를 청산"해야 함을 설파한 운동가였다. 그는 대중성에 뿌리내린 지도성을 확립하고 대중적 토대를 구축하며 조직을 건설해야 한다는 원칙을 항상 강조했다. 진정으로 근로 민중의 힘과 지혜를 추동할 수 있는 조직이 아니고서는 권력의 억압 아래 오래 버티지 못하고 허물어지거나 형해화되고 만다는 점을 늘 강조했다. 따라서 사회운동 조직은 대중의 각성을 가로막는 사상적 독소를 제거하는 데 가장 우선적인 노력을 기울여야 한다는 것이었다.[8]

민족적 민중주의

이범영을 비롯해 1970~1980년대 사회운동가들의 삶과 투쟁에서 가장 중요한 화두는 민중(民衆)이었다.[9] 다만 민중의 개념은 시대마다 동일하지 않았고, 70년대와 80년대도 조금 다른 의미로 사용되었다. 민중이라는 말은 '인민대중'의 줄인 말로 이해되었기에 유신체제 하에서는 널리 사용되지 못했다. 1970년대의 민중론은 대체로 소시민적 휴머니즘(암울한 현실에 대한 소박한 당위론적 비판과 도덕적 비난)을 바탕으로 한 지식인 중심의 관념적 · 이념적 민중론이었다면, 이범영이 학생운동의 지도부가 되고 직업적 혁명가로 나서기 시작한 1970년대 말과 1980년대 초에는 민중에 대한 '소외론'적 인식을 넘어서 민중을 저항과 변혁의 주체라는 시각에서 파악하려고 했다. 이범영을 비롯한 80년대 사회운동가들에게 민중은 항상 자본주의에 의해 조성되는 계급구성과 외세와의 긴장 관계 속에서 그것을 내포하거나 외연하는 변혁의 주체역량을 의미했다. 이러한 시도는 1970년대 민중론보다는 더욱 정교한 개념 정의를 시도했다는 점에서 진일보했지만 목적론적인 개념이라는 점에서는 1970년대와 80년대의 민중론은 동일하다 할 수 있다.

이범영의 민중에는 민족의 개념이 녹아들어 있었다. 이범영은 한국 민족주의는 1950년대에 빈사지경에 이르렀으며, 1960년대 4.19혁명과 6.3 대일 굴욕외교 반대투쟁으로 어느 정도 소생하였지만, 일본만을 대상으로 한 것이기에 반쪽의 민족주의였다고 보았다. 70년대에도 사정은 마찬가지였다. 80년대에 들어와 광주항쟁을 계기로 비로소 미국문제가 올바르게 제기될 수 있었고 민족주의는 제 모습을 갖추게 되었다고 말한다.[10]

> 민족 · 민주 과제의 해결 주체는 민중이다. 종속적 군사독재 체제에 의한 억압과 수탈로 가장 큰 고통을 받는 것은 기층민중이며 이들이 광주항쟁에서 최후까지 저항했다. 이것은 대중노선의 견지를 요구한다. 또한 이들은 투쟁 과정에서 학생, 양심적 지식인 등 헌신적 중간 계층과도 연합할 수 있음을 보여주었다. 따라서 반독재, 반외세 투쟁을 위한 연합 세력은 민중을 중심으로 하여 비타협적 중간 계층과 연대로 구축되어야 한다.[11]

이는 당대 운동조직 다수 성원들에게 공통적으로 발견되는 지점이기도 했다. 1970년대 후반 이래 문학 · 예술을 포함하는 사회운동의 여러 영역에서 나타난 민족주의의 재발견은 미군정 하에서부터 박정희 정권에 이르는 시대의 근대화 방식에 대한 거부와 관련이 있다. 박정희식 근대화 거부는 반서구(anti-western)라는 전통적 민족주의의 표현이라고도 할 수 있었다.

유신체제로부터 시작하여 군부정권의 통치하에서 민주화운동은 민족주의 성향과 결합하여 진행된다. 시민사회의 성장이 억압되고 국가보안법과 각종 폭력적 공권력, 그리고 적나라한 권력의 탈법적 사용이 자행되는 현장에서 지식인들은 문화를 저항의 수단으로 채택하였다. 이미 1960~70년대에 대학가를 시작으로 '문화운동'이 태동했을 때 이는 민족과 민속적인 것에 대한 관심의 발로였다. 당시까지만 해도 한국 사회에 대한 일반 담론은 식민세력이 만든 부정적인 민족(문화)론의 반복이었고, 이에 대항하여 일부 지식인들은 한국인에 대한 모든 정치적 부조리와 사회적 낙후성을 식민 침탈과 제국주의적 세계질서의 희생이라는 역사관에서 찾기 시작하였다.

문화운동은 민중의 전통과 생활양식을 특정 예술 영역과 양식 개발을 통해 재현하고 발명함으로써 민주화 이념을 확산시키고 대중적 힘을 집결하며 정치적 자원을 축적하는 것이었다. 즉 민중은 억압과 착취와 소외의 대상이 되어왔으며 그러면서도 강인한 적응력과 저항정신으로 살아남는 들판의 이름없는 풀뿌리로 상정되었다. 우리 민족의 역사는 외세의 침략과 억압과 소외의 역사이며 그 속에서 민족은 끈질긴 생명력과 특유의 능력으로 살아남았다는 사실이 지적되었다. 이런 맥락에서 민중의 저항과 외세에 대한 민족적 저항의 이미지는 일치한다. 1980년대까지 한국의 역사학과 사회과학은 물론 사회운동 조직에서조차 민족, 민족성, 민족 감정은 너무나도 자명한 것으로 여겨져 비판적 성찰의 대상이 되지 못했다. 민족은 한국의 역사에서 완전히 자연적인 요소 혹은 그에 준하는 요소로 간주되는 경향이 일반적이었다.

1980년대 중후반까지는 이범영을 비롯해 한국의 사회운동가들 사이에서 강조점의 차이는 있으나 민족주의와 민주주의를 동시에 추구했다. 이러한 배경 뒤에는 일본 제국주의에 의한 식민통치, 그로 인한 자생적인 근대 국민국가 형성의 기회 상실, 냉전 질서 하에서의 해방과 분단 그리고 전쟁이라는 특수한 상황이 민족주의를 보다 강화시키는 요인이 되었다고 볼 수 있다. 이러한 인식은 90년대에 들어서도 그의 활동에 스며들어 영향을 미치고 있었다.

이범영이 지향한 민족적 민중주의는 민주화운동청년연합에서도 그 흔적을 발견할 수 있다. 민청련은 타 운동에 앞서 민중-민족적 지향과 조직-대중운동에 대한 전망을 수립했다. 그것은 민청련의 2대 원칙과 5대 목표에서 확인된다. 민청련의 2대 원칙은 대중노선과 조직 노선을, 5대 목표는 투쟁성의 회복, 내부 역량의 체계화, 타 운동 세력과의 관계(연대), 대중운동에의 참여와 지원, 과학적 운동 정립을 말한다. 민청련 창립선언문 「민주, 민중, 민족통일을 우리 모두에게」에는 "민족통일을 성취하기 위하여 참된 민주정치/ 평등하고 인간적인 생활을 위한 민족자립 경제/ 역동적이고 건강한 민중의 삶을 위한 자생적이고 창조적인 문화·교육체계/ 국제평화와 민족생존을 위한 냉전체제 해소와 핵전쟁의 방지" 등이 제시되어 있다.

혁명주의의 대두

현재주의적 시각일 수 있지만 1960-70년대에 걸쳐 장기간 잠복해 있던 혁명주의 이념이 80년대에 뒤늦게 돌출된 것은 시대와 운동이념의 '부조화와 괴리'라 할 수밖에 없었다. 그 결과 모든 문제를 한순간의 정치적 해결로 몰아가는 '역설의 시대'가 도래했다. 유혈적 쿠데타를 자행한 군사독재정권의 등장과 탄압에 대한 분노와 증오감은 이범영을 비롯한 많은 사회운동가들을 혁명주의적 노선에 다가서게 만들었다.

이범영이 직업운동가로서 본격적으로 활동하던 1980년대는 이렇듯 급진주의적 저항이론이 확산되고 표출된 시기였다. 급진적 저항사상 내부에서는 노동자 계급 중심형 혁명과 적대계급 중심형 혁명을 강조하는 흐름, 즉 반제민족해방운동 및 반파시즘 투쟁과정에서 비노동자계급의 저항성 및 여타의 사회적 적대에서 유래하는 저항성을 강조하는 두 흐름이 존재하였다.

1980년대에 정립된 한국 사회의 급진적 변혁이론은 거의 대부분이 다른 나라, 다른 시기의 특수한 역사적, 사회적 환경의 시공간에서 만들어진 이론을 비판적 여과 과정 없이 '그대로' 수용한 것이 대부분이었다. 그것은 우선 실천적 검증보다 자의의 이론적 논증이 우선시되고, 나아가 절대화되었다. 같은 레닌 저작임에도 그 최초 착근이 다르다는 이유로 분파성을 확대 재생산하였다. 또 운동의 서클주의를 극복하기 위해 도입된 급진주의적 사상이 도리어 서클주의를 완성하는데 기여하는 모순이 나타났다. 게다가 사상이 대중의 바다로 나가지 못하고 좌익 지식인의 입론을 정당화하고 입지를 강화하는 관념의 도구에 머물렀다. 정파투쟁은 고질적 분열증, 관념적 급진성의 극단을 보여 주었다.

교조주의적인 마르크스–레닌주의에 대한 비판과 성찰을 호소하며 확산된 동아시아–한국형 급진주의, 이른바 NL운동론도 이러한 부분에서 자유롭지 못했다. 하지만 NL운동이 제기한 전근대적이고 왜곡된 현실에 대한 분노와 저항의식은 제국주의에 저항하는 '우리'라는 저항 주체와 목표를 만들어 내는 데는 부분적으로 성공했다. 그러나 NL운동론으로 불리는 세력 일각에서는 주체사상과 수령절대주의에 대한 무비판적 수용이나 소위 '한민전'과 같은 실체 불분명한 허상에 대한 신앙적 믿음과 같은 또 다른 형태의 교조주의가 존재하고 있었다.

이범영은 80년대 중후반 급진적 운동의 한 축으로서 민족해방 계열의 입장에 경사되어 있었지만 교조주의적 NL운동론 수용과는 다른 차원에서 동아시아–한국적 변혁사상 정립에 관심을 두고 민족적 민중주의를 재구성하고자 했다. 이범영은 학생운동 내 민족해방 계열 일각에서 나타나는 교조주의적 경향을 학생운동의 미숙함으로 보았고, 민청련 등으로 유입된 그들을 사회운동 속에서 미숙함을 교정하고 성숙한 운동가로 발전해나갈 수 있도록 적극 도왔다. 이러한 이범영의 교량적 입지와 지도력이 그를 민청련 의장으로 추대하게 만들었다.[12]

급진주의 사상의 경쟁과 각축 과정에서 나타난 부정적 결과에도 불구하고 사상운동가이자 조직운동가였던 이범영은 이를 사회운동의 급진주의화와 대중화의 기회로 활용하지 않으면 안 되었다. 사회운동 내에서 NL적 정체성 형성은 그에 영향받는 운동의 전국화와 조직의 동형화(同型化)를 촉진시키는 토대가 되었다.

반제 연대와 통일전선

1980년 광주민주화운동 이후 저항의 선택지가 명확해진 가운데 1983년 말 유화국면을 거치면서 학생운동과 급진적 지식인의 직접적인 현장 이전을 통한 노학연대가 시도된다. '현장 투신' 내지 '존재 이전(지식인의 노동자화)'이 활성화되는 한편, 1980년대 중후반 NL의 등장과 함께 소위 통일전선론도 급속히 확산되었다.

1970년대 후반부터 민주화운동이 진전되어 종속적 자본주의화와 분단구조에 대한 문제인식이 확산되고 사회운동가들 내부에서도 급진적 이론을 수용하는 사람들이 늘어났다. 1970년대 '민중'의 재발견과 함께 본격적으로 고개를 든 민족적 인식은 한편으로 1980년 광주민중항쟁을 계기로 한 급속한 반미의식의 확산과 이 시기에 소개된 제3세계론, 종속이론과 반제국주의론 등의 영향으로 인해, 1980년대 들어와 청년학생 운동조직을 중심으로 반제국주의 경향이 급속히 확대되었다. 1980년대는 1970년대의 민중론을 보다 급진화시킨 '변혁주체론'의 등장과 함께 자본주의 연구나 계급구조, 정세분석 등이 일반화되고 정치적 실천의 지렛대로 활용되었다. 이후 한국사회 성격 규명을 위한 민주주의 논쟁, 파시즘 논쟁, 자본주의 논쟁, 노동운동과 사회운동의 저항, 이를 위한 진보정치세력화 논쟁, 전선 논쟁, 대안으로서의 사회주의 논쟁, 혁명과 개량주의 논쟁, 한국사회 특유의 미국과 북한과의 관계 정립을 둘러싼 다양한 논쟁으로 비화·발전하였다. 이러한 경향은 심지어 1980년대 중반에 이르러 '계급적 인식'과 '민족적 인식'의 대결 양상으로 진행되기까지 하였다.[13] 1980년대 사회운동가들과 지식인들 내부 논쟁의 가장 중요한 쟁점은 한국자본주의의 독점적 성격과 '제국주의 국가-자본에의 종속'을 이해하는 문제, 그리고 한국 자본주의의 역사를 통사적으로 재구성하는 문제와 그것을 분석하는 방법론 문제였다. 한편 1980년대 중후반에는 전반적인 민족민주운동의 성장, 특히 NL운동론과 자주통일운동의 활성화로 인해 민주화운동을 이들 운동과 별개로 받아들이던 상황을 결정적으로 반전시켰다.

이범영과 동료들이 학생운동에 참여한 1970년대는 경제개발 논리로 군사독재가 태동하고 정착하는 시기였다. 따라서 민주주의의 회복을 바라며 운동의 지도 역량을 보존하는 일을 주요 과제로 삼았다. 이에 비해 이범영이 학생운동가가 아닌 직업운동가의 길로 나선 1980년대는 군사독재가 허물어지고 재등장하는 시기로서, '서울의봄'이라는 결정적 기회를 무위로 돌려버린 재야 반정부운동의 한계에 대한 급진적 반성에서 출발해 근본적 대안을 마련하는 것을 주된 과제로 인식하는 경향이 다수였다. 그 이유는 냉전 분단체제에 유혈적 군부 쿠데타가 더해져 더욱 배타적이고 폭력적으로 변모한 국가권력의 파시즘적 재편이 급진이념 확산의 구조적 요인이 되었기 때문이다. 특히 1980년 광주학살이라는 역사적 비극은 서구의 비판이론이나 사회민주주의로의 우회가 아닌 마르크스-레닌주의와 NL운동론으로 직행하게 하는 요인이 되었다.

이범영을 비롯한 당대 운동가들은 NL운동론 도입과 수용, 영향으로 한국 사회를 제국주의에 의한 식민지 지배라는 민족모순을 가장 중심에 두고 이해하려 하였고, '민중은 어떻게 독재정권과 제국주의를 포위할 것인가' 라는 시점에서 다양한 이해관계자들의 연대와 연합의 중요성을 부각시켰다.[14] NL운동론의 확산에 따라 변혁운동의 조직노선도 전통적 '당' 건설 우위노선에서 벗어나 '통일전선' 중심으로 바뀌게 되었고, 그에 따라 조직건설 방식과 활동의 패턴도 눈에 띄게 변화하게 된다.

반제국주의와 통일전선론이[15] 한국사회운동의 주요 관심사로 등장했다는 것은 우선 '이념과 가치 차원'에서 운동의 급진화가 상당히 진전되었음을 보여준다.[16] 사실 통일전선론의 수용은 곧 권위주의 정권에 대한 반대 수준에 머물던 민주화운동 프레임을 넘어 변혁과 집권의 전략이 운동권에 수용되었음을 의미한다. 이범영과 사회운동가들에 의한 통일전선론의 확산은 사회운동이 타도하고 고립시켜야 할 대상과 사회운동의 주체와 연대 문제를 재설정하는 결과를 가져왔고, 이 과정에서 사회운동 조직 내부에서 미국뿐 아니라 북한에 대한 인식 상의 변화가 발생하게 된다.

이범영과 운동가들에 의한 반제통일전선론의 확산은 조직적 차원에서 볼 때, 반합법·비합법 정치조직의 필요성에 대한 인식뿐 아니라 합법·반합법 대중조직의 활성화를 동시에 추진하는 것을 의미하였다. 1984년을 전후하여 기존의 국민운동 방식을 지양하고, 변혁적 대중노선 아래 조직단위 가입과 민중 주체역량 강화에 초점을 맞춘 민청련 주도의 '민중민주협의회'와 상층 명망가형 조직인 '민주통일국민회의'가 통합 논의를 거쳐 1985년 3월 마침내 '민주통일민중연합(이하 민통련)'이 결성되었다. 민통련은 1970년대식 상층 명망성과 1980년대식 하층 대중성을 결합시킨 것으로, 반파쇼연합전선에서 상설적 통일전선조직으로 나아가는 첫 출발점이라고 볼 수 있다. 사실 1970년대의 비합법 정치조직은 전선을 '민주화를 위한 공동투쟁체'와 '전략적 통일전선체의 건설'로 바라보았지만, 민주화운동 전반에 큰 영향력을 미치지는 못했다. 이 시기 이범영의 민청련 등 당대 사회운동조직 내부에서는 CNP논쟁을 거치면서 연합해야 할 대상(동력)과 타도 대상을 둘러싼 문제가 부각되었고, 청년학생운동 내부에서는 1986년의 5·3 인천투쟁, 10·28 건국대 항쟁을 거치면서 반제통일전선론과 대중노선이 확산 정착되게 되었다.

반제통일전선론의 확산은 사회운동의 행위 양식과 운동 전략의 변화를 급속하게 추동했다. 사실 '통일전선적 혁명론'과 '소비에트 혁명론'은 체제의 통제와 관련된 갈등에서 도구적 행위논리를 내장하고 있다는 점에서 같지만, 통일전선적 혁명론은 생활 세계의 양식과 밀접

1991년 12월 1일 연세대 강당에서의 민주주의민족통일전국연합 창립 대의원 대회 (출처: 민주화운동기념사업회 오픈아카이브)

히 연계되어 있고 대중의 정서, 준비 정도를 더 많이 고려하는 특성을 가지고 있다. 따라서 두 개의 노선이 공히 권력지향적 전략(power-oriented strategy)을 내포하고 있었지만, 통일전선적 혁명론은 기존의 가치관과 관행으로서의 '사회적 정신' 내지 '사회의식(societal mentality)'에 근거해서 '저항행동의 틀'을 구성했고 대중노선을 선택함으로써 전략의 효율성을 높일 수 있었다. 통일전선론은 혁명을 단순히 혁명적 지향을 갖는 여러 계급과 세력의 동맹이라는 모델로 사고하던 저항주체론의 변화를 의미한다.

이범영이 한국의 역사와 문화에 대한 학습을 강조한 것은 이것과 연관되어 있다. 그에게 학습은 '자기 조국의 역사적 전통과 구체적 실정에 익숙하도록 준비되는 과정'이었으며, 궁극적으로 '식민지의 강고하고 열악한 조건, 강대한 신식민지 지배자 미국과 타협 없이 장기간에 걸쳐 진행되는 이 나라 변혁을 끈기 있고 완강하게 수행할 활동가를 배양하는 데 이바지하는 것'으로 설정되었다.

> 투쟁의 원칙은 어떻게 세워야 하는가? 미국의 신식민지 지배를 끝장내는 투쟁이 모든 투쟁의 기본 지향으로 되어야 한다. 미국은 한국을 군사, 정치, 경제, 문화적으로 지배하고 있다. 미국의 지배를 종식시키지 못하면 완전한 민주화는 성취되지 않는다. "자주 없이 민주 없다!" 6월항쟁 당시의 투쟁 슬로건이다. 민주화 투쟁의 고양으로 군사정권이 퇴진하는 경우, 미국의 식민 지배 장치들과 그 하수인들을 제거하지 못하면, 가까스로 세운 민주 정부가 와해하고 재차 친미 파쇼정권이 들어서는 비극을 피할 수 없다. 대중들이 반미자주화 투쟁으로 단련될 때 반미의식이 투철한 그들은 자주·민주·통일 투쟁을 끝까지 비타협적으로 밀고 나갈 수 있다.[17]

이범영의 반제통일전선 지향은 87년 6월항쟁 이후에는 조국통일 담론으로 확장되었다. 통일문제의 본질을 민족자주의 문제로 인식하는 NL운동론 영향과 북방정책 추진에 따른 한반도 정세의 변화는 통일운동이 비합법운동조직의 경계를 넘어 일반적 대중운동으로 확산되는 계기를 만들었다. 분단과 대결, 적대의 반북의식 대신 민족대단결이 강조되었다. 이범영의 조국통일운동에 대한 관점, 의지는 아래의 글에서 확인된다.

분명히 통일문제, 남북문제는 우리 민족민주운동에게는 아직도 취약점인 것이 사실이다. 통일문제, 남북문제가 민족민주진영의 강화를 위한 무

1993년 12월 13일 쌀개방 반대 구호를 외치는 한국민주청년단체협의회 회원들. 유기홍과 김태년이 앞에 서 있다. (출처: 민주화운동기념사업회 오픈아카이브)

기로서 보다는 역대의 독재정권들이 자신들의 분단 독재체제를 강화시키는 구실로 악용되어 온 것이 사실이다. 그러나 이러한 난관들을 회피한다고 해서 넘어가거나 저절로 해결될 것들이 아니다. 대중들 대부분이 반북의식의 노예로 남아 있는 한, 독재정권이 제시히는 통일 정책의 허구성과 기만성을 간파할 만치 각성되어 있지 못하는 한 독재정권의 장난에 현혹되어 농락되는 사태는 끝나지 않는다. 통일운동의 전개에 의한 대중들이 민족 대단결 의식과 올바른 통일 정책으로 각성되어 있을 때 비로소 통일문제, 남북문제는 더 이상 파쇼정권의 무기가 아니라 민중의 무기로 활용될 것이다. (…) 통일운동에 나서는 난관과 장애는 통일운동을 대중화시켜서 올바른 통일관으로 각성된 대중들에 의해 반통일 세력을 포위, 고립시킴으로써 비로소 완전한 해결을 불 수 있는 것이다. 북한을 더 이상적으로 보지 않고 한 핏줄 한겨레로 여길 때 국가보안법의 위세는 꺾여진다.[18]

이범영은 통일과 단결을 운동전선의 편성 문제만이 아니라, 지배세력의 분열 공작에 대한 민중의 가장 강력한 대항 무기이자 '운동'이라는 인간의 사회 발전을 위한 실천 행위의 본질, 생명선으로까지 인식하고 있었다.

단결은 생명이고 분열은 죽음이다. 90년대의 새날은 온다. 다만 사회의 발전은 인간의 실천 없이 저절로 이루어지지 않는다. 새날을 맞이하기 위하여 우리 운동은 자신 잘못과 부족함을 주목해야 한다. "단결은 생명이고 분열은 죽음이다." 87년 7·8월 노동자 대투쟁 당시 사업장에서 터져 나온 구호이다. 4천만 민중과 비교해 한 줌도 안되는 무리들이 계속 지배체제를 유지할 수 있는 것은 오로지 우리 민중이 통일·단결되어 있지 못하기 때문이다. 이른바 선진 대중과 후진 대중, 기층민중과 중간층, 정파와 정파, 단체와 단체 사이의 이간·반목을 틈타고 저들은 우리를 각개 격파해 가고 있다.[19]

한편 이범영의 통일·단결 중시 태도와 사상은 생각이 다르더라도 조직이 결정한 사항은 우선 따르고 집행하는 '민주집중제'의 중시와 실천으로도 나타났다. 잘 알려져 있듯이, 1987년 대통령선거 시기 민청련 지도부는 김근태의 옥중서신에 근거하여 '비판적 지지' 노선을 선택했다. 당시 정책실을 이끌었던 이범영은 후보단일화 노선을 취했지만, 조직의 결정에 승복하고 '비판적 지지' 전술에 입각한 선거 정책을 마련하고 선거 국면에서 광주학살 등을 주제로 한 대국민 선전물을 만들어 배포하는 일에 주력했다. 정책노선을 결정하기까지는 치열하게 논쟁하지만, 조직적으로 결정된 정책에 대해서는 깨끗이 승복하고 그 정책이 실현될 수 있도록 최선을 다한 것이다. 권형택은 그것이 민청련의 자랑스러운 전통이고, 그런 전통은 바로 김병곤, 이범영 같은 지도간부들에 의해서 세워졌다고 말했다.[20]

자신의 의견이 옳다는 확신이 있더라도 조직의 다수 의견에 승복하는 자세야말로 조직운동의 가장 기초적인 덕목이면서도 가장 어려운 일이기도 하다. 이범영의 '통일·단결' 중시 사상은 민청련을 분열시키지 않고 발전시킨 힘이 되었고, 이는 그가 이끌었던 전청대협과 한청협에 그대로 계승되었다.

대중노선

이범영은 민족민주운동 발전의 관건은 대중노선 달려 있다고 생각하였다. 80년대 중후반 그의 최대 관심사는 변혁운동 상의 모든 문제들을 '대중을 중심으로 사고할 것'이라는 명제에 압축되어 있다. 그는 '지도성이 거세된 대중성' '자생성에의 굴종'이라는 일부 운동진영과 운동 선배들의 비판에 대해서 다음과 같이 반론을 펴면서 자신이 견지한 대중노선의 본질적 내용과 정당성을 강조하였다.

지도성의 문제는 투쟁에 나선 대중의 성격과 직결되어 있다. 중간층 혹은 하층 소시민들을 주요 구성으로 하는 가두대중이란 의식성과 조직성에 있어서 근본적인 한계가 있기 때문에 목전의 이슈가 사라지자 방향을 잃고 흩어졌던 것이다. 조직화되어 있지 못한 가두대중의 열기에 의존하는 한, 개량주의 세력의 동요와 타협적 성향을 마비시키고 대중투쟁을 계속 고양시켜 갈 수 없었던 것이다. 그러므로 6월항쟁의 한계는 어느 운동체들에서 슬로건이나 투쟁 형태를 잘못 선택했다는 식의 지적보다도 더 근본적으로 우리 운동의 대중적 기반의 취약함에서 특히 노동자계급 조직역량의 미비함에서 찾아야 할 것이다. 그러므로 최근 각 계급 각 계층의 운동에서 대중 조직화에 대한 보다 정성어린 노력들이 이루어지는 것은 당연한 일이라고 하겠다. 동일한 맥락에서 청년운동에 대한 논의가 활발해지고, 특히 청년운동이 대중 속에 굳건하게 자기 기반을 굳혀야 한다는 주장이 제기되는 것도 백번 타당한 일이라고 하겠다.[21]

이범영이 대중노선을 강조한다고 해서 선도적인 정치투쟁 자체를 거부하는 것은 아니었다. 소위 '선도투쟁'은 정세 변화에 따라 능동적으로 검토되어야 하며, 무엇보다도 대중의 요구에 부합해야 한다는 것이 그의 기본적 입장이었다. 이범영은 과학적인 전략전술과 정치적 대응은 매시기 조성된 정세를 정확히 파악하는 것이어야 하며 조직의 단결과 실천의 관점에 근거해야 한다고 주장해 왔다. 이를 위해서는 간부와 회원의 신뢰와 지지, 소통이 필요하고 간부의 관료주의, 행세주의를 배격해야 한다고 봤다.

조직의 토대가 견실하다는 것은 무엇을 뜻하는가? 조직의 기초 단위가 대중적 기초에 있어서 넓혀지고 있으며 운영에 있어서 활력이 넘치며 간부 대오가 조직 대중과 긴밀히 결합되어 신뢰와 지지가 높기 때문에 지도부의 지도 방침이 하부의 요구를 집약시켜 실정에 맞게 내올 수 있는 것을 뜻한다. 지도 간부가 관료주의, 행세주의에 물들어 있다면 상부와 하부의 괴리가 생겨 힘 있는 조직이 될 수 없다.[22]

대중노선이 등장했던 1980년대 중후반에 이범영은 주로 대중노선의 정당성과 투쟁의 대중화 실현을 위한 방법을 놓고 많은 고민을 수행했다. 첫 번째로는 투쟁 주체의 문제였고, 둘째는 정치투쟁과 청년의 계층적 요구를 결합하는 문제, 그리고 세 번째는 작은 실천과 큰 실천의 결합 문제였다.

그는 우선 청년운동의 주체가 누구인가, 소위 '학출 운동권인가 아니면 청년대중인가'를 밝히는 것과 투쟁의 중심 주체인 대중을 불러일으키기 위한 정치사업의 내용, 청년회의 역할과 지역사회와 결합한 활동의 중요성과 일상 활동의 중요성을 강조하였다. 6월항쟁의 결과 운동 공간이 확장되자, 민청련은 1987년 8월 제9차 총회를 열고 공개 활동의 폭을 대폭 넓힐 것을 결의하고 동민청과 남민청, 북민청 등의 지부를 창립한다. 이 지부조직 건설의 토대가 된 문서가 87년에 이범영이 작성한 「민청련은 청년 대중단체로의 전환을 절대적으로 요구받고 있습니다」라는 글이다. 이어 1989년에는 안양, 수원, 성남, 서울 중부 등의 지부조직을 건설하였다.

그러나 대중운동의 활성화 과정에서 일부 지역에서는 새로운 청년운동단체와 민청련 지부조직 사이에 긴장과 경쟁이 발생하기도 하였다. 청년운동의 대중화가 진행되면서 발생하는 자연스러운 상황이지만, 청년운동에 대한 통일적 지도체계가 성립되지 않으면 대중노선이 오히려 운동의 성장을 가로막을 수도 있는 것이었다. 이 문제에 대한 이범영의 대안은 청년운동단체들의 협력과 연대를 확대하고 단일한 지도체제로 통합하는 것이었다.

이범영은 1991년 2월 서울에서 먼저 서울민주청년단체협의회를 결성하면서 광역 단위를 중심으로 각 지역의 청년단일조직의 과제를 제기하고 동시에 전국적인 청년단일조직 건설을 추진해나갔다. 이 과정에서 가장 큰 문제는 청년운동의 역사 그 자체인 민청련의 발전적 해소 문제였다. 이범영 등 당시 민청련 지도부는 1992년 1월 조직발전특별위원회를 구성하여 민청련의 발전적 해소에 대해 본격적 논의를 시작하였고, 민청련 내부는 해소를 둘러싸고 상당한 진통을 겪기도 했다. 그럼에도 불구하고 민청련은 1992년 11월의 제15차 정기 대의원총회에서 "민청련을 발전적으로 해소하고, 지부조직은 서청협과 한청협에 가입한다, 서울지역과 전국 청년단일조직을 건설한다"고 결의하였다.[23]

'정치적 대중조직'

이후 이범영은 청년운동에 대한 그의 생각을 젊은 동지들과 함께 나누면서 청년운동에 대한 그의 입장을 좀더 체계화한다. 그 과정에서 만들어진 것이 『90년대 한국청년운동론』이다. 이 책은 이범영 이름으로 발간되었지만, 유호찬, 김종민 등 80년대 학생운동 출신 민청련 활동가들과의 공동작업물이었다. 이 책에서 그는 청년운동의 조직적 총노선을 '정치적 대중조직'으로 정리했다. 그는 "청년조직 역시 광의의 개념에서 기본적으로 대중조직이며 대중의 자주적 이해와 요구에 근거한다는 측면에서 자주적 대중조직이라고 할 수 있으나 보다 엄밀한 의미에서 청년의 존재와 청년운동의 성격 및 지위와 역할에 근거한 청년조직의 기본 성격을 밝히기 위해 정치적 대중조직으로 청년조직의 총조직노선을 규정"한다는 것이다.[24]

즉 청년운동이 정치적 대중운동으로서 '정치적 대중조직' 노선을 취해야 하는 이유는 청년조직이 단지 청년대중의 독자적 이해와 요구를 대변하는 계층조직으로서 뿐만 아니라, 청년운동이 ① 변혁운동의 선봉대, ② 통일전선운동의 매개자이자 촉매자, ③ 각 계급운동의 지원부대, ④ 새 세대 간부 육성의 후비대로서의 지위와 역할을 하는 정치적 성격을 지니기 때문이다.[25]

그는 정치적 대중조직이라는 노선 규정이 사실상 활동가조직으로 해석되거나 아니면 선도적 투쟁체로 해석하는 편향, 동시에 "청년계층의 세대적 특성과 대중노선에 대한 기계적 이해로 말미암아 다른 계급 계층운동의 조합적 대중조직이나 자주적 대중조직과 별 차별성 없이 대중조직 일반으로 해석하는 편향"을 경계해야 한다고 강조한다.

또한 그는 청년운동이 정치적 대중운동으로 확고히 서기 위해서는 무엇보다 정치·사상 사업이 중요하다고 강조한다. 청년사업에서 정치·사상사업은 '정치·사상 우선의 원칙'이라는 일반적 의의를 넘어서는 특별한 의미를 가지고 있고, 이러한 정치·사상사업의 중요성은 청년사업의 내용, 방식 그리고 운영에서 옳게 반영되어야 성공적인 청년사업이 진행될 수 있다는 것이다.

> 청년운동은 정치·사상사업을 기본으로 하여 각계각층의 청년대중 조직사업을 전개해야 합니다. 청년운동이 자체 통일성을 갖기 위해선 정치적으로 부단히 자각되어 민족·계급·계층을 통일적으로 바라볼 수 있는 통일전선적 관점을 견지할 수 있어야 하며, 계급 계층적 이해와 요구를 뛰어넘어 청년운동의 기본 성격에 기초한 활동이 이루어지기 위해선 민족문제를 중심으로 한 정치·사상사업이 선행되어야 하는 것입니다. 그러므로 청년운동은 '정치·사상사업 우선의 원칙'에 근거하여 각계각층의 청년대중을 그들의 사회경제적인 이해와 요구에 기초해 광범하게 의식화하고 조직화해야 합니다. 청년운동은 사회적 계층운동으로서 그 기본 능력을 각

계각층의 계급적 토대에 1차적 근거가 있습니다. 청년들은 노동자, 농민 등의 계급운동의 지원대로서 연대를 함으로써 자신의 계급적 각성도 가능하게 되며 청년들의 정치·사상적 입장이 노동운동 등 각계각층 민중운동과 결합, 통일되어 민족운동으로 집중될 때 민족해방운동의 내용과 폭이 또한 깊어지게 됩니다.[26]

정치적 대중조직이라는 이범영의 조직관은 비단 청년운동만이 아니라, 전체 전선운동과 정당을 포함하는 합법정치공간에서의 활동까지 일관된다.

우선 그는 87년 민주화 이후 열린 합법정치공간 활용을 결코 부정하지 않았지만, 변혁을 지향하는 한국사회에서 운동의 기본 토대는 비타협적인 정치적 대중운동에 의해 수행되는 것이며, 합법 정치활동은 전략이 아니라 전술적 선택에 불과하다는 입장이 강했다. 비타협적인 대중 정치투쟁을 수행할 만한 역량과 틀이 갖추어지지 않은 상태에서 합법활동은 선거방식에 의한 정권장악이라는 환상을 가져다 줄 수 있고 개량화의 위험이 크기 때문에 경계해야 한다는 관점에 서 있었다.

> 선거 투쟁만으로 권력 교체를 이룩할 수 있다고 생각한다면 이는 신식민지 파쇼 체제에서 의회·선거 제도가 안고 있는 한계를 너무 모르는 소리라 할 수 있다. 신식민지 파쇼 체제에서 의회·선거 투쟁이 갖는 한계를 간파하고 있는 민족 민주 세력은 의회·선거 투쟁의 성과가 대중적 정치 투쟁을 강화하는 것으로 귀결되도록 노력해야 할 것이다. 또 의회·선거 투쟁은 의회·선거 제도를 통해 재집권을 합리화하려는 친미 파쇼 세력의 기도를 파탄시키고 그 과정에서 친미 파쇼 세력의 야만성과 의회·선거 투쟁의 한계를 대중들이 체험케 하여 대중들의 직접적인 정치투쟁을 촉발시키는 데 의의가 있음을 알아야 할 것이다.[27]

전체 운동의 통일성 및 지도력이 취약하고 권력의 분열 공작에 제대로 대응하지 못하는 상황에서 사회운동 조직의 합법정당 참여는 민주와 반민주가 아닌 보수 대 혁신의 대결로 유인되어 고립화를 자초할 것이며, 합법적 근거를 잃지 않으면서 활동해야 하는 합법정당의 실천영역이 아직도 협소하기 때문에 결국 운동 역량을 분열, 약화시킬 것이라는 견해를 가지고 있었던 것으로 보인다. 이러한 입장의 배경에는 정치적 대중조직 노선과 통일전선에 대한 그의 확고한 신념이 작용했다.

그렇다면 현시기 민족민주운동의 정치적 구심을 올바로 세우는 방안은 무엇인가. 외세 지배 하의 파쇼 체제에서는 선거 투쟁이 아니라 대중 정치투쟁이 주요한 투쟁이다. 그리고 이러한 투쟁을 주도하는 것은 각계각층의 단체, 개인의 결집체인 전선체이다. 따라서 현재의 민족민주운동에 항시적으로 동참할 수 있는 단체와 개인들이 총 집결해 있는 통일전선 조직이 정치적 구심 역할을 행할 수밖에 없다고 생각된다. 현재 이러한 통일전선 조직은 구축되어 있지 않다. 그러나 조금만 확대 개편하면 그러한 통일전선 조직이 될 수 있는 조직은 있다. 그 조직이 바로 전민련이다. 현시기 민족민주운동에 직접 나설 수 있는 전농, 전대협 등이 가입하고 민족민주운동과 상시적인 결합이 어려운 전노협 등이 참관 단체로 된다면, 전민련은 정치 구심적 통일전선 조직이 될 수 있다. 물론 전민련은 양적 확대뿐만 아니라 다양한 입장들이 상존하는 실정에서 입장 차를 계통화시킬 수 있는 조직체계와 모두가 수긍할 수 있는 민주주의적 방식으로 의사를 결정하고 결의를 집행하는 운영 방식을 갖춘 조직으로 개편되어야 한다.[28]

정치적 대중운동과 정치적 대중조직의 관점은 필연적으로 서구와 같은 합법·비합법 당 조직 중심의 운동이 아닌 전선운동의 주도성을 강조하는 것으로 연결된다. 1987년 대선에서 이범영은 후보단일화 입장을 취했고, 전민련이 합법정당 건설을 둘러싸고 분열할 때 그는 합법정당 추진 아닌 전선운동 강화의 입장에 섰다. 이범영이 죽음 직전까지 일관되게 합법정당 건설문제에 대해 민주대연합론을 내세우면서 시기상조론의 입장을 취한 것은 그의 조직관으로 보아 당연한 일이었다.

이범영 추구했던 정치적 대중운동 노선과 그 확장으로서의 전략적 통일전선 추구는 90년대 초반까지 민주화운동 내부의 주류적 입장이기도 했다. 대중운동과 야당 및 다양한 이해관계자를 포괄하는 '최대 민주연합론'은 6월항쟁 성공의 견인차가 될 수 있었고, 90년대 민주화운동의 대중적 전개에 토양으로 작용했다. 이범영의 대중노선은 정치적 대중운동론과 결합되면서 청년운동 내부의 서클주의와 종파주의의 극복은 물론, 대중운동으로서의 청년운동을 전국 단일청년대오로 발전시키는 동력이 되었다.

대중적 청년회에서 전국 청년단일조직으로

이범영은 민청련 운동과 전청대협, 한청협으로 이어지는 한국 청년운동의 발전 과정에서 사상운동, 대중운동의 주체로서 청년과 청년운동의 지위와 역할을 규명하는 데 많은 노력을 기울였다. 하지만 민청련 발족 이전까지 한국 청년운동에 대한 이론적 논의는 대단히 미비했으며, 청년과 청년운동에 대한 개념도 통일되지 못했다. 민청련 이전에도 청년운동이 존재했지만, 청년운동이 본격적인 조직성과 급진성을 갖춘 토대 위에서 활동하기 시작한 것은 83년 9월의 민청련 창립과 함께였다.

민청련은 1970년대에 있었던 '민청협' 활동의 '불분명한 민중지향성'과 '대중기반 부재'를 비판하면서 '전투성의 회복'과 선도적 정치투쟁을 위한 공개 청년운동조직으로 건설되었으나, 80년대 들어와 계급론적 변혁론의 확산과 함께 학생운동 일각에서는 민청련 운동이 기본계급 즉 노동자계급에 기초하지 않은 상층부 정치운동이므로 결과적으로 야당 등 제도정치권의 아류에 지나지 않는다는 비판도 제기되었다. 김근태와 이범영 등에게는 민청련 운동이 당시의 제도정치권과 같은 종류의 활동으로 평가받는다는 것은 일종의 모욕과도 같았고, 이러한 상황을 방치해서는 구성원들을 붙잡아 둘 수 없다는 판단 아래 '학교를 떠난 학생운동' 즉 청년운동의 개념을 정립해야 할 필요성을 느끼게 되었다.[29]

그러나 청년운동에 대한 축적된 이론적 논의는 그때까지는 거의 없었다. 학계에서의 논의는 서구 이론에서 소개하는 청년에 관한 논의였다. 당시 '청년'에 대한 선행연구의 논의는 크게 '세대 특성'과 '정치적 특성'에 따라 정의하고 있었다. 세대 특성은 주로 나이별(10대~30대 초중반), 세대별로 범주화했다. 세대 개념을 사회운동 세력 분석에 활용하는 연구들은 "세대 개념을 코호트(cohort)나 연령집단과 같이 명목적 범주라기보다는 계급개념과 마찬가지로 역사적 역동성의 규명에 유용한 사회적 실재"[30]로 의미 부여를 하고 있었다.

민청련 판 청년운동론 정립은 이범영과 이을호가 담당했다. 특히 이범영은 1987년에 작성한 「민청련은 청년 대중단체로의 전환을 절대적으로 요구받고 있습니다」와 「청년운동론 시론」, 그리고 1990년에 출간한 『90년대 청년운동론』 등을 통해 청년운동론 정립에 가장 힘을 쏟은 사람이다.

이범영은 한국 사회에서 청년의 사회적 처지의 공통성에서 저항의 동인을 설명한다. 특정한 공동경험을 통해 형성된, 다른 연령집단과 구분되는 고유한 세대 정서, 즉 상대적 진보성을 강조하는 시각이다. 이러한 접근방식은 청년세대의 차이를 무시하고 과도하게 일반화하는 경향이 있으나, 청년운동 조직 구성원의 집합적인 정체성 형성, 행위의 기초가 되는 감정과 정서의 변화에 접근할 수 있는 가능성을 제공한다. 또 이범영은 '근대적 개념'이자 '역사적 개념'으로 청년을 정의한다.[31] 근대적이라는 것은 '청년'이 하나의 사회적 계층, 조직운동으로 등장한 기점을 기준으로 정의한 것이다. 서구의 청년운동이 노동운동에 기초한다면, 식민지·반식민지 청년운동은 자주와 근대화의 열망을 반영한다.

『90년대 한국 청년운동론』 표지

민청련 시기에 이범영 등이 전파한 청년운동론은 청년운동을 전체 운동에서 '전술적 단위'로 규정한다. 이범영은 청년운동이 비록 높은 활동성을 가지고 정권에 맞서 싸우고 있다 하더라도 스스로 운동의 지도부라고 생각해서는 안 된다고 보았다. 이는 탄압으로부터 조직을 보호해야 한다는 점 외에 겸손하고 대중적인 청년운동을 강조하는 이범영의 생각이 반영되어 있다. 「청년운동론 시론」에서는 다음과 같이 청년운동의 당면과제를 제시한다.

첫째로, 이제까지 공개 정치투쟁의 수행에만 치중해 온 활동을 대중조직 활동과 통일적으로 결합시켜 수행해야 한다. 둘째로, 민중운동과의 실질적 결합을 위해 조직원의 대부분이 중간층 출신의 지식 청년들로 구성되어 있는 것을 탈피하여 기층민중 출신의 청년들이 다수를 이룰 수 있게 해야 한다. 물론 이것은 하루 아침에 이루어질 수는 없다. 여기서도 가두 분자보다도 노동자, 농민 출신에 주안점을 두어야 할 것이다. 셋째로, 청년운동 고유의 임무인 교육과 훈련에 각별한 관심과 노력을 기울여야 한다. 넷째, 지역 단위로 노동자, 도시 하층민, 학생, 재야 등을 반외세 반파쇼 투쟁에 광범위하게 결집시켜 낼 수 있는 지역 단위 연합전선의 구축에 힘을 기울여야 한다. 여기서 노동운동과 긴밀하게 결속하여(충청도나 전라도는 농민운동과의 결속이 더 중요할 것이다) 연합전선의 핵심을 이루도록 해야 한다. 다섯째로, 전국적인 민중운동의 통일전선 구축에 일익을 담당해야 한다. 현재의 청년운동 단체는 공개(반합법) 정치 조직이고 따라서 공개 영역의 활동에서 풍부한 실무역량을 축적할 것이므로 장차 구축되는 통일전선의 공개 단위체의 주요 역량을 구성해야 한다. 여섯째로, 대중조직 활동과 전선 형성에 대한 전망을 구체화하기 위해서 청년운동 조직은 자신의 조직원들을 좁은 틀 안에 들어가 이중적 멤버십을 갖고 활동하게 만들어야 하며, 역으로 지역 안에 있는 다른 그룹 또는 조직의 활동가들이 거리낌 없이 들어오거나 활용해 낼 수 있는 일종의 공개 전선체로서 문호를 개방해야 할 것이다. 마지막으로 청년운동 조직은 부분적 민주화의 국면을 맞이하여 자신 조직이 보다 대중화되고 개방화되면 될수록 핵심 대열 형성에 의해 시장적 조직적 중심을 굳건히 세우기에 보다 힘써야 한다.[32]

세대적 공통성과 청년의 정치적 특성(진취성과 변혁 지향성)을 강조하는 이범영은 청년운동을 "한국사회 변혁운동의 선봉대이자 통일전선의 매개자·촉매자, 계층운동의 지원대, 새세대 간부 육성의 후비대"로 규정한다. 이러한 시각은 한국 청년운동의 특성으로 강한 역사성·지속성·정치성을 강조하는 한편, 한국 근·현대사의 맥락 속에서 한국 청년운동을 조명해야 그 특수성을 이해할 수 있음을 강조한다. 특히 1980년대 중후반 이후 이범영 등 NL 계열이 청년운동을 주도함에 따라 '세대적 청년운동론'이 부상한다. 이런 논의는 계급·계층적 처지와 조건이 아닌 의식의 능동성을 강조하는 NL운동론적 특성과 전략이 투영되어 있다. 노동계급운동의 미활성화, 부문-지역운동의 불균등 발전과 같은 한국사회 구조적 특성 때문에 이런 주장이 쉽게 수용될 수 있었다.

이범영과 NL운동론 계열은 세대적 청년운동론에 근거 한청협 등장의 시기를 '새시대 청년운동의 시기'로 규정한다. 이들은 일제하 식민지 시대(1시기), 분단 직후(2시기), 1950~1987년을 전후한 분단시대(3시기), 전국적 청년조직 건설이 활발히 모색되는 새시대 청년운동 시기(4시기)로 구분한다. 여기서 말하는 새시대 청년운동은 한청협의 기본토대가 되는 새로운 청년회운동이고, 이 운동은 청년대중에 근거한 운동으로의 전환, 올바른 사상과 이론·방법의 정립 과정으로 의미가 격상된다.

이범영은 한국 청년운동사에서 6월항쟁 이후의 시기가 시·군·구 단위로 청년단체 결성이 확산되는 시기였다면, 전청대협 결성 이후는 각 시도별 청년단체협의회가 건설되면서 지역 청년운동의 단결력과 대중성이 한 단계 도약하는 계기가 마련되는 시점으로 바라본다. 당시 전국적 청년조직의 건설이 탄력을 받은 이유는 3당 합당과 통일운동에 대한 여론의 관심이 고조되었기 때문이다. 1990년 1월 22일 3당 합당으로 민자당은 국회에서 개헌선인 2/3를 넘는 218석을 확보하였다. 민족민주운동 세력은 이를 3당 야합으로 규정하는 한편, 민주대연합을 강화하여 반민자당 투쟁을 전개하였다. 한편, 문익환 목사와 임수경 전대협 대표의 방북 이후 통일문제에 대한 관심도 고조되었고, 1989년 제안된 범민족대회와 조국통일범민족연합(이하 범민련) 결성이 구체화되었다. 당시 이범영은 정권의 탄압과 강력한 적(민자당)의 출현에 효과적으로 대응하기 위해 반민자당연합전선 구축과 이의 실질적 토대인 부문 조직의 강화를 주요한 과제로 인식하였다. 1989년 1월 전민련 결성에 맞춰 전청대협이 창립된 것도 이러한 필요에 부응하는 조치였다.

1987년과 1988년은 대중운동의 양적 팽창, 확대가 이루어지던 시기였다. 1988년 3월경부터 이범영은 전국을 다니며 전국청년단일조직 건설을 위한 논의와 실천을 주도했다. 주된 과제는 대중운동의 발전에 조응하는 청년조직과 청년운동의 전국적 단일조직 건설이었다. 전국

1989년 9월 10일 서울 건국대학교에서 열린 나라사랑청년회 창립 2주년 기념식
(출처: 민주화운동기념사업회 오픈아카이브)

의 청년운동을 단결시키기 위한 이 운동은 1989년 불과 19개 단체의 참여로 전청대협이 결성되면서 시작되었다. 전청대협은 서울의 나라사랑청년회 등 구성원 다수가 대중적 청년회이고, 단결 수준은 대표자협의회 수준이었지만, 이범영이라는 분명한 구심이 있었고 NL운동론을 중심으로 한 사상적 통일 수준이 높았기에 전국 청년단일조직을 꿈꿀 수 있었다.

전청대협 간부의 인적 구성을 보면 대체로 NL계열 활동가들이 대다수였다. 따라서 이들은 한국의 민주변혁운동이 민족자주화를 기본으로 한 민족민주운동이고 "청년운동은 변혁운동의 대중역량 편성에서 각 계급 계층 운동의 부속·지원적 지위와 역할이 아닌 각계각층과 밀접한 연관과 결합 속에서 독자적 지위와 역할을 가지는 대중운동"의 지위를 가지며, 또 청년운동은 "변혁운동의 선봉대·후비대로서 지위와 역할, 정치·사상운동의 교량자로서 지위와 역할 그리고 통일전선운동의 촉매자·매개자 역할을 대중적으로 실현해 나갈 튼튼한 기초를 마련하는 사업[33]"이라는 이범영의 청년운동론에 쉽게 동조화될 수 있었다.

이범영과 그의 동지들이 정립한 청년운동론에 비추어볼 때 이들이 PD계열의 선도적 투쟁체, 준전위적 선진활동가 조직론에 부정적인 입장을 가진 것은 당연한 일이다. 이들의 운동적 출발점은 "한국사회에서 노조, 농민회, 학생회 등은 우선적으로 노동자, 농민, 학생대중의 이해와 요구를 기본으로 하여 건설, 운용되어야 한다"는 인식이었다. 그래서 이들은 청년운동의 전국조직화를 위한 활동으로 ① 중앙의 정책과 정책역량 강화, ② 한청협 기관지 발간, ③ 간부교육 강화, ④ 지역 청년단체협의회 건설과 강화, ⑤ 부문위원회 건설, ⑥ 청년선봉대 건설, ⑦ 청년운동의 조직 활동 혁신을 위한 사업 등이 중요하다고 결정했다. 그리고 다양한 청년을 포괄하기 위해 ① 참가단체의 확대, ②

참관단체의 조직적 결합의 내용 수립, ③ 참관이 어려운 단체와의 다양한 형태의 단결방식 모색, ④ 해외 진보적인 청년조직과의 연대 추진 등을 결정했다. 이러한 활동과 함께 전청대협 창립과정에서 형성된 사회적 연결망의 구축은 한청협 건설의 토대가 되었다. 이를 통해 전청대협의 활동 과정에서 집단목표에의 헌신과 신념, 충성심, 연대감을 형성하는 토대가 만들어졌고, 이는 전청대협 운동의 정치노선, 조직시스템, 주체 형성과 재생산 방식에서의 동형화(同型化)에 결정적인 요인이 되었다.

'한청협'의 힘, 규율 · 조직성 · 네트워크

한청협은 1992년 2월 23일, 30개의 참가단체와 12개의 참관 단체가 참여한 가운데 발족했다. 당시 전청대협에서 한청협으로의 발전은 두 가지 측면에서 필요성이 제기되고 있었다. 그것은 첫째, 국회의원 총선과 대통령 선거를 앞둔 정치 일정에 대응하여 조직적으로 대중운동을 전개할 구심의 구축, 둘째, 해마다 증가하는 청년 대중조직을 효과적으로 집중[34]하기 위해서였다. 그러나 한청협의 출범이 가능했던 조건은 이범영 등 능력 있는 청년운동가 자원의 다양성과 그 원천, 권위, 타 부문운동과의 관계(운동조직 간의 상호작용)와 분리하여 설명하는 것은 무의미하다. 이 부분이 구체적으로 검토될 때만 한청협의 독특한 특징을 추론할 수 있다.

한청협 결성이 가능했던 주체적 조건은 우선 이범영과 같은 탁월한 지도자를 포함하여 중앙의 지도집행력이 확보되었기 때문이다. 앞서 설명했지만 이범영은 학생운동 시절 병대위 활동을 통해 지방대학 학생운동가들과의 인적 네트워크를 갖추고 있었다. 그리고 민청련과 전선운동을 통해 형성된 네트워크도 영향을 주었다. 한편, 전청대협의 중앙 간부는 단체 의장을 포함하여 자신의 소속단체의 직책을 겸임하였지만, 한청협은 전국사업을 일상적으로 수행할 수 있는 상근인력을 확보하였다. 이는 민청련 창립 이후 성장한 대중활동가와 6월항쟁 이후 지역 단위 청년조직의 확대에 힘입은 바가 컸다. 실제로 한청협 1기(1992.02~1993.03)에는 사무처와 정책위에 10여 명의 인력이 업무를 수행하였다. 여기에 더해 1992년 총선과 대선을 거치면서 정권교체의 열망을 가진 다양한 인적자원을 투입하면서 자연스럽게 중앙과 지역 상근인력을 확보할 수 있었다.

이런 집행력 확보가 가능했던 요인의 하나는 NL계열 학생운동권의 '애국적 사회진출론'이었다. 소수의 사회운동 투신을 다수의 사회진출로 확장시킨[35] 애국적 사회진출론은 학생운동 경험자 다수를 청년회에 참여시키는 기제로 작용했다. 한편, 6월항쟁 이후 노동운동이 활성화되면서 노동현장 내에서의 지식인 역할도 감소했다. 이 또한 학생운동가의 청년운동 참여 요인 중 하나였던 것으로 보인다.

애국적 사회진출론은 전선운동과 부문운동의 정파적 활성화라는 측면에서 보면 지역 전선운동에서 NL계열의 영향력 확대에 상당히 기여했다.

1992년 2월 23일 한청협 창립대회 팸플릿 (출처: 민주화운동기념사업회 오픈아카이브)

지역 내 타 조직(PD계열 지역운동조직)과 노선경합의 과정에서도 운동참여자 개인들의 정체성 차원과 가치와 정체성의 세대 간 전승과 같은 사회적 차원, 운동의 접근 및 성공가능성이라는 인지적 차원 모두 NL운동론에 근거한 대중노선을 구사했던 한청협(산하 조직)이 유리한 조건에 놓일 수 있었다.[36]

두 번째는 사회자본으로서의 신뢰가 구축되었기 때문이었다. 여기서 사회자본은 구성원이 참여하고 있는 네트워크 내의 사회적 관계, 이를 통해 다른 사람이 가진 자원을 동원할 수 있는 능력을 말한다. 이는 이범영이 말하는 '운동은 이론으로 하는 것이 아니라 신심과 동지애로 하는 것'이라는 의미와 직결된다.

> 쓰러져 간 이들의 죽음이 헛되고 아니고는 살아 있는 우리에게 달려 있는 것이다. 죽어간 동지를 진정 사랑한다면, 그와의 의리를 지키려 한다면, 우리는 동지가 못다 한 일을 완수해야 하며 동지가 남기고 간 정신적 유산을 계승하여 우리의 실천 과정에서 더욱 풍부하게 발전시켜야 한다. 동지적 사랑과 의리는 소위 '평생 동지'라는 말처럼 살아 있을 때만 지속되는 것이 아니라 영원토록 지속되는 것이다. 그러기에 동지애를 가리켜 남녀의 사랑, 친구 사이의 사랑, 부모 자식 사이의 사랑보다 더 고귀하고 더 순수한 가장 높은 사랑이라고 일컫는 것이다. 그래서 동지라는 호칭은 쉽게 붙여져서도, 더구나 운동권의 사교적 언사가 되어서도 결코 안 되는 것으로, 진정 책임있게 동지적 사랑과 의리를 쏟을 수 있는 사람에게만 붙여져야 하는 것이다.[37]

한청협의 사회적 자본의 원천은 크게 세 개의 연결망으로부터 나왔다. 그중 하나가 연대-연합운동의 과정에서 형성된, 타 부문운동으로부터의 신뢰로부터 형성된 자원이었다. 민청련 창립 이래 청년운동은 고문공대위, 민통련, 국본, 전민련 중앙 및 지역조직에서 가교 역할과 실무를 담당해 왔다. 이 과정에서 타 부문운동과 지속적인 우호적인 관계를 맺고 있었다. 둘째는 전청대협 활동의 경험을 통해 구축된 신뢰였다. 이는 새로운 청년회 네트워크로서 한청협-지청협-회원단체로 이어지는 연결망으로 전환되었다. 셋째는 청년운동으로 이전하기 전에 활동했던 전대협(지구대협, 개별 대학)의 네트워크에서 형성된, '공유된 경험'에서 비롯된 신뢰라고 할 수 있다. 이러한 사회적 자본은 청년-대학-지역-전선운동의 결속(Bonding)과 연결(Bridging), 복합(Both)을 가능케 한 동인이 되었다. 이러한 네트워크는 신뢰와 의리에 토대한 조직관에 의해 더욱 의미가 증폭된다.

> 사람과 사업의 기본방향은 대중으로 하여금 참다운 변혁적·자주적 인생관을 확립해 나가게 하는 데 있으며, 동지들에 대한 애정과 신뢰·의리를 높여 나가는데 있고, 변혁에 대한 확신과 신념을 체현·체득하는 데 있으며 변혁운동에 나서는 각오와 결심을 더욱 높이고 다지는 데 있다.[38]

이러한 이범영의 동료에 대한 사랑과 헌신에 기반한 조직관은 한청협의 사회적 자본을 더 튼튼하게 만들었다. 윤민석이 글과 곡을 만들고 원창연이 부른 〈그이가 동지라네〉에는 "신념이 굳세야, 사랑이 깊어야, 그 어떤 차이도 뜨거운 심장으로 녹여내는데 의리가 있어야, 셈하지 않아야, 하고픈 일보다 해야 하는 일 앞에 겸손해지는, 한 번 연을 맺으면 먼저 등 돌리지 않고, 자신을 낮추어 모두를 높이는 이"를 진정한 동지라 표현한다.[39] 이범영은 이런 동지관에 가장 부합하는 사람이었고, 그런 점에서 보면 이범영 자체가 한청협의 가장 중요한 사회적 자본이었다.

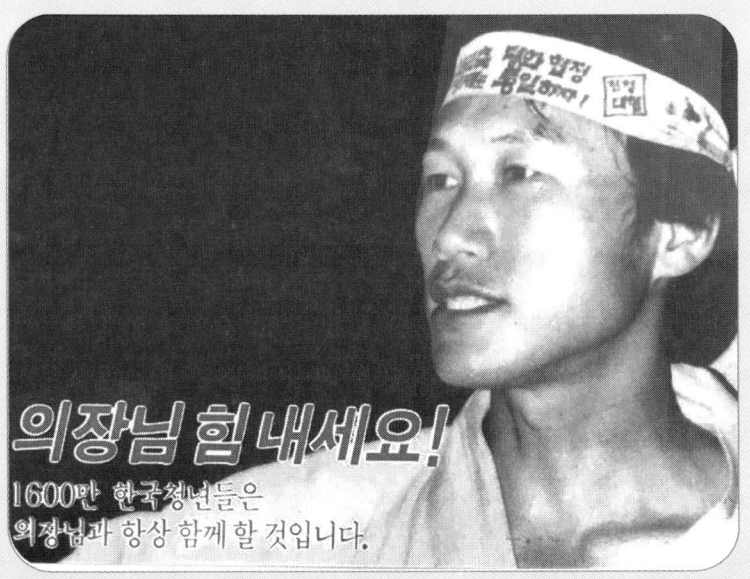

한청협 이범영 의장에게 엽서보내기 운동

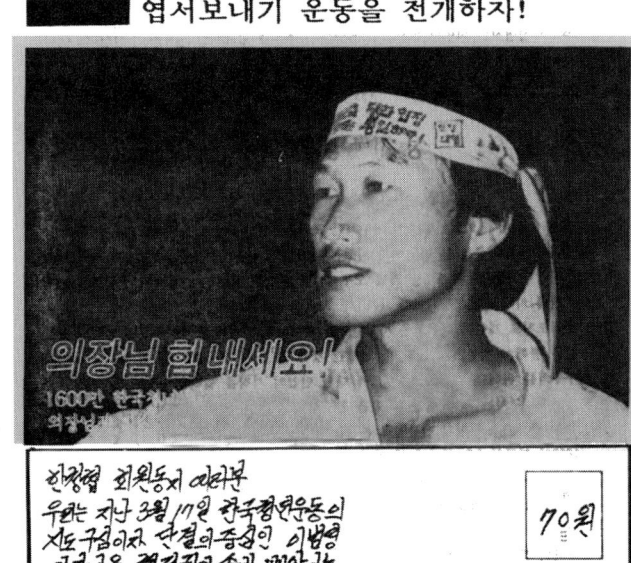

이범영은 무엇보다도 조직인이었다. 조직의 어려움과 힘을 가장 잘 아는 사람이었다. 따라서 그는 자신이 속한 조직과 그 조직의 규율에 참으로 헌신적이었다. 그는 82년 민청련을 준비할 때부터 93년 발병하여 94년 우리 곁을 떠날 때까지 12년을 오로지 청년운동을 위해 모든 것을 바친 사람이었다 이 기간에 그는 거의 하루 24시간을 민청련과 전청대협, 한청협에 투입하느라 한 번도 취직하여 돈을 벌어 본 적이 없었고 약 5년 가까이 수배 생활을 했으며, 오랜 수배 생활과 구속의 고통 속에서 병을 얻어 마침내 짧은 생을 마감하기에 이른 것이다.[40]

한청협 이범영 의장 석방 촉구 성명

세 번째 이유는 한청협의 조직시스템과 표방한 목표, 활동방식의 효과라 할 수 있다. 앞의 이유들이 한청협 결성의 토대를 마련하는 데에 기여했다면, 이것은 한청협의 조직 확대로 이어지는 요인이라 할 수 있다.

한청협 1기 동안 참가단체가 39개로 증가하였다. 서청협과 성청협 외에 부경청협, 전북청협, 대경청협, 제청협, 남청협, 경기남부청협 등의 지청협이 결성되면서 지역청년회 간 교류도 활성화되었다. 물론, 초기 한청협의 운동방향은 전청대협과 크게 다르지 않았다. 그것은 자주·민주·통일 운동을 기본방향으로 하면서 주요 정치적 사안을 그것과 결합해 나가는 것이었다.

> 한국민주청년단체협의회는 각계각층에서 하루가 다르게 솟아나는 새세대 청년들의 힘을 모아 자주민주통일의 새날을 여는 선봉대로서 역할을 다할 것이며 청년단일조직 건설을 향해 힘차게 달려 나갈 것이다. (규약 전문 중에서)
> 우리는 조국의 자주민주통일을 이루는 데 앞장선다. (강령 1)
> 우리 단체는 조국의 자주·민주·통일을 실현하고 각계각층 청년들의 이해와 요구를 옹호하는 것과 전국적인 청년단일조직을 결성하는 것을 목적으로 한다. (규약 제2조)[41]

그러나 한청협은 이전 시기 청년운동과 달리 '생활터전에서 토대'를 구축하는 조직노선을 선포하였다. 이러한 한청협 노선과 지향은 "참신하고 진취적인 한국청년들의 힘은 생활터전에서 대중운동으로 솟아나고" 있다고 규정한 〈창립선언문〉에도 잘 드러나 있다. 한청협 산하 지역 청년조직은 중앙보다 더 대중적인 지향과 목표를 표명하며 지역활동을 전개하였다.

'생활터전'에 근거한 대중적 활동 지향이 지역청년조직의 확대와 발전을 가져왔다면, 한청협의 조직력을 강화시킨 또 다른 힘은 활동 방식에 반영된 조직과 규율에 관한 가치와 역량 개발 노력이었다. 이는 이범영이 무엇보다 중요하게 강조한 문제였다.

> 규율은 조직의 생명이다. 규율 중에서 가장 기본적이고 초보적인 것은 회비 납부를 통해서 조직의 재정을 책임지는 일이다. 규율의 문제는 공식 의결 구조에서 결정된 사항들에 대한 책임있는 집행이 제대로 되지 않는

데서도 나타난다. 이견이 있었더라도 일단 공식적 의사 결정 구조를 통해 결정되면, 이를 존중하고 준수해야 한다. 조직에서 표결은 최후의 수단이다. 표결보다는 설득과 토론을 통해 합의에 도달하는 것이 더 좋다. 조직의 지도 간부는 일단 조직 대중보다 높은 헌신성과 책임성이 요구된다. 내 주장에 맞지 않는다고 해서 조직을 떠나는 것, 그것도 조직이 공안 탄압으로 빈사지경에 이르렀을 때 조직을 떠나는 것은 올바르지 않다. 다른 그 무슨 조직을 만든다고 하더라도 그런 지도간부에 대해서는 믿고 따라갈 수가 없다. 사람들은 그렇게 바보가 아니다.[42]

규율, 헌신, 책임에 대한 강조는 단체와 단체, 지역과 중앙, 단체 내 간부와 회원 사이의 유대를 강화하였고, 한청협의 조직력을 **빠르게** 신장시켰다.

지역의 재발견

범영이 형은 내게 헤겔이 말한 '이성적인 것은 현실적이고 현실적인 것은 이성적이다'란 화두를 던졌다. 이 말뜻을 나는 '무엇을 준비한다고 하면서 현실을 회피하는 게 능사가 아니고 현실적으로 대응해 나가면서 상황 속에 몸을 던지는 게 진리'라는 의미로 받아들였다.[43]

이범영은 기본적으로 유신세대로서 70년대 후반 '민주청년협의회'(민청협) 운동을 체험했고, 83년 민청련을 만들 때 핵심적인 역할을 하며 민청련의 청년운동을 정립한 사람 중의 하나였다. 그런 그에게 민청련 밖에서 새로운 청년운동론을 제기하는 흐름은 어찌 보면 하나의 도전이었다. 그러나 이범영은 후배들에 의해 제기된 새로운 흐름을 적극적으로 수용하였고 이를 민청련의 청년운동론과 종합하여 '정치적 청년 대중운동론'이라는 새로운 흐름을 만들어 냈으며, 전청대협과 한청협을 결성하여 청년운동의 전국적 통일을 만들어 냈다.

　1990년대 중후반 이후 전통적 민중운동 내에서도 점차 계급이나 민족 지향적 프레임과는 다른 새로운 사회운동과 제도정치 영역에 관한 관심이 높아졌다. 이는 한국 사회가 점차 민주화·다원화되면서 과거와 다른 형태의 운동과 그 실현 수단으로서 합법적인 방식의 저항과 의회(중앙·지방)가 가지는 의미가 새롭게 조명된 것을 의미한다. 이러한 문제의식은 김영삼 정부 주도의 세계화 담론과 1995년의 6·27 지자체선거를 계기로 지방자치시대가 본격화되는 시점을 전후하여 확산된다. 여기에는 김영삼 정부의 노동권과 자치권의 제한에서 기인한 민주주의의 정당성 위기(legitimacy crisis)가 도화선으로 작용하였다.

　한청협도 이러한 변화에 적응하기 위해 노력했다. 사실 한청협을 비롯한 전통적 민족민주운동 진영 내부에서 새로운 운동방식에 관심을 두게 된 이유는 정치적 기회구조의 변화와 관련이 있다. 한국사회운동은 1990년대 초를 기점으로 사회운동의 주류를 형성했던 민주화운동이 쇠퇴하고 시민사회의 다양한 관심을 반영한 새로운 운동들이 활성화되었다.[44] 87년 6월항쟁 이후의 민주화 이행기는 다른 측면에서 보면 제도정치와 국가의 개방적 재편, 시민사회의 자율성 확대라는 차원에서 설명될 수 있다. 군부권위주의의 퇴조, 절차적 민주주의의 확장, 지방자치제 확산, 계급적 대중운동의 조직적 발전, 민중운동과 구별되는 시민운동의 출현과 분화라는 국내적 맥락의 기회구조의 변화와 동구사회주의의 몰락, 세계화 담론의 확산이라는 국제적 맥락의 기회구조의 변화는 운동 프레임의 전면적 수정과 전환을 둘러싼 내적 논쟁을 심화시켰다.

　이러한 기회구조의 변화는 운동의 위기이자 기회라는 이중적인 의미를 지닌다. 국내적 맥락의 기회구조의 변화는 의회 참여와 의사 결정 권한의 공유, 지역 자치권과 독립성 함양, 민중 참여를 통한 전선 확장이라는 운동조직의 행위전략을 실현할 기회가 될 수 있다. 그러나 민주화운동의 쇠퇴는 새로운 운동 주기를 예고하는 방향으로 전개되고 있었다. 위로부터의 민주화 이행[45], 제도정치의 변화와 '변형주의(transformism)' 적 재편,[46] 민중운동과는 구별되는 시민운동의 출현과 시민운동 내부의 다양한 분화가 그것이다. 이는 전통적 민주화운동의 쇠퇴, 원심력적인 분립의 성격을 강화하였다. 여기에 더해 국제적 맥락의 기회구조의 변화, 즉 동구사회주의의 몰락, 신자유

지역청년회원들과 지역 환경문제 행사에 참가하고 있는 이범영 (출처: 김설이 소장 자료)

주의적 지구화 담론의 확산, 1997년 외환위기와 개방화·지구화는 '민족국가'를 넘어선 글로벌한 상황에 대응할 사회운동의 응전을 요청받게 되었다.[47]

이범영과 한청협은 다른 부문 조직과 달리 지역을 재발견하고 지역을 기반으로 한 정체성 지향 전략을 구사한다. 지역과 생활터전의 중시는 이범영의 청년운동론과 일치하는 부분이었다. 한청협의 조직시스템, 활동 구조와 방식, 전략 전술관, 문화적 정향성은 지역청년단체협의회(지청협)들과 그 소속 단체들의 활동을 통해 구체적으로 파악할 수 있다. 일례로 한청협 경기남부 지청협 조직인 수원사랑민주청년회의 창립대회(1989)에서 발표한 '여섯 가지 과제'를 통해 한청협의 조직시스템, 활동구조와 방식, 전략 전술관, 문화적 정향성을 엿볼 수 있다.

> 첫째, 다양한 소모임 활동을 통한 건강한 공동체 건설, 둘째, 청년강좌, 공개 독서 토론회를 통한 민족적 자긍심과 민주시민으로서의 자질함양, 셋째, 퇴폐향락문화의 일소와 건강한 청년문화 구축, 넷째, 청년들의 사회적 권리와 지위 확대, 다섯째, 살기 좋은 지역사회 건설, 여섯째, 조국의 자주·민주·통일 모색과 실천이다.[48]

'과제'에서 눈에 띄는 대목은 지역청년의 정치·사회적 권리의 향상에 관한 관심에서 더 나아간 지역사회의 공동체문화 형성, 지역연구·조사를 통한 지역발전 정책대안 수립 등에 관한 부분이다. 한청협 소속의 지역 청년단체들이 낮은 차원이지만 주민운동적 지향을 갖게 된 배경에는 시군구 단위 주민과 청년들의 의식이 높지 않았기 때문이다. 지역은 대학과 달리 아직은 기존의 지배적인 문화에 대한 '대항문화적 도전(counter cultural challenge)'이 허용되는 '자유로운 공간

(free space)'이 아니었다. 지역 활동의 높은 벽을 경험한 청년운동가 다수는 '청년조직을 일당 십, 일당백 정치조직'으로 규정했던 일부 학생운동가 출신과는 달리 "자주적 대중조직이라는 자기 위상을 가져야 한다"는 인식이 강했다.

이런 상황에서 각 지역 청년단체의 조직시스템이 계급별·직능별 모임, 일상적 실천활동 체계의 중요성을 인정하면서도, 문화·취미·교양별 대중 소모임을 중심으로 운영하게 된 것은 자연스러운 일이었다. 이런 시스템의 구축은 청년조직의 인적 구성의 특성으로부터 기인하였다. 지역과 단체별로 차이가 있지만, "회원은 학생운동 미경험자, 직장청년이 다수였다." 회원 가입도 학연(초·중·고), 지연(외지 출신, 향우회), 교회, 사찰, 취미동호회, 직장에서의 인연이 차지하는 비중이 결코 낮지 않았다.

대체로 청년회 참여 동기는 기존 회원과의 인간적 관계, 직장생활의 무료함과 소외감을 해소할 모임의 필요성 등 이념보다는 관계와 실존의 문제가 더 크게 작용했다. 운동에 관한 관심도 이론적인 것보다는 배제된 삶에 대한 연민, 부채감, 공감 등 정서적인 측면이 강했다. 저항의 문화적 자원으로서 공동체성과 민중성을 발견-연결하려는 다양한 시도나 학습은 청년회 공식, 비공식 모임에서 동료와의 정서적 유대와 상호작용 속에서 형성되거나 폐기되었다. 청년회원들은 소모임 활동, 문화행사, 공개강좌, 집회의 기획과 준비, 참여 과정에서 한국 사회의 위기와 고통의 원인 제공자(외세와 예속정권)에 대한 도덕적 분노를 수용하였고(불공정 요소 injustice component), 나아가 자연스럽게 민중과 역사에 대한 단선론적 시각(주체자 요소 agent component)과 적과 아를 정의하는 정체성(정체성 요소 identity component)을 구성해 나갔다. 다시 말해 민중 지향성, 도덕성, 공동체주의, 인본주의를 습득하고 만들어 나갔던 것이다. 대부분의 지역청년회는 노래공연, 민주교실, 풍물교실, 직장청년교실, 지역 통일한마당, 통일맞이 자전거 대행진 등의 활동을 통해 회원을 포함 지역주민과 함께 사회문제를 해결해 나가고자 했다.

이런 지역과 대중 지향성에 뿌리를 두는 실용주의적 실천에 대한 강조는 92년 대선 이후 권력 정통성의 문제가 약화되고 민주화운동의 운동주기가 변화된 조건 하에서의 한청협 운동 방향과 관련하여 더욱 강조되었다. 92년 대선 이후 한청협 2기에 구성된 '청년의 미래를 열어가는 소위원회'는 대중운동의 방향에 대해 이렇게 정리하고 있다.

> 이제 전환이 필요합니다. 특히 방식의 변화가 필요합니다. 양 김 시대에 통용되던 대변하는 방식, 즉 사람들의 요구를 양 김 혹은 우리 운동권이 대변한다는 방식에서 벗어나 많은 생활인들이 작은 일이라도 함께 참여할 수 있는 방식으로 바뀌어야 합니다. 앞으로 우리는 많은 사람들을 끌어 모으겠다는 생각보다는 생활인들이 우리 사회의 변화, 발전에 참여할 수 있는 계기와 광장을 만들어 나간다는 생각을 가지고 활동해야 하겠습니다.[49]

이런 전환을 반영하는 조직 정비에 가장 중요한 문제로 청년운동의 '획기적인 대중화'가 제시되고, 획기적인 대중화의 방향으로 ① 우리의 활동내용을 정치문제 일변도에서 벗어나 청년들의 생활 전반에 관련된 내용으로 활동을 풍성하게 만들어 갈 것, ② 처지와 조건에 따라 청년회에 참여할 수 있는 계기를 다양화, ③ 지역 청년들과 주민들에게 감동을 주는 청년회 등을 내세웠다.[50]

변화된 상황과 운동의 '전환'

1992년 대선을 전후하여 정치적 국민운동체 논의가 사회운동 내부에서 촉발되었다. 주로 민청련 출신 인사들이 중심이 되어 주장한 이 논의의 출발점은 정치정세의 변화에 조응하지 못한 민족민주운동진영의 침체와 후퇴 상황에 대한 대응이었다. 이들은 현재의 전국연합 조직구조가 변화된 정치정세에 부합하지 못하고, 그 비중이 날로 확대되고 있는 선거를 비롯한 제도권 정치 일정에 제대로 된 대응을 조직하지 못하고 있다고 평가하면서, 각계각층의 명망가와 활동가, 전문가들을 포괄하는 정치적 국민운동체 건설을 주장하였다.

이러한 통일전선의 성격과 형태에 대한 논의에 규정력을 미친 두 가지 요소는 민족문제에 대한 태도와 제도권의 자유주의 정치세력에 대한 입장과 태도라 할 수 있다. 이것은 한편으로는 야당과의 연합문제로 나타났고, 다른 한편으로는 사회성격 및 계급편성 논쟁과 연결된다. 새롭게 등장하는 시민운동의 등장과 더불어 이 논쟁의 구도가 변화하는 것으로 보이기도 했지만, 본질은 큰 변화 없이 여전히 지속되었다. 1980년대 이후 전선 논쟁의 특징은 최근까지 반복되는 민중연합-민주연합 논쟁에서 찾을 수 있다.

이것은 민중통일전선론과 민주연합전선론, 독자 후보와 범민주단일후보론(사실상 비판적지지론), 독자적 정치세력화와 민주대연합 등 그 명칭은 다르나 논쟁의 내용은 동일하다. 90년대 초반 조직노선 문제에서 핵심으로 대두되는 것은 자주적 대중조직의 강화와 동시에 정치조직을 어떻게 만들고 강화할 것인가라는 문제였다. 이와 관련하여 민족민주운동 진영에서는 정치적 대중조직, 전선조직, 합법정당, 비합법 전위조직 등 여러 가지가 검토되고 있었다. 정치조직의 상과 건설 경로에 대한 인식 차이는 합법정당에 대한 입장 차이로 이어진다.

한청협 역시 누구보다 민감하게 80년대 후반부터 진행되는 거대한 사회변동을 인식하고 있었다. 이들이 당시 인식하고 있던 한국 사회의 구조변동은 다음의 다섯 가지로 요약된다. 그것은 우선 국내 정치, 사회지형을 근본적으로 규정해 온 냉전적 분단질서의 변화, 둘째 한국자본주의가 기존의 개발독재유형의 종속적인 국가자본주의에서 대외(미?일) 종속적 자본주의로 변화, 셋째 외세의 정권 개입과 통치 방식의 변화, 넷째 통치 방식의 변화와 더불어 합법 공간의 확대, 다섯째 한국사회 토대의 변화를 배경으로 각계 대중운동의 활성화와 새로운 단계로 발전이었다.[51]

이러한 변화는 과거의 단선적인 정치접근이 아니라 다양화되고 중층화된 대중의 생활적 요구에 부응하는 운동방식과 정책대안의 제시를 요구하는 것이었다. 이범영을 비롯한 한청협 지도부는 먼저 통일문제를 둘러싼 한반도 정세의 급속한 변화에 대응하여 지난 시기 통일운동에 대한 혁신의 필요성을 제기하였다. 그리고 이때부터 한청협은 통일운동을 둘러싼 소위 '새로운 통일운동체'(새통체) 논쟁의 소용돌이에 빠져들게 된다.

통일운동을 둘러싼 운동 내부의 논쟁과 갈등은 탈냉전과 한반도 정세 변화를 반영하는 통일운동의 정치방침, 통일방안, 남·북·해외 3자연대 등을 둘러싼 시각 차이에서 발생하고 있었다. 문익환 목사를 비롯한 전국연합과 한청협 내부의 '새로운 통일운동체' 주창자들은 통일 주체세력의 재편성을 위해 통일의 개념과 의미 재조정과 사회적 합의의 확산을 강조하게 된다. 그리고 탈냉전에 조응하는 국민적 통일운동을 위해서는 북한에 대한 보다 객관적 접근과 비판의 필요성이 제시된다. 이들은 조국통일이 민족의 단순한 단합의 실현을 넘어 상호변화를 통한 항구적 공영을 도모하는 것이라 할 때, 상호공존을 위협하는 것이라면 남북의 어느 쪽도 비판할 수 있어야 한다고 생각했다. 이들은 통일운동에서 대중화를 저해하고 통일 대 반통일이라는 이분법적 사고를 심화시킨 원인의 하나로 북한을 대안체제로 인식하는 운동진영의 편향적 사고를 제기하는 한편, 통일방안과 관련해서 연방제와 국가연합의 차이를 과도하게 해석하여 연방과 연합 사이에 건널 수 없는 강이 있는 것처럼, 즉 국가연합은 분단 고착 등으로 주장하는 것에 반대하였다. 중요한 것은 통일방안의 차이가 아니라 흡수통일 반대와 통일문제를 공존과 점차성의 원칙에서 추진해나가는 것이고, 그 점에서 보면 연방과 연합의 차이는 결정적인 문제가 아니라는 것이다.

또한 이들은 남·북·해외의 각기 실정에 맞는 3자연대를 통해 남한의 통일역량을 보존하며, 골방의 활동가 중심의 통일운동에서 국민적 통일운동으로 전환해 나갈 것을 강조했다. 남·북·해외 3자 연대는 중요하지만 남한 통일운동의 준비 정도와 남한의 정치 현실(법적·제도적 제약)에 맞게 단계적으로 추진해야 하며, 통일운동의 전면화와 대중화, 대중의 통일의식 성장에 우선 순위를 두어야 한다는 것이다. '새통체' 주창자들은 반미근본주의에 대한 비판도 제기하였다. 이들은 전략적인 반미 주장에서 탈피하여 생활상에서의 민족자주의식의 지평을 넓히는 것이 중요하며, 그를 위해 미군기지 반환 운동과 한미행정협정 개정운동 등과 같이 보다 대중적이고 실사구시적인 반미운동의 필요성을 주장하였다.

한청협 등의 제기와 전국연합의 조직적 결정에 의해 범민련의 발전적 해소와 새통체 건설을 위한 노력은 '자주평화통일민족회의(민족회의)'의 창립으로 정리되었지만, 이는 민족회의와 범민련, 대중적 통일행사와 범민족대회로 크게 나뉘는 인식과 실천의 편차가 통일운동 진영의 양분과 분열로 전개되었고, 새통체 건설에 앞장섰던 한청협 역시 이런 분열의 영향을 조직적으로 받게 된다.

합법정당이나 통일운동 조직체와 관련해서 이범영의 입장은 단편적인 사항 외에는 잘 확인되지 않는다. 사실 이런 문제들은 그의 투병과 죽음 이후에 진행된 문제라 그가 어떤 방식으로 이 문제를 풀었을지는 확인하기 어렵다. 다만 범민련 건으로 구속됐을 때의 법정진술문 「화해와 단결은 우리 시대의 민족적 과제입니다」에서 보인 정세인식과 통일방안 해석이나, 투병 시기 이범영의 본가에서 나눈 이승환과의 대화 등을 고려할 때 그가 통일운동의 변화와 전환 필요성에 대해서는 분명한 입장을 가지고 있었던 것으로 보인다. "그가 남긴 마지막 유지는 새로운 대중적 통일운동체를 건설하여 통일운동을 획기적으로 대중화하는 것과 남북관계를 새로운 단계로 발전시키는 것이었다"는[52] 유기홍의 증언도 마찬가지이다.

2024년 이범영 의장 30주기 행사 안내

6

한국민주화운동 역사 속의
이범영

한국민주화운동이 배출한 최초의 전업활동가

어느 나라나 민주화가 쉽게 이루어진 예가 없지만, 한국의 민주화운동은 분단이라는 엄혹한 현실 속에서 혹독한 대가를 치르며 진행되었다. 분단 정부 수립을 앞두고 발생한 제주 4.3사건 이래로 한국전쟁을 거치며 전국 방방곡곡에서 진행된 민간인 학살은 남한의 진보역량을 거의 멸균실 수준으로 말살해 버렸다. 거기서 다시 시작해서 1,000만 촛불혁명에 이르기까지 딱 두 세대가 걸렸다. 지금에 만족하자는 것은 결코 아니지만, 지구상에서 가장 빠른 민주화인 것은 틀림없다. 더구나 많은 나라의 민주화가 1989년 사회주의 진영의 붕괴 이후, 미국이 반공군사 독재정권을 굳이 지원해야 할 필요성이 사라진 이후에 이루어진 반면, 한국의 6월항쟁은 세계적 차원의 냉전 종식 이전인 1987년에 일어났다. 전쟁과 학살로 진보역량이 말살되고, 분단이라는 악조건이 계속된 상황에서도 한국의 민주화운동이 놀라운 회복력을 보인 것은 수많은 사람들의 투쟁과 헌신, 희생이 있었기 때문이다.

한국의 민주화운동은 성취도 빨랐지만, 빛이 바랜 것도 순식간이었다. 한국의 민주화운동이 큰 성취를 이루었다고 하나, 다들 아래로 내려가 민중이 되고 노동자가 되려고 했던 그 시절, 민주화운동에 참여하고 헌신했던 이들이 꿈꿨던 그 만큼 세상이 바뀐 것은 아니었다. 민주화로 많은 것을 이루었다고 하나, 지배자들, 가진 자들은 민주화로 양보한 또는 빼앗긴 것들을 다른 방식으로 훨씬 더 빨리, 훨씬 더 많이 챙기고 있었다. 세상은 끊임없이 바뀌고 새로운 문제가 계속 튀어나오는데 민주화운동에 헌신했던 사람들은 아직 해결되지 못한 과거의 문제들에 집착하느라 새로운 문제들의 해결에 관심을 적게 기울였는지도 모른다. 그런 속에서 과거 군사독재와 싸웠던 민주화운동이 현재성을 확보하지 못하고, 젊은 세대들의 비판을 받게 되었다. "민주화돼서 살림살이 좀 나아지셨습니까?"라는 말이 나온 것이 벌써 20년도 더 되었다. 어느새 민주화운동 세대의 경험담은 "나 때는 말이야"라는 386 꼰대들의 넋두리가 되었고, 인터넷 게시판에서 '민주화되었다'는 모욕과 조롱을 대치하는 말로 전락해 버리고 말았다. 민주화의 가치가 이렇게 땅에 떨어지고 모욕당하는 상황에 대해서는 억울한 마음도 몹시 들고, 역사를 모르는 젊은 세대들의 과도한 무관심에 심각한 우려가 드는 것도 사실이지만, 또 한편으로 386세대나 그 위의 민주화운동 세대들이 현재 젊은이들이 느끼는 고통에 대하여 책임져야 할 부분이 상당히 있다는 것 또한 부인할 수 없는 사실이다. 과거 민주화운동 세대도 잘하지 못했지만, 모든 사회문제는 세대 간의 투쟁으로만 풀 수 있는 것이 아니고, 기성세대 중 개혁을 원하는 집단이 젊은 세대와 힘을 합쳐 해결해 나갈 수밖에 없을 것이다. 그러기 위해서는 이미 기성세대가 되어버린 민주화운동 세대가 젊은 세대들에게 정확하게 과거 민주화운동을 통해 자신들이 무얼 하려고 했고, 얼마만큼 했고, 무얼 못했고, 또 어떤 새로운 문제에 제대로 대처하지 못했는지 정확하게 고백해야 한다.

이범영이 가고 한 세대가 지났는데도 그가 자꾸 생각나는 이유는 이범영이야말로 윗세대를 배척하지 않고 존중했으며, 그들의 깊은 신뢰를 얻으면서 아랫세대들로부터도 지도자로 추대를 받았기 때문이다. 이범영은 장강의 뒷물결에 떠밀려 간 것이 아니라 뒷물결의 선두에 서서 뒷물결을 이끌며 그들과 함께 대해로 나아갔던 것이다. 1987년 6월항쟁으로 민주화의 길을 열었지만, 정권교체에 실패하여 분열의 나락으로 떨어졌던 상황, 한국에서는 이제 막 사회주의를 수용한 급진적 변혁운동이 본격화되려는데 동구와 소련에서는 현실 사회주의 체제가 붕괴되는 상황, 민주진영의 분열로 생명을 연장한 군사독재정권에 의해 젊은 대학생들이 죽어 나가고 그런 죽음을 막기 위해 또 다른 청년들이 몸을 불사르던 분노와 좌절과 혼돈이 뒤얽힌 참담했던 상황, 그 혼란의 시기에 이범영은 청년운동을 대중적으로 전개하여 전국적 부문운동으로 확립했고, 자주와 통일이라는 새로운 세대의 요구를 전면적으로 수용하여 선배 세대를 포함한 민주화운동 전체가 통일운동을 적극적으로 전개하도록 이끌었다. 새로운 조류와 과제를 수용하여 윗세대와 아래 세대를 하나로 엮어 민주화운동을 자주와 통일의 길로 이끌고 나아가는 데서 이범영은 그야말로 대체 불가능한 존재였다.

이범영은 유신 직후인 1973년 대학에 들어가면서 학생운동, 민주화운동과 인연을 맺게 되었고 그 후 20년 동안 민주화운동의 일선을 지켰다. 한국의 민주화운동도 시대의 변화에 따라 운동의 변화·발전을

73년 7월 동숭동 캠퍼스 시절의 서울법대에서. 앞줄 오른쪽 두 번째가 이범영이다.
(출처: 『이 강산의 키 큰 나무여』)

거쳤듯이, 더벅머리 대학 신입생 이범영도 1994년 우리 곁을 떠날 때는 한청협의 의장으로 성장해 있었다. '한국민주화운동 역사 속의 이범영'이라는 주제로 그의 평전을 마무리하려는 이유는 한 명의 운동가로서 이범영의 성장 과정에 한국민주화운동의 성숙 과정이 집약되어 담겨있고, 한국민주화운동의 역사를 찬찬히 들여다보면 껑충하게 키가 커서 어디서나 눈에 잘 띄던 이범영의 모습이 보이기 때문이다.

이범영은 한국민주화운동이 배출한 최초의 전업활동가였다. 민주화운동은 이루 헤아릴 수 없는 많은 사람의 참여와 헌신으로 이루어졌지만, 자신의 모든 삶을 24시간 운동에 바친 사람은 그리 많지 않다. 이범영은 한국민주화운동이 배출한 최초의 전업활동가이며, 새로운 인간형의 전형이었다. 한국민주화운동이 굽이굽이마다 치열하게 고민했던 문제들은 그대로 이범영의 삶에서 존재론적 고민으로 이어졌다. 이범영 성장과정이 한국민주화운동의 성장과정을 어떻게 상징적으로 보여주는 지는, 한 명의 전업활동가로 이범영이 성장을 해나가는 데에서 보인 당면투쟁에 대한 책임감, 세대간의 가교 역할과 후계 세대 양성에 기울인 그의 노력, 최초의 전업활동가로서 그가 운동에 보인 헌신성 등에 오롯이 드러난다.

당면투쟁에 대한 책임

(1) 졸업장 대신 감옥으로

이범영의 미덕은 당면한 투쟁을 남에게 미룬 적이 없다는 점이다. 천하흥망 필부유책 (天下興亡 匹夫有責)이라는 극한의 오지랖에 빠져 있지 않는 한, 당면한 투쟁에 나서지 않거나 책임지지 않고 빠져나갈 수 있는 길은 수백 수천 가지는 될 것이다. 당면투쟁의 책임을 회피할 때 꼭 엄청난 비겁함이나 죄책감이 뒤따르거나, 다른 사람들의 비난이 집중되는 것은 아니다. '오지랖과 책임감이 넘치는' 사람들이 모이는 운동권의 특성상 잠시만 기다려도 누군가가 나서서 짐을 떠맡기는 하지만, 그런 '운동권'에서도 이범영은 누구보다도 자신에게로 다가오는 투쟁의 과제를 회피하지 않고 항상 떠맡고 나선 것으로 유명했다. 출발부터가 그랬다.

잘 알려진 바와 같이 이범영이 1976년 12월 8일 학내시위를 주동하여 구속될 때 그와 박석운, 백계문은 졸업을 앞둔 서울법대 4학년이었다. 졸업시험까지 다 치고 마지막 학기 종강도 며칠 안 남았던 때, 이범영과 동료들은 '유신헌법 철폐와 정보정치 폭로, 긴급조치 해제, 구속인사 석방, 언론자유 수호, 학도호국단 해체' 등을 요구하는 시위를 벌였다. 이범영이 동료들과 함께 시위를 주도하게 된 중요한 계기는 국내 언론이 전혀 보도하지 않는 '코리아게이트'(박동선의 대미 불법로비사건)을 폭로하기 위한 것이었다. 당시 한미관계는 악화일로에 있었고, 박정희 정권도 이범영 등이 시위를 결행하기 며칠 전인 12월 4일 코리아게이트의 책임을 물어 중앙정보부장 신직수를 김재규로 교체하는 등의 개각을 단행했다. 대미 불법로비사건과 그로부터 파생된 이른바 한미 현안은 이범영 등이 시위를 감행하고도 20일이 지난 12월 28일에 가서야 비로소 언론에 보도되기 시작했다. 이 시위는 언론의 침묵만 깬 것이 아니었다. 앞으로 운동가로서 삶을 살기로 결심한 이범영으로서는 캠퍼스의 오랜 침묵을 그대로 놔두고 졸업장을 받을 수 없었다.

유신 쿠데타 직후인 1973년 대학에 입학한 이범영은 2학년 때 민청학련 사건(긴급조치 4호)를 겪었고, 3학년인 1975년 5월 13일 긴급조치 9호를 겪었다. 1975년은 서울대학교의 각 단과대학이 관악캠퍼스로 종합화된 첫해였다. 서울대 관악캠퍼스에서는 4월 11일 농대 4학년 김상진 열사가 이틀 전에 자행된 인혁당 재건위 사건 관련자 8명에 대한 박정희 정권의 연쇄 사법살인에 대한 항의로 할복자결하는 사태가 벌어졌다. 4월 30일 남베트남 정권이 무너지는 안보위기 속에서 박정희 정권은 5월 13일 긴급조치 9호를 발동하여 유신헌법 개헌주장과 학생시위를 금지하는 공포분위기 조성에 나섰다. 이에 맞서 서울대에서는 5월 22일 김상진 열사에 대한 추모식을 겸한 대규모 시위가 일어났다. 흔히 5.22(오둘둘)사건이라고 불리는 이 시위로 80여 명이 연행되고 29명이 유죄선고를 받았으며, 박정희 정권은 시위를 막지 못했다는 책임을 물어 서울대 총장과 치안본부장을 교체하기까지 했다. 이 사건 이후 학내에서는 오랜 침묵이 계속 되었다.

오둘둘 사건은 1971년 교련반대 시위로 강제징집되었다가 학교로 돌아온 복학생 선배들이 깊숙이 관여된 사건이었다. 이범영 등 1976년 12월 8일 시위주동자들은 오둘둘 사건으로 운동 선배들이 모두 사라진 상황에서, 사회과학 세미나에 기반하여 학내 재생산 체제를 구축하는 책임을 맡았다. 이들은 1974년의 민청학련 사건과 1975년의 오둘둘 사건으로 학생운동 역량이 대거 파괴되는 상황을 겪으며, 학생운동 역량의 육성과 보존, 그리고 변혁운동의 장기적인 전망에서 민중역량 강화를 위해 노동·농민 현장으로 투신하는 것을 중시했다. 이런 입장에 대해 당시 당면투쟁을 외면하는 '준비론'이라는 비판이 가해졌는데, 오둘둘 사건 이후 학내역량 재건을 책임져 온 이범영 등은 이런 비판에 대해 12.8 시위 결행으로 답변한 것이다.

이범영은 학생운동을 정리하면서 평생을 변혁운동의 길에 바치기로 결심한다. 그 당시 주민등록 전산화, 사회안전법 시행, 반상회 부활 등 박정희 정권의 사찰과 감시가 매우 촘촘해지면서 감옥에 갔다 오면 호적에 빨간 줄 쳐지고 현장에서 신분을 감추고 활동하기 어려워진다는 주장이 널리 퍼지고 있었다. 이런 현실적인 우려는 이른바 '준비론

긴급조치 4호를 발표하는 정부 (출처: 민주화운동기념사업회 오픈아카이브)

정부의 긴급조치 4호 발표 이후 서울대학교에서 임시 휴교 공고문 주위를 전투 경찰이 둘러싸고 있는 장면 (출처: 민주화운동기념사업회 오픈아카이브)

자'들이 감옥가는 것이 뻔한 학내시위를 기피하는 명분이 되었다. 이범영 등은 졸업식만 남겨둔 4학년 신분으로 학내시위를 주동하고 감옥에 갔고, 이것은 유신 후반기 학생운동에서 마치 하나의 규범적인 행동 양태로 굳어지게 되었다. 뒷날 한국 최초의 전업활동가라는 이름을 얻은 이범영은 그렇게 하나의 전범(典範)을 만들고 있었다.

(2) 싸워서 이기는 투쟁

감옥은 또 하나의 투쟁 현장이었다. 유신 후반기 대학가에서 유행했던 민중가요 중에 예수님의 생애를 빗댄 〈춤의 왕〉이란 노래가 있다. 그 노래에 "춤춰라 어디서든지 힘차게 멋있게 춤춰라"라는 구절이 있는데 이범영은 그야말로 어디서든지 힘차고 멋있는 싸움을 멈추지 않았다. 그가 시위하고 구속된 지 꼭 1년쯤 된 1977년 12월 10일, 유신 치하에서 기념하기도 민망했던 세계인권의 날, 서울구치소에서는 긴급조치 9호 위반자들의 소내 투쟁이 처음 벌어졌다. 이범영은 사회운동의 중견활동가였던 이재오, 장기표, 고려대 학생운동의 맹장 설훈 등과 함께 감옥 안에서 '긴급조치 해제하라' '유신헌법 철폐하라' '박정희 정권 타도하자' 등의 구호를 외치고, 플라스틱 밥그릇으로 철장을 두드리고 긁어대며 소음을 내는 방식으로 격렬한 '샤우팅' 투쟁을 벌였다. 이들은 재소자들에게 자극을 주고 동참을 기대했지만, 일반 재소자들은 이런 정치적인 구호에 별로 반응하지 않았다. 이 실패를 바탕으로 이들은 재소자들이 보다 적극적으로 동참할 수 있고, 구치소장 등 구치소 담당자들이 곤혹스러워할 만한 실생활과 관계된 투쟁을 벌여야 한다고 생각했다. 이들이 주목한 것은 재소자 처우개선 투쟁, 특히 정량이 정해져 있으나 구치소 간부들이 떼어먹은 것이 분명한 부식 문제를 제기하는 투쟁이었다. 사실 당시 구치소나 교도소 내에서는 정량 부족은 물론이고, 상한 음식이나 먹기 힘든 부실 식사 제공이 흔한 일이라서 재소자들의 불만이 높았다. 1978년 3월 1일 감행된 이 투쟁은 재소자들도 적극 호응했고 당황한 교정 당국은 재소자들의 행동을 폭동으로 간주하고 병력을 투입해 진압했다. 목청이 커 구치소가 떠나갈 듯 고함을 치며 이 투쟁을 주도한 이범영은 이 사건으로 마산교도소로 이감되었고, 사건에 적극 가담한 긴급조치 9호 수형자들도 모두 전국 교도소로 분산 이감되었다.[1] 그러나 투쟁의 성과는 적지 않았다. 부정을 일삼던 간부들은 인사 조치 등 징계를 받았고, 구치소 내에 식사는 크게 개선되었다.

1978년 8월 15일 마산교도소에서 1년 8개월 만에 출감한 이범영 앞에는 또 다른 투쟁이 기다리고 있었다. 당시 병무당국은 긴급조치 위반자들에 대해서는 3년 미만의 형을 산 경우는 현역 입영조치 하겠다고 발표했는데, 원래는 병무행정 세부시행규정 72조 1항 1호에 따라 6개월 이상 실형을 산 사람들은 현역병 징집 대신 보충역에 편입하는 것이 통례였다.[2] 이 문제는 이범영 자신의 문제이기도 했지만, 독재정권에 맞서 투쟁하다가 감옥에 간 수많은 선후배 동료들의 문제이기도 했다. 그런데 병역문제를 전면에 내걸고

긴급조치 수형자 병역문제 해결을 전하는 경향신문 기사

투쟁하는 것은 몇 가지 점에서 껄끄러운 일이었다. 예나 지금이나 병역면제는 국민, 특히 대한민국 남자들이라면 감정적으로 극히 민감하게 반응하는 문제였고, 정권에서도 소위 '문제학생'들이 국민된 의무를 저버리려 한다고 도덕적으로 비난할 소지가 큰 문제였다. 또한 이 투쟁은 독재타도나 유신철폐 같은 높은 목표를 위해 자기희생적으로 싸우는 것이라기보다, 투쟁당사자 개인의 이해가 걸린 싸움이었다. 이범영은 군대에 끌려가 총대를 메는 대신 '병역문제대책위원회'(병대위)를 조직하고, 위원장을 맡는 또 다른 총대를 멨다. 이범영과 함께 서울법대 시위를 주도했던 백계문은 개인적으로는 병역을 면제받은 처지였지만, 호남지구 위원장 활동을 하다가 병역기피 방조 혐의로 구속되었다. 병대위 위원장 이범영은 '범죄단체 구성'이라는 어마어마한 혐의로 수배되었다. '범죄단체 수괴' 이범영에게는 2계급 특진과 1,500만 원의 현상금이 걸렸다고 한다. 1979년 초 강남 아파트의 평당 분양가가 70만 원쯤이었다니 20평형 아파트 한 채가 걸릴 만큼 범죄단체의 수괴 이범영의 몸값이 비쌌던 것이다.

당시 운동진영에서는 일단 수배되면 자유롭게 활동할 수도 없거니와, 체포되면 또 다른 피해가 발생할 우려가 있기 때문에 활동을 정리하고 깊이 잠수하는 것이 관행이었다. 그러나 이범영은 수배 중에도 활동을 멈추지 않아 이 방면에서 또 다른 선례를 스스로 만들었다. 이범영이 체포된 것은 수배 7개월여 만인 1979년 10월 초였는데, 10.26사건으로 다음 해 2월 보석으로 석방되었다. 결국 정부는 1980년 3월 21일 긴급조치로 형을 받은 학생들에 대해 징집면제 또는 보충역 편입(현역면제) 처분을 내림으로써 병역문제대책위원회는 승리로 투쟁을 마무리했다.[3]

(3) 두꺼비로 거듭나다

　1980년 5월 광주의 충격은 매우 컸다. 이범영은 가까운 동료들과 함께 광주항쟁 자료집도 만들고, 허문도 등 학살세력이 주도한 '국풍81'이라는 억지 축제무대를 불질러 버리려는 계획을 세우기도 했다. 그러나 이범영도 그랬지만, 1983년 9월 30일 민주화운동청년연합(민청련)이 결성되기까지의 기간은 운동진영 전체가 새로운 준비를 모색하는 시기였다. 이범영도 창립 주역의 한 사람으로 참여했던 민청련의 결성은 광주학살을 자행한 전두환 세력에 대하여 1970년대의 학생운동 출신의 선진 인자들이 집단적으로 선전포고를 한 상징적인 사건이었다. 잘 알려진 바와 같이 민청련의 상징은 옴두꺼비이다. 산란기의 옴두꺼비는 뱀을 만나면 피하지 않고, 싸움을 건다고 한다. 두꺼비가 뱀을 이길 수 없는 노릇이니 뱀에게 잡아먹히지만, 두꺼비는 혼신의 힘을 다해 뱀의 몸 안에 알을 낳고 그 알에서 깨어난 수십 수백 마리의 새끼 두꺼비들은 뱀의 몸을 파먹으며 성장한다는 것이다.

　민청련은 광주학살 이후 분노는 깊어 가지만, 행동은 위축되어 있던 상황을 돌파하기 위하여 두꺼비가 되기를 자임한 학생운동 출신 선진활동가들이 선도적 정치투쟁을 하기 위해 모인 단체였다. 1985년 2.12 총선 이후 재야 민주화운동 세력도 자신감을 회복했고, 민청련은 보다 과감하고 직접적인 투쟁을 준비하게 되었다. 민청련은 광주항쟁 5주년을 맞아 5월 17일 민청련이 주도하는 가두시위를 계획하였고 이 과정에서 누가 가두시위의 주동자로 나설 것인가를 두고 민청련 내부에서 적지 않은 고민이 있었다고 한다. 민청련 회원들 중 상당수는 대학시절 '야사'(야전사령관)를 떠서 시위를 주동하고 감옥에 갔다 온 경험이 있는 사람들이었고, 모두 두꺼비 정신에 입각하여 전두환 정권과 맞서 싸우겠다고 나선 처지였다. 그러나 대학생 때와는 달리 이미 결혼도 하고, 직장도 가진 처지여서 감옥 갈 것을 각오하고 야사를 뜬다는 것은 사실 쉬운 일은 아니었다.[4] 이때 결단을 내린 두꺼비 중의 두꺼비가 바로 이범영이었고, 강구철과 이승환이 그를 도와 함께 야사를 떴다.

당시 상황에서 당면투쟁에 대해 책임진다는 말은 구속이나 투옥 등 자기희생을 전제로 하는 것이었다. 이범영은 졸업을 앞두고도, 감옥 안에서도, 감옥에서 풀려난 직후에도, 수배 중에도 당면투쟁을 피하지 않았고, 길이 없으면 길을 내고, 본받을 선례나 모범이 없으면 그 자신이 새로운 모범을 만들어 내며 한 명의 활동가로 성장해 갔다. 그러면서 이범영은 재소자 처우개선 투쟁이나 병역문제대책위원회 투쟁을 당시로서는 매우 드물게 승리로 마무리했다. 이범영은 어디서나 싸움을 회피하지 않았지만, 이기는 싸움을 할 줄 알았다. 이범영은 너무 일찍 우리 곁을 떠났지만, 그가 운동에 투신했던 20년 동안 한결같이 선두에서 지치지 않고 싸울 수 있었던 것도 바로 그가 당면투쟁에서 최선의 결과를 가져오는 법을 잘 알았기 때문이다.

세대 간의 가교역할

(1) 서울대 관악종합화 이후 학생운동의 재생산

누구나 그렇듯이 이범영도 새까만 새내기 후배로 학생운동에 첫발을 내디뎠다. 키만 껑충했던 이범영이 서울법대 신입생으로 대학생활을 시작했던 때는 유신 친위쿠데타 직후로 법이 처절하게 유린당하던 시기였다. 3권분립을 무시한 채 비상국무회의는 서울법대 출신의 엘리트 검사들을 내세워 유신헌법을 비롯한 각종 악법을 쏟아내었다. 헌법을 짓밟는 근원적인 불법을 자행한 권력은 각종 악법을 통해 '법의 지배'가 아닌 '법을 통한 지배'를 자행했다. 엘리트들의 집합소였던 서울법대는 유신시대 겨울공화국의 황폐해져 가는 정신사가 고스란히 드러나는 현장이었다. 한때 어용교수로 몰렸던 서울대총장 출신의 형법교수 유기천은 유신을 총통제에 비유하다 국외추방을 당했고, 유기천의 라이벌로 박정희 군사정권에 의해 구속되어 반정부 해직교수가 되었던 황산덕은 유신정권에서 법무장관, 문교장관으로 승승장구했다. 전 서울법대 헌법학 교수였던 한태연은 유신헌법 제정에 기여한 부역행위로 유정회 의원 자리를 꿰찬 반면, 학생들의 처벌에 눈물을 흘린 서울법대 학생과장 최종길 교수는 중앙정보부에 끌려가 간첩으로 조작되며 고문을 받다가 의문의 죽임을 당했다.

1973년 10월, 중앙정보부에 끌려가 의문사한 서울대 법대 최종길 교수 (출처: 민주화운동기념사업회 오픈아카이브)

그런 혼돈 속에서 이범영은 서울법대 내의 이념써클인 '농촌법학회'를 통해 학생운동에 발을 들여놓게 되었다. 특히 1973년 여름 강원도 횡성에서 진행된 농촌활동은 이범영의 사회의식을 가다듬는 데 매우 중요한 계기가 되었다. 이범영은 2학년 때인 1974년 민청학련사건을 겪고, 3학년인 1975년에는 오둘둘 사건을 겪었다. 그는 각 단과대학별로 분산되어 있던 서울대 학생운동의 재생산구조가 관악캠퍼스로 종합화된 이후 재편되는 매우 중요한 시기에 농촌법학회가 법대써클을 넘어 서울대 전체의 이념써클로 재탄생하는 과정을 책임졌다. 그는 각 학년별 세미나 커리큘럼을 사회과학에 입각하여 다시 편성하려 했다. 특히 그가 관심을 두었던 분야는 노동문제였다. 그는 학생운동 이후 개인적인 진로를 노동운동으로 정했을 뿐만 아니라, 한국자본주의의 심화 과정에서 변혁운동의 중심 과제가 농촌문제에서 노동문제로 변화하고 있고, 학생운동의 커리큘럼도 그에 맞춰 새롭게 구성되어야 한다고 생각했다. 분단과 한국전쟁으로 인한 파괴에서 아직 회복하지 못했던 그 당시만 해도 한국에는 진보적 사회과학의 관점에서 현실을 분석한 서적이나 연구논문이 매우 드물었다.

이범영은 그런 한계를 극복하기 위해 비교적 입수가 쉬운 일본어 사회과학 서적을 읽는 것이 필수적이라고 생각하고 일본어 학원에 등록하여 열심히 공부했다. 어느 정도 일본어를 해독하게 된 그는 농촌법학회 후배들을 상대로 일본어 강독법을 가르치기 시작했다. 그 당시 대학생들은 한자를 다 읽을 수 있었기에 이범영이 개발한 일본어 강독법을 한 2주일 정도 공부하면 일본어 회화는 못해도 그럭저럭 사회과학 서적이나 역사 서적은 내용을 이해할 정도로 읽어낼 수 있었다. 이 방법은 곧 다른 학회로도 전파되었고, 학생운동 진영의 사회과학 인식을 높이는데 크게 기여하였다.

(2) 막내에서 허리로, 허리에서 맏형으로

이범영은 윗세대 선배들과의 교류가 빈번했다. 그는 병역대책위 활동을 전후한 시기에 백기완 선생이 광화문에 연 백범사상연구소에 자주 드나들었다고 한다. 당시 재야인사들의 사랑방 역할을 했던 백범사상연구소에는 이범영의 서울법대 선배로, 1971년 10월 서울대 내란음모 사건으로 조영래, 장기표, 심재권 등과 징역을 살고 나온 이신범

이 간사 역할을 하고 있었다. 당시 백기완 선생이나 이신범 등은 모두 점심값이 없어 쩔쩔매던 처지였는데, 순진한 이범영이 눈만 껌뻑이고 있으면 백기완 선생 등은 어른된 처지에서 상당히 곤혹스러웠다고 한다. 이런 미워할 수 없는 눈총을 받으며 이범영은 부지런히 선배들을 찾아다녔다. 민청련이 결성되기 직전, 김근태 등 핵심 멤버 상당수는 인천 구월동에 모여 살았다. 구월동 시절, 좁은 아파트에 득시글거린 청년들 중 나이로는 이범영보다 아래가 분명 있었지만, 이범영은 밥 짓고 빨래하는 집안일은 전혀 안하면서도 아무에게도 눈총을 받지 않는 사실상의 막내 역할을 했다.

1983년 9월 민청련이 결성될 때, 대외적으로 공개되는 집행부에 이름을 내고 참여한다는 것은 사실상 감옥가는 것을 예약해 놓는 것과 다

1983년 9월 30일 민주화운동청년연합 현판식. 좌측에 김근태 의장, 우측에 장영달 부의장
(출처: 민주화운동기념사업회 오픈아카이브)

를 바 없었다. 김근태 의장, 장영달 부의장 등 집행부는 모두 그 점을 잘 알고 있었다. 이범영은 당연히 집행부에 자원했지만, 김근태 의장은 이범영에게 비공개 영역에 남아 민청련의 기반이 되는 회원조직을 관리해줄 것을 요구했다. 학생운동 출신 선진청년들이 모여 결성한 민청련은 특성상 대학별, 학번별 모임이 조직활동의 기초가 되지 않을 수 없었다. 긴급조치 세대의 맏형격인 73학번 이범영은 '계반'이라 불리던 민청련의 기반조직 관리를 맡으며 선배와 후배들을 연결하는 가교 역할을 충실하게 수행했다. 민청련 내에서 이범영만큼 많은 선배들을 알면서, 여러 대학에 걸친 다양한 후배들을 아는 사람도 찾아보기 힘들었다. 이범영은 초기 민청련에서 튼튼한 허리였다.

장강의 뒷물결은 늘 앞물결을 밀어내는 법이라지만, 4월혁명 이후 사건도 사고도 많았던 한국의 학생운동은 유달리 세대교체가 빨랐다. 불과 2~3년, 3~4년 사이로 4.19세대, 6.3세대, 3선개헌 세대, 교련반대 세대, 민청학련 세대, 긴조(긴급조치) 세대, 386세대가 나눠졌다. 긴급조치 세대의 맏형 격이었던 이범영은 선배들에게는 무섭게 몰아치는 뒷물결의 상징이었다. 그러나 급변하는 한국의 정세, 그에 발맞춰 급성장하는 민주화운동에는 쉬지 않고 새로운 뒷물결이 몰아쳐 왔다.

1980년 광주항쟁은 최정운 교수의 말처럼 "우리의 역사에서 하나의 사건이 아니라 우리의 역사를 다시 시작하게 만든 사건이며, 아울러 우리 모두에게 각자 새로운 역사를 시작하게 만드는 사건"이었다. 운동을 하다 죽을 수 있다는 냉엄한 현실 앞에서 1960년대나 70년대의 '낭만적인' 학생운동은 설 자리를 잃었다. 총을 든 사람들, 바로 눈앞에 닥친 죽음, 단순한 독재자가 아닌 학살정권, 독재자의 뒤에 선명하게 모습을 드러낸 배후 '미국'이라는 저 막강한 세력과 싸우기 위해 보다 철저한 이념적 무장이 필요하다는 각오, 뻔히 죽을 것을 알면서 도청에 남았던 사람들을 기억하면서, 광주항쟁 이후 운동에 임하는 자세는 달라지지 않을 수 없었다. 1980년대 장강의 뒷물결은 엄청난 폭우 뒤의 걷잡을 수 없는 급류였다.

1980년대에 들어서면서 운동의 판은 완전히 바뀌었다. 1970년대 민주화운동은 지식인운동과 학생운동 중심이었고, 학생운동도 몇몇 명문대학 중심으로 전개되었다. 그러나 광주항쟁 이후에는 대학이나 2년제 전문대를 가리지 않고 전국 방방곡곡에서 사회과학 동아리나 탈반이 만들어져, 전두환 학살정권에 맞서겠다는 학생 전사들이 배출되었다. 1970년대의 민주화운동과 학생운동이 점과 선으로 구성되었다면 광주 이후의 운동은 면으로, 입체로 커나가기 시작했다. 1980년 광주항쟁을 직접 몸으로 겪은 세대들이 대학에 들어오면서 학생운동의 분위기도 완전히 달라졌다. 1970년대까지만 해도 학생운동 내부에서 작동하던 이념문제에 대한 자체의 금기나 자제 같은 것은 사라져 버렸다. 학살정권을 타도하기 위해서라면 학생들은 그 어떤 이념적 제약도 뛰어넘을 기세였다. 민주화 이후에나 생각해 볼 문제로 미루어 두었던 미국문제, 통일문제 등도 전면에 부각되었다. 유신 말기 미국은 잠시 한국의 민주화운동을 지원하는 세력으로 비추어지기도 했지만, 광주는 이런 환상을 처절하게 깨뜨려 주었다. 한국의 민주진영은 '우리에게 미국은 무엇인가'를 다시 생각하게 되었고, 미국을 다시 보니 북한이 새로운 얼굴로 떠오르게 되었다.

전두환 정권은 학생운동을 탄압하기 위해 과외를 금지하고 졸업정원제를 실시했는데, 돌이켜보면 이 제도들은 민중의 자식들에게 좋은 대학에 진학할 수 있는 문호를 열어준 셈이 되었고, 학생운동의 민중화, 급진화에도 결과적으로 적지 않게 기여했다. 60년대나 70년대 학번들이 보기에 광주항쟁 이후 학살정권과 싸우며 등장한 80년대 학번들은 그야말로 '무서운 아이들'이었다.

'무서운 아이들'의 맏형이 되다

　광주항쟁 이후 1980년대의 운동이 1970년대 운동과 달라진 데에서 매우 중요한 것은 북한에 대한 태도가 완전히 변화했다는 점이다. 광주항쟁 이후 민주화운동이 급진화되면서 이념에 대한 모든 금기가 깨지기 시작했다. 1970년대에는 종속이론이나 서구 마르크시즘 정도를 읽었다면 1980년대 초반부터 공공연히 중국혁명과 모택동에 대한 저술 원전들을 읽고, 마르크스와 엥겔스의 저작들을 읽고, 레닌의 혁명론을 읽고, 스탈린의 조직론을 보더니, 급기야는 북한방송을 듣기 시작했다. 그리고 1986년 초 유명한 「강철서신」이 나오고, 서울대에서는 전방입소 거부투쟁의 와중에 김세진, 이재호 열사가 '양키고홈'을 외치며 분신했다. 남한을 미 제국주의의 식민지로 보면서 자주와 통일을 강조하는 NL(National Liberation, 민족해방)운동 계열이 충격적으로 등장한 것이다.

　NL이론이 등장하기 이전 1984년 말경부터 민청련 내에서는 이른바 CNP논쟁이 벌어졌다. 다가오는 2.12 총선에 어떤 입장으로 임할 것인가를 두고 시작된 문제는 한국 사회변혁의 기본전략을 어떻게 세울 것인가에 대한 사회구성체 논쟁으로 이어졌다. 북한을 원조로 하는 NL이론의 갑작스러운 등장은 사회구성체 논쟁의 결과물이라기보다는 오랫동안 잊힌 상태였던 북한의 입장이 남한의 민주화운동 안으로 불쑥 치고 들어온 것을 의미했다.

　'한일국교 정상화' 이후 남한의 경제발전이 본격화된 1960년대 중반 이전까지는 북한은 남한을 일제 식민지 시기와 마찬가지로 '식민지 반봉건사회'로 규정했다. 북한은 민주개혁을 실시하여 인민민주주의 사회를 거쳐 사회주의 사회로 나아간 반면, 미제에 강점당한 남한은 반제반봉건민주주의혁명을 이룩하지 못한 채 여전히 식민지반봉건사회

1986년 전방입소훈련 거부투쟁을 이끌다 분신, 사망한 서울대 김세진(미생물학과 4), 이재호(정치학과 4) 추모식 (출처: 민주화운동기념사업회 공개 아카이브)

1988년 6월 10일, 전대협 학생들이 남북청년학생회담을 추진하기 위해 판문점으로 이동중 연좌시위 모습 (출처: 통일뉴스)

에 머물러있다는 것이었다. 북한은 이런 도식적인 혁명론에 근거하여 1930년대의 항일빨치산 투쟁 경험을 1968년의 남한에 적용하는 무장공작대 남파를 감행하기도 했다. 그러나 울진·삼척 등 산간벽지에 농촌해방구 건설을 목표로 한 무장공작원 120여 명을 파견한 울진·삼척사건을 비롯하여, 정치공작원으로 남쪽에 파견한 수많은 사람들도 변변한 공작에 착수하기도 전에 모두 체포당하는 수모를 겪었다. 그 후 주체사상을 정립하는 과정에서 북한은 '우리가 남조선 인민들을 도와줄 수는 있지만 남조선 혁명을 대신할 수는 없다'면서 '남조선 혁명은 남조선 인민의 힘으로'라는 구호를 내세웠다. 1960년대 중반 북한에서 나온 〈남조선연구〉나 〈남조선문제〉 같은 잡지에는 제법 수준 높은 논문들이 실리기도 했지만 그때까지였다. 남한사회가 급격한 경제성장을 겪으며 요동치는 동안 북한은 1960년대에 써놓은 낡은 원고를 방송에서 되풀이했는데, 광주항쟁 이후 갑자기 남한에서 진지하게 북한방송을 청취하는 사람들이 나오기 시작했고, 그들이 받아 적은 방송 내용이 남한사회에 NL운동론으로 유포되기 시작했던 것이다.

  1987년의 6월항쟁은 운동의 판을 다시 한번 완전히 바꾸어 놓았다. 학생운동 출신의 극소수 선진청년분자들의 전위적인 선도투쟁만을 운동이라 여겨왔던 관습에 얽매여서는 수십, 수백만 대중이라는 망망대해 속에서 표류할 수밖에 없었다. 민주화운동의 선배그룹에 속한 사람들 중 광주의 충격을 소화해 내면서 80년대의 격랑 속에서 중심을 잃지 않고 자신을 유지하며 후배들과 투쟁의 한 길로 나아간 사람은 적지 않았다. 그러나 대중의 바다속에서 후배들과 섞여 새로운 운동을 만들어내고 그 운동을 이끌어나갈 수 있는 선배그룹은 매우 드물었다. 이 격변기가 휘몰아치고 난 뒤 껑충하게 큰 이범영의 모습은 더더욱 눈에 잘 띄게 되었다.

  1987년 대통령 선거에서 야당과 민주화운동 진영은 정말로 지면

안 되는 선거를 분열로 인해 스스로 망치고 말았다. 패배의 골은 깊었지만, 반성보다는 상대에 대한 원망만 차고 넘쳤다. 그리고 재야운동 진영의 명망가 중 상당수는 13대 총선에 뛰어들었다. 아무래도 재야의 다수가 김대중 후보에 대한 비판적 지지를 표명했던 탓에 이들 중 일부가 김대중의 '평민당' 공천을 받아 출마했고, 또 후보단일화를 지지했던 세력은 재야의 독자적 정치세력화를 표방하며 '한겨레민주당'을 창당하여 출마했으며, 독자후보 진영은 '민중의당'을 창당하여 선거에 임했다. 결과는 후보 개개인의 역량이나 자질과 상관없이 사실상 평민당 간판으로 출마한 사람들만 당선됐다. 군사독재와의 싸움에서는 큰 힘을 발했던 재야민주화운동은 선거라는 판에서는 이렇다 할 힘을 쓰지 못한 것이다.

13대 총선이 있기 한 달 전인 1988년 3월 민청련은 제10차 총회를 열고 새로운 지도부를 선출했다. 새 의장에는 5년 전 민청련 창립 당시 막내였던 78학번 김성환이 선출되었는데, 이는 선배급들 다수가 정치권으로 빠지거나 새로 열린 합법공간에서 새로운 일을 찾으려 했던 것과 무관하지 않았다. 민청련으로서는 세대교체를 단행한 것이었지만, 새 지도부는 급변한 운동환경 속에서 충분한 지도력을 발휘하지 못했다. 특히 정치권과의 협의나 다른 운동단체와 연대 논의에서 70년대 후반 학번이 정치력을 발휘하기 힘든 상황이었다.

그러나 이런 대외적인 이유보다도 중요했던 것은 당시 청년학생운동 내부의 상황이었다. 1988년에 들어서면서 NL계 학생운동은 '남북학생회담' 등을 제기하면서 적극적으로 통일운동을 펼쳐나갔다. 그리고 1987년 대통령 선거 이후 1980년대 초반 학번들이 대거 민청련에 가입했다. 제적과 구속을 감내하면서 1980년대 학생운동을 주도해 온 새로운 세대가 민청련에 가입하면서 민청련 역시 성격의 변화를 요구받았다. 특히 1986년 이후 학생운동 진영에서 급속히 세력을 확산한 NL

계열의 청년활동가들은 정치노선에서는 미국과 북한과 통일문제에 대한 명확한 입장을, 조직노선에서는 그동안 민청련이 주로 감옥을 다녀온 소위 '빵잽이' 출신 선진 청년인자로만 회원을 구성해온 점을 비판하면서 민청련이 6월항쟁 이후의 새로운 시대에 걸맞게 청년들의 대중조직으로 거듭날 것을 요구했다. 그들은 자신들의 요구에 부응하는 인물로 이범영을 지목했다.

받아쓰기인가 한국 현실에 맞는 창조적 적용인가

이범영은 1985년 9월 김근태 전 의장이 구속되고 민청련이 대대적인 탄압을 받을 때 수배되었고, 수배는 6월항쟁 이후에도 풀리지 않았다. 그런데 1988년 4월 말쯤 수배 중에도 잘 활동하고 다니던 이범영은 독립문 영천시장 부근에서 경찰의 노상 검문검색에 어이없이 붙잡히는 신세가 되고 말았다. 주변에서는 그가 제법 긴 징역을 살지 않을까 우려했지만, 세상이 바뀐 탓인지 그는 2~3일 만에 풀려났다. 30대 중반으로 접어든 이범영은 이제 운동가로서 자신의 삶을 구상해야 할 전환점에 서게 되었다. 수배 기간에도 석탑노동상담소 장명국 소장 등을 자주 만나며 노동 현장으로 투신을 모색해 온 이범영은 이미 노동운동가로서의 새 출발을 준비하고 있었다. 그런 이범영을 80년대 초반 학번 민청련 신입회원들은 그냥 두지 않았다. 좁아터진 철산동 이범영의 집 안방을 차지하고, 민청련 의장직을 수락하라며 점거농성을 벌인 것이다. 후배들의 성화에 결국 이범영은 6개월 시한부라는 단서를 달아 의장직을 수락했고, 1988년 9월 11차 총회에서 민청련 의장으로 취임했다.

나이만으로 비교하면 78학번에서 73학번으로 5년 역행한 것으로 보이지만, 내용적으로 이범영의 취임은 민청련이 새로운 운동세대를 주축으로 그들의 시대조류를 적극적으로 수용한 것을 의미했다. 구세대의 막내 격이었던 이범영은 긴조세대의 맏형을 넘어 1980년대 대중적 청년운동의 맏형으로 다시 태어난 것이다. 그리고 6년 뒤 그는 청년운동의 맏형 자리를 내려놓지 못한 채 우리 곁을 떠나고 말았다.

　청년학생운동과 민청련 내에 기라성같은 선배들이 많았지만 왜 80년대 초반 학번의 젊은 활동가들은 이범영에 주목했던 것일까? 그것은 선배 세대 활동가들 중에는 이범영이 가장 적극적으로 새로운 사조에 주목하면서 그 문제의식을 한국의 운동 현실에 접목하기 위해 노력하는 모습을 보였기 때문일 것이다. 마침 1987년 6월항쟁 직후 민청련의 조직개편 이후 정책실에는 이승환, 유기홍과 한홍구 등 이범영과 유사한 입장의 사람들이 배치되었다. 이것은 무슨 특별한 성향을 고려했다기보다는 민청련이 6월항쟁 이후 대대적인 공개 활동을 시작했지만, 이러저러한 이유로 공개 활동에 나서기 어려운 사람들을 정책실에 집중적으로 배치한 결과였다. 수배 상태였던 이범영과 유기홍, 준 수배 상태였던 이승환, 그리고 학계에 조금 이름이 알려지기 시작한 한홍구 등이 다소 우연한 계기로 한 부서에 모이게 된 것이다. 이범영의 뒤를 이어 한청협 의장을 맡은 유기홍과, 당시 중국에서 간행된 만주 항일무장투쟁 관련 최신 연구 성과를 토대로 『한국근현대민족해방운동사』를 집필하고 있던 이승환은 민청련에서 오랫동안 노동운동, 학생운동과의 연대사업을 맡아왔고, 6월항쟁 직전부터 1980년대 초반 학번들을 민청련으로 끌어들이기 위한 노력을 기울이고 있었다. 한홍구는 서울대 국사학과 대학원에서 공산주의 계열의 독립운동단체인 화북조선독립동맹을 주제로 석사논문을 작성하고 있었다.[5] 요컨대 우연히도 이범영의 주위에는 당시 학생운동을 풍미하던 NL적 문제의식을 충분히 수용하려는 입장을 가진 70년대 후반 학번 후배들이 포진하여 그를 뒷받침하게 된 것이다.

　한홍구는 1987년 말부터 이범영이 체포되었다가 나오는 1988년 4월 말까지 약 5~6개월 동안 그와 한 사무실을 쓰면서 많은 이야기를 나눌 수 있었고, 서로 필요 없는 이야기는 안하고 묻지 않는 관행상 누구를 만났는지는 구체적으로 알 수는 없었지만, 당시 이범영은 80년대 초반 학번들을 꽤 자주 만나는 눈치였다고 한다. 한홍구에 의하면, 이범영은 그의 사무실에 들를 때마다 거의 매번 새로운 이야깃거리를 가져왔다. 운동 경험의 폭과 깊이로는 한홍구와 비교가 안 되는 이범영이었지만, 그는 후배인 한홍구에게 궁금한 것을 묻고 의견을 구하는 데 주저함이 없었다. 아마도 많은 부분은 이범영 자신의 생각을 정리하기 위한 기회로 삼은 것이었겠지만, 한홍구 등의 이야기에서 자신의 생각 정리에 나름 도움을 얻었을 것이다. 북한의 방송이나 서적이 이야기하지 않는, 주체사상이 발생한 배경이나 다듬어지는 과정에 대한 이야기는 쉽게 들을 수 있는 이야기가 아니었다. 북한의 주체사상이나 항일무장투쟁에서 비롯된 혁명전통에 관한 주장에는 사실 분단되기 이전 우리 민족해방운동의 매우 중요한 유산과 경험이 많이 담겨있다. 그런데 문제는 북한이 이를 있는 그대로 전달하기보다 신화화하고 과대포장하다 보니 그 내용이 박제화되고 화석화되어 버렸다는 점이다. 김일성은 처음부터 '위대한 수령님'이 아니었다. 일국일당이라는 코민테른의 난폭한 원칙이 적용되던 시절, 김일성은 중국 인민의 민족적 계급적 해방을 목표로 하는 중국공산당 내에서 곁방살이로 조선혁명을 추구해야 했던 하급당원이었던 것이다.

한홍구가 말하듯, 항일무장투쟁은 조선의 현실을 알 턱이 없는 모스크바의 책상물림들이 보내는 지시를 금과옥조로 받아들이는 교조적 태도를 비판하고, 마르크스 레닌주의의 기본원칙을 조선혁명에 창조적으로 적용하면서 전개된 것이었다. 반면 1980년대 중반 이후 남한 사회에서는 NL계열의 운동이 출현하는 과정에 남쪽 현실과 맞을 수 없는 북의 방송 내용을 교조적으로 받아들이는 태도가 많이 나타나고 있었다. 이범영은 분단된 조국에서 통일이 주된 과제가 되어야 하고, 식민지 지배를 경험하고 100여 년이 넘게 깃발만 바꿔가며 외국 군대가 주둔하고 있는 현실에서 민족이 자주를 추구해야 한다는 80년대 초반 학번들의 문제제기를 선배그룹 중에서 가장 적극적으로 받아들였다. 그러면서도 그는 후배들이 북한의 방송내용을 교조적으로 받아들이는 미숙한 태도나 과격함을 엄격히 제어하려고 노력했다.

언젠가 이범영은 한홍구에게 주체사상은 왜 인간중심의 철학을 표방하고, 사람과의 사업을 중시하냐고 물은 적이 있다. 사실 이 문제는 당시 유행하던 북쪽 문건에서 매우 강조하던 문제이긴 했는데, 북한의 이데올로그들이 잔뜩 어깨에 힘주고 설명하는 방식, 즉 "관념론에 대한 유물론의 완전한 승리 위에서 다시 인간중심의 세계관을 제기"했다느니, 인간은 "자주성, 창조성, 의식성을 지닌 무한한 잠재력을 갖는 존재"라느니 하는 것은 말로는 잘 설명이 안 되는 문제들이었다. 당시 남쪽에서 김일성의 항일무장투쟁을 연구했던 사람은 정말 드물었는데, 마침 이승환과 한홍구는 이범영의 의문에 항일무장투쟁에서 주체적 입장이 강조될 수밖에 없었던 사정과 사람을 중심에 놓고 생각하는 사고방식의 발전 과정을 비교적 정확하게 설명할 수 있었다. 부모 형제와 자식을 일제에 잃고 원한에 사무친 간도 오지의 조선농민들에게 돈이 있었나, 무기가 있었나, 기술이 있었나, 이론이 있었나, 그렇다고 도와줄 외부세력이 있었나, 그들이 가진 것은 똑같은 한을 품은 사람들 밖에 없었다. 그저 운명은 사주팔자 타고난 것이라고 체념하고 있는 제 이름 석 자도 쓰지 못하는 농민들을 항일 유격대원으로, 조국광복회의 지하공작원으로 키워낸 경험이 역사적으로 사람과의 사업을 모든 것의 기본으로 여기는 태도를 만들어 낸 것이었다.

아마도 분단 이전 우리 독립운동사의 소중한 유산인 만주항일무장투쟁의 의미에 대한 이범영의 남다른 이해는 그로 하여금 선배 세대와 새롭게 등장하는 장강의 무서운 뒷물결을 연결하는 고리로서 역할을 하는 데 중요한 요인으로 작용했을 것이다. 한편, 후배들 관점에서 보면, 이범영은 선배 세대 가운데 드물게 자신들의 문제의식을 적극적으로 포용하는 사람이었으며, 자신들의 부족한 부분을 채워주고 방향을 제시해 줄 수 있는 유일한 선배로 떠올랐을 것이다. 이에 이범영은 끊임없이 새로운 것을 받아들이며 자신을 변화·발전 시켰다. 그것은 운동의 요구였던 동시에 그가 운동의 발전에 크게 기여한 부분이기도 하다. 이범영은 선배 세대 운동의 긍정적 유산의 최대상속자였던 동시에, 그 유산을 후배들과 나눠 쓰며 함께 발전해 간 공진(共進)을 실현한 사람이었다.

이범영은 선진 청년들의 선도투쟁 조직이었던 민청련이 1990년대라는 새로운 시대에 맞게 '정치적 대중운동조직'으로 거듭나고, 청년운동 전체가 전국화와 대중화를 이루며, 통일운동을 주된 과제로 삼는 중대한 변화를 주도했다. 그는 언제나 자기시대의 민족민주운동에서 선봉에 섰던 청년운동에서 한 시대를 마감하고 새로운 시대를 연 인물이었다. 이범영의 지도하에 청년운동은 전국화, 대중화, 통일운동을 주요 특징으로 하는 한청협 시대를 열어가게 되었다. 급격히 발전했던 한국의 민주화운동에서 이범영처럼 20년을 한결같이 투쟁의 제1선에 서서 앞세대와 뒷세대를 연결하며 운동을 이끌어 온 지도자는 찾아보기 어렵다.

전업활동가로서의 헌신성

(1) 3차원의 헌신

1980년대 이후 한국사회에 등장한 새로운 인간형으로 '전업활동가'를 들 수 있다. 물론 앞선 세대를 보면 평생을 독립운동에 헌신한 분들도 많고, 외국으로 눈을 돌려보면 '직업적 혁명가'로 불릴 수 있는 사람들도 쉽게 찾아볼 수 있다. 그러나 4월혁명 이후 한국의 민주화운동에서 전업활동가로 분류할 수 있는 사람은 아마도 이범영이 처음이 아닐까 한다. 그는 그야말로 모든 것을 운동에 바쳤다. 물론 이것은 주위 사람들, 특히 그의 아내 김설이의 큰 희생을 요구하는 것이었지만, 이범영은 '등처가' 반열에 오르는 것을 마다하지 않고 당당하게 전업활동가로 나섰다. 비록 전업활동가로 나선 사람이 이범영 한 사람도 아니고, 노동 현장으로 투신한 사람들이나 '박봉'이란 말을 쓰기도 민망한 시민단체 상근자로 나선 사람들도 줄을 이었지만, 이런 사람들의 선두에는 껑충한 큰 키로 눈에 잘 띄는 이범영이 있었다. 민족운동 진영에 등처가가 한둘이 아니겠지만, 이범영처럼 자신은 운동에 전념하고 부인은 생계를 책임지기로 했다는 결혼 전의 약속을 지키라고 요구한 '뻔뻔한' 강적은 찾아보기 어려울 것이다.

이범영은 자신을 포함하여 운동의 대의에 찬성하면서 운동에 나선 사람들이라면 운동을 설렁설렁해서는 안 되며 마땅히 '육체적·정신적·물질적'으로 3차원에 걸쳐 헌신해야 한다는 유명한 '3차원 헌신론'을 제창했다. 이범영은 청년운동론에서 "운동가란 자신 삶에 대해 변혁운동의 관점에 서서 각계각층의 대중 속에 뿌리박고 물질적, 정신적 헌신을 하며 육체적 헌신까지도 실현하고자 노력하는 사람"을 말한다고 규정했다. 그리고 운동가의 이런 각오는 "구체적 실천 속에서 발현되고 검증되어 그 자신이 대중으로부터 신뢰받고 권위를 인정받아 대중과 깊은 결합을 이룰 때만" 의미를 가질 수 있는 것이다.[6] 늘 이런 마음으로 자나 깨나 하루 24시간 자신의 모든 것을 운동에 갈아 넣었던 이범영은 자신이 그랬던 것처럼 다른 사람의 헌신도 요구했다. 실상 이범영이 헌신을 요구했다기보다 그와 함께 일하다 보면 누구나 헌신적인 태도로 운동에 임하지 않을 수 없었다. 이범영 자신이 온몸으로 보여주는 모범은 그만큼 큰 힘을 발휘하게 되는 것이었다. 오랫동안 잊혀온 '이신작칙'(以身作則)이란 말이 다시 회자되기도 전에, 이범영은 NL운동론에서 강조하는 모범을 만들어 전체로 전파한다는 이신작칙의 사업작풍을 온몸으로 실천해왔다. 그런 헌신성은 이범영이 젊은 활동가들로부터 존경과 신뢰를 받으며 새로운 전국적, 대중적 청년조직을 이끌어갈 수 있었던 원동력이 되었다.

(2) 죽을 권리도 없는 것인데…

많은 사람들이 회고하듯이 이범영은 조직의 규율에 대해서 매우 엄격한 사람이었다. 어떤 때 보면 어린애처럼 천진난만하지만, 원칙과 규율에 대해서는 서릿발 같았다. 오죽했으면 천하에 거칠 것 없는 백기완 선생조차 새까만 후배 이범영이 두려웠다고 털어놓았을까.[7] 자나 깨나 운동만 생각했던 이범영은 같이 일하는 주위 사람들도 운동에 헌신할 것을 요구했다. 이범영이 의장이 되어 전청대협이나 한청협을 이끌어가던 시기는 한국민주화운동의 과도기였다. 아직도 걸핏하면 수배와 압수수색이 빈번했지만, 공식적으로 합법단체가 만들어지고 상근활동가들이 버젓이 사무실을 열고 활동하는 시대가 온 것이다. 그러다 보니 운영비를 만드는 것이 매우 중요한 과제로 제기되었다. 월세를 내지 못하면 사무실을 유지할 수 없고, 최소한의 활동비를 보장해 주지 않으면서 활동가를 붙잡아 둘 수도 없는 일이었다. 이범영은 일찌감치 부인에게 생활의 전권을 떠넘기고 운동에 전념하겠다고 나섰지만, 단체의 장으로서 재정적인 책임을 외면할 수는 없는 노릇이었다. 전청대협 시절 그는 사무처 활동가 5명인가를 모아놓고 자신이 문안을 불러주며 전청대협에서 2년 이상 근무할 것을 약속한다는 '각서'

를 받아냈다. 사실 '각서' 쓰고 운동한다는 것은 좀 우스운 일일 수 있다. 각서라는 것이 별 효력이 없다는 것은 6개월 시한부로 민청련 의장을 맡겠다고 했다가 5년 넘게 민청련과 한청협 의장을 지낸 이범영 자신이 잘 알았을 것이다. 전국 방방곡곡에 청년단체가 생기는데 본부의 실무자들이 지역단체의 이름도, 간부들의 얼굴도 모른다면 신뢰에 바탕을 둔 사업을 할 수 없기 때문에 본부 상근자들 활동의 지속성을 확보하는 것은 반드시 필요한 일이었다. 그리고 이런 '노비각서'를 받을 때는 이범영이 자신에게도 재정적인 부담을 포함한 전방위적 지도력을 보여주겠다는 약속을 온몸으로 한 것이었다.

한홍구가 이범영에게 항일무장투쟁 시절 유격대 전사들의 이야기를 하면서 혁명가는 임무를 완수하기 전에는 '죽을 권리도 없다'는 말을 했을 때 이범영이 그 말에 무척 감동했다는 얘기는 잘 알려져 있다. 후배들의 연이은 죽음, 특히 김기설 열사는 성남민청련 회원이었고, 윤용하 열사는 민주화운동 직장청년연합 회원이었다. 분신정국은 1991년 4월 26일 백골단에 의해 명지대생 강경대 군이 희생되고, 사흘 뒤인 4월 29일 전남대생 박승희 양이 이에 항의 분신하면서 시작되었다. '혁명가는 죽을 권리도 없다'는 말을 새기고 있던 이범영은 당시 청년에게 "비분강개하여 자결하는 것보다 살아남아서 끈질기게 투쟁하는 일이 더 어렵고 값있는 것"이라며 "참다운 투사는 자신의 임무를 다하기 전에는 죽을 권리도 없다는 자세로 전투적으로 살아가야 한다"고 강조했다. 그는 박승희 열사가 "이제 열사보다는 전사가 필요한 시대"라는 유언을 남겼다는 사실을 상기하면서 "그렇다. 이제는 열사의 시대를 마감하고 전사의 시대, 투사의 시대를 열어야 한다"고 강조했다. 그는 청년운동의 선배 김병곤의 죽음을 애도하면서 "청년 동지들! 이제 가장 중요한 것이 남아 있다. 그것은 죽음에 대한 태도이다. 우리는 투쟁하다가 생명을 빼앗길 수 있다. 그것은 고귀한 희생

김병곤 장례식에서 조사를 낭독하는 이범영 (출처: 김설이 소장 자료)

이며 영예롭게 받아들일 수 있어야 한다"며 살아서 싸워야 한다고 호소했다. 이범영은 평생 자신 말에 책임을 진 사람이었다. 그러나 안타깝게도 그는 그가 그토록 감동했던 '죽을 권리도 없다'는 말을 지키지 못했다.

한국민주화운동과 이범영

20년에 걸친 운동가로서의 이범영의 삶에서 가장 특징적인 점은 이범영의 개인적인 성장과 발전의 장면이 우리 민주화운동이 한 걸음 나아가는 지점과 많은 부분 겹친다는 사실이다. 그런 점에서 이범영은 개인의 성장과 전체 운동의 발전이 하나였던 복 많은 사람이다. 개인

'87년 7, 8, 9 노동대투쟁 당시 울산 지역에서의 노동자 투쟁 현장 (출처: 울산 노동역사관 1987)

적으로 이범영은 자신이 하고 싶은 것보다는 자신이 해야만 하는 것에 더 무게를 두었던 사람이다. 그는 본인이 하고 싶었던 일보다도 자신을 절실하게 필요로 하는 곳에 언제나 서 있었다. 이범영은 여러 차례 노동운동에 투신하고자 했지만, 세상은 그를 가만두지 않았다. 병역대책위 활동을 해야 했고, 흔들리던 민청련을 재건해야 했고, 노동조합이 담아내지 못하는 수많은 노동청년들을 대중적으로 조직해야 했다. 1988년 가을, 민청련 의장으로 취임할 당시 그는 노동운동으로 투신하기 위해 6개월 한시적인 의장직에 동의한다는 민청련 회원들의 각서를 받았다. 그러나 결과적으로 보면 이범영이 노동운동으로 가기보다 청년운동에 남아 더 큰 역할을 수행한 것이 분명했다. 1987년 6월항쟁 이후 휘몰아친 '7·8·9노동자대투쟁' 이후 노동운동은 완전히 새롭게 출발했다. 수천 개의 새로운 노동조합이 노동자들 스스로에 의해 만들어진 상황에서 학생운동 출신 활동가가 뒤늦게 노동현장으로 이전하여 할 수 있는 일은 그다지 많지 않았을 것이다.

반면 청년운동에는 새로운 과제가 엄청나게 많이 제기되고 있었다. 6월항쟁의 경험, 80년대 초반 학번들의 대학 졸업과 사회 진출, 선도적 정치투쟁에서 대중적 청년운동으로의 탈바꿈과 전국적 청년운동 단체의 완성, 그동안 민주화운동에 치중해 온 민족민주운동이 통일운동이라는 새로운 과제를 어떻게 수용할 것인가, 1987년 대통령선거 패배로 인한 민족민주운동 내의 분열을 어떻게 극복하고, 또 정치권으로 떠나버린 수많은 선배활동가들의 빈자리를 어떻게 메꿀 것인가 등등 청년운동에는 민주화로 새롭게 열린 합법공간에서 해결해야 할 시급한 과제들이 산적해 있었다. 이범영은 '농촌법학회'에서 학생운동을 시작했지만, 일찍이 자본주의 사회에서 노동문제가 기본이고 자신도 근본적인 사회변혁을 위해서는 노동문제에 참여해야 한다는 신념을 갖고 있었다. 노동운동가가 되는 것은 15년에 걸친 이범영 운동의 당연한 경로였다고 할 수 있었다. 그러나 이범영은 자신이 하고 싶은 것보다는 정말 절실하게 자신을 요구했던 현장을 선택했고, 거기에 온몸을 갈아 넣었다 5년 만에 쓰러진 것이었다.

한청협 제1회 대의원 대회에서 한청협 초대 의장으로 선출된 후 연설하고 있는 이범영
(출처: 김설이 소장 자료)

한국의 민주화운동사에 기라성 같은 인물들이 많지만, 20년을 한결같이 투쟁의 제1선에서 지도적 역할을 하며 뚜렷한 자취를 남긴 사람은 매우 드물다. 여러 구비에서 그가 만들어 낸 모범과 그가 보여준 헌신성은 곧 학생운동이나 민족민주운동 진영의 새로운 기준이 되었다. 물론 그것은 이범영만의 기여가 아니라, 우리 운동이 그만큼 성장하고 있었기 때문에 가능한 일이었다. 한국의 진보운동은 한국전쟁으로 궤멸적 타격을 받았고, 4월혁명을 통해 기적적으로 재생했다. 그러나 워낙 토양이 척박했던지라 학생운동 출신들이 학교 졸업 후 지속된 운동을 한다는 것이 생각만큼 쉽지는 않았다. 4월혁명 세대나 6·3세대가 집단으로 뭉치지 못했고 그 이후 유신 말기에 민청협이 있었지만, 충분한 역할을 하지 못했다는 반성 속에 민청련이 만들어졌다. 이를 통해 이범영이 최초의 전업활동가라는 영예를 얻었지만, 그것은 연못을

팔 때 물을 한참 부어야만 물이 고이기 시작하는 것과 같은 이치였다. 그리고 이미 물을 충분히 머금은 구덩이에 한 번 물이 고이기 시작하면 그 물은 쉽사리 말라버리거나 스며들지 않고 계속 고이기 마련이다. 그런 점에서 이범영의 변신과 발전은 한국민주화운동의 변화 발전과 맥을 같이 하고 있다.

책임성 강한 이범영은 자신이 말로 뱉어낸 모든 사항을 스스로 지키려 노력했고 주위 사람들에게 감화력을 미쳐 그들도 다 따라오게 만드는 힘을 가진 사람이었다. 그러나 이범영은 생의 마지막 단계에 힘주어 이야기했던 '혁명가는 자기 임무를 완수하기 전에는 죽을 권리도 없다'는 말만큼은 지키지 못한 채, 그가 이 말을 하며 아쉬워했던 선배 김병곤의 뒤를 너무도 급하게 따라가 버렸다. 민주화운동이 점점 더 과거의 일로 화석화 되어버리는 것 같은 현실은 선배 세대와 아래 세대를 든든하게 이어주었던 이범영에 대한 그리움을 더욱 절절하게 만들고 있다.

사슴의 영혼을 간직한 채 불꽃으로 살다 간 사람

1) 신동호, 『70년대 캠퍼스1』(환경재단도요새, 2007), 255쪽.
2) 긴급조치 9호 철폐투쟁 30주년 기념행사 추진위원회, 『30년만에 다시 부르는 노래: 유신독재를 넘어 민주로』(자인, 2005).
3) 12.8 시위의 〈민주구국선언문〉 일부. 서울법대학생운동사편찬위원회, 『서울법대 학생운동사 — 정의의 함성 1964~1979』(블루프린트, 2008), 350쪽.
4) 조명자, 「수박 향 나는 은어 같은 남자 이범영」, 청년지도자 고 이범영 10주기 추모사업준비위원회 『十年』(2004), 228쪽.
5) 김재현의 78년 8월 17일 일기.
6) 청년지도자 고 이범영 추모문집 편집위원회 편, 『이 강산의 키 큰 나무여』(나눔기획, 1995).
7) 홍정숙, 「흘러간 세월을 회고하며」, 청년지도자 고 이범영 10주기 추모사업준비위원회, 『十年』(2004), 295쪽. 이 수기는 1997년 10월경에 쓰였고, 『十年』이 발간되면서 거기 수록되었다.
8) 농촌법학회 50년사 발간 위원회 · 민주화운동기념사업회, 『고난의 꽃봉오리가 되다 서울대학교 농촌법학회 50년사』(2012).
9) 서울대 77학번 오세중, 유기홍과 외대 78학번 소준섭이 공동 작성한 지하 팸플릿. 노동현장 준비 · 이전론을 강조하는 지하 팸플릿의 원조 「야학 비판」과 달리, 학생운동의 문제제기적 투쟁을 강조하고 있다. 소준섭은 이 「전망」이 구월동에서 김근태, 이범영 등과 토론한 내용을 반영한 것이라고 말한다. 소준섭, 『늑대별』(웅진, 1995), 85–86쪽.
10) 소준섭, 앞의 책, 69쪽.
11) 야사는 야전사령관의 줄인 말로, 앞에서 시위를 주동하고 지휘하는 사람을 지칭한다.
12) 유기홍, 「우리 시대를 연 한 청년의 초상」, 청년지도자 고 이범영 10주기 추모사업준비위원회, 『十年』(2004), 150쪽.
13) 홍정숙, 『10년』, 295쪽.
14) 권형택, 「운동에 대한 신념, 그것은 그의 인생이었다」, 『10년』, 46쪽.
15) 윤석연, 「겨레의 희망, 민중의 벗」, 청년지도자 고 이범영 추모문집 편집위원회

『이 강산의 키 큰 나무여』, 93쪽.
16) 『내 청춘 조국에 바쳐—청년 투사 고 김병곤 동지 1주기 추모자료집』, 1991.
17) 양춘승(서울대 경제과74), 이인재(서울공대 금속공학과75), 장훈열(서울대 법대 77), 권형택(국사학과74), 김홍섭(경기대 법대80).

민주화운동청년연합, 전국청년단체대표자협의회와 한국민주청년단체협의회

1) 이나미, 「작업장 시민권, 지난한 여정에 놓이다」, 민주화운동기념사업회 한국민주주의연구소, 『87년 이후 35년의 한국민주주의』(한울, 2023), 65-6쪽.
2) 권형택·김성환·임경석, 『청년들, 1980년대에 맞서다 — 민주화운동의 산증인 민청련 이야기』(푸른역사, 2019), 351쪽.
3) 권형택·김성환·임경석, 앞의 책, 351-352쪽.
4) 조성만 열사의 삶과 죽음에 대해서는 송기역, 『사랑 때문이다』(오마이북, 2011), 참조.
5) 『이 강산의 키큰 나무여』, 74쪽
6) 앞의 책, 74쪽
7) 한청협전국동지회, 『민주와 통일의 한길에서 — 한청협 10년사』(나눔기획, 1999), 25쪽.
8) 권형택·김성환·임경석, 앞의 책, 439-442쪽.
9) 한청협전국동지회, 앞의 책, 26쪽.
10) 『이 강산의 키 큰 나무여』, 74-5쪽.
11) 한청협전국동지회, 앞의 책, 27-8쪽.
12) 『이 강산의 키 큰 나무여』, 81쪽.
13) 『이 강산의 키 큰 나무여』, 87쪽.
14) 한청협전국동지회, 앞의 책, 32-3쪽.
15) 권형택·김성환·임경석, 앞의 책, 464쪽.
16) 『이 강산의 키 큰 나무여』, 78-79쪽.
17) 이범영, 『90년대 청년운동론』(청년, 1990), 7쪽.
18) 이 「청년운동론 시론」은 『민주화의길』 제17호(1987년 10월)에 익명으로 발표된 글이다. 이 글은 1987년 수배 중이던 이범영이 작성한 「민청련은 청년 대중단체로의 전환을 절대적으로 요구받고 있습니다」에 기초하고 있다. 이 글은 이범영

사후 1주기에 발행된 추모문집 『이 강산의 키 큰 나무여』에도 수록되어 있다.
19) 이범영, 「청년운동론 시론」, 『민주화의길』 제17호(1987.10). 인용 부분은 전문 그대로가 아니라, 분량 관계로 일부 축약한 것이다.
20) 이범영, 『90년대 청년운동론』, 36-7쪽.
21) 앞의 책, 46-52쪽.
22) 김필중, 「청년시대의 열정」, 한청협 전국동지회, 앞의 책, 82쪽.
23) 『이 강산의 키 큰 나무여』, 82-83쪽. 오윤정은 "1992년 통일노래어울림을 준비하고 있을 때"라고 말하고 있으나, 수배중이던 이범영이 92년 3월에 구속되었기 때문에 정확한 연도는 92년이 아니라 91년으로 보인다.
24) 이범영, 「한청협 동지들에게 드리는 글」(1992.12.29).
25) 이범영, 「미래를 열어가는 활기찬 토론」, 『한청협회보』(1993년 2월).
26) 『이 강산의 키 큰 나무여』, 96쪽.
27) 『이 강산의 키 큰 나무여』, 101쪽.
28) 청년지도자 고 이범영 10주기 추모사업준비위원회, 『十年』, 372쪽

NL(민족해방)운동론과 이범영

1) 윤석연, 앞의 글, 『이 강산의 키 큰 나무여』, 76-7쪽.
2) 'AB논쟁' 이후의 제6차 총회를 통해 구성된 김희택 지도부는 다수였던 A입장을 중심으로 일부 B입장의 사람들이 참여하는 6인 중앙위원회를 구성하였는데, 이범영은 B입장을 대표하는 중앙위원이었다.
3) 권형택·김성환·임경석, 앞의 책, 279쪽. 권형택·김성환·임경석의 『청년들, 80년대에 맞서다』는 1988년까지의 민청련운동사는 충실하게 기록하고 있지만, 이범영 등이 주도한 88년 이후의 민청련과 한청협 운동사는 에필로그에서만 간략히 언급하고 있다. 88년 이후 민청련과 그 후신인 한청협운동에 대한 정리는 한청협 전국동지회, 『한청협 10년사』(1999); 유기홍, 「1980년대 민족민주운동과 민주화운동청년연합」(『기억과 전망』 2011 겨울호, 통권 23호); 이창언, 「한국사회 구조변동과 사회운동의 내적 구성 변화 - 한국민주청년단체협의회의 프레임 분쟁과 조직분화를 중심으로」(『기억과 전망』 2013 겨울호, 통권 29호) 등을 참조할 수 있다.
4) 한홍구, 「나는 아직 그를 보내지 못했다」, 『十年』, 249쪽.

5) 「민주화운동청년연합 제11차 총회 결의문」(88.09.19), 권형택 · 김성환 · 임경석, 앞의 책, 457쪽.
6) "형은 특히 어려운 문제와 상황을 쉽게 정리하는 재주가 있었고, 결론을 요령있게 내는 스타일이었다." 소준섭, 앞의 책, 73쪽.
7) 한홍구, 앞의 글, 249쪽.
8) 흔히 「노방」이라고 불렸던 이 지하유인물은 장상환, 이범영, 유기홍이 1983년에 공동으로 작성한 것이다.
9) 「한국노동운동의 방향」, 1983.
10) 조용범의 『후진국경제론』(박영사, 1973)은 서구의 저개발국 경제이론의 한계를 지적하면서 서구 시각과 다른 입장에서 후진국 경제를 이해할 필요성을 제기한 책이다. 이 책의 상당 부분을 '박현채'가 쓴 것으로 알려지고 있다. 이범영은 서울대 '농법회' 활동을 하던 시기부터 박현채 '민족경제론'의 영향을 깊이 받고 있었다.
11) 이 시기에도 '이중과제론'이라는 말과 용례가 없었던 것은 아니지만, 이를 담론 수준으로 명확히 제시한 것은 백낙청이다. 백낙청, 『근대의 이중과제와 한반도식 나라만들기』(창비, 2021).
12) 브랑코 밀라노비치, 『홀로 선 자본주의』(세종서적, 2019).
13) 이범영, 「범민족대회가 남긴 세 가지 교훈」, 『민주화의길』 제27호(1990.09).
14) 이범영, 『90년대 한국청년운동론』, 34쪽. 이 책의 일부는 일부 유호찬, 김종민 등이 초안을 쓰고 이범영이 최종 검열을 했다. 따라서 '식민지반자본주의' 주장이 담긴 부분을 이범영이 직접 쓴 것인가에 대해서는 논란이 있을 수 있다. 그러나 이 책을 최종 검수한 것은 이범영이기 때문에 '식민지반자본주의론' 역시 이범영의 입장이라고 해도 무방하다.
15) 이런 분위기는 1991년 『민주화의길』 신년호에 실린 한 글을 통해 확인할 수 있다. "86년 사회구성체논쟁은 어쨌든지 종속이론의 비과학성을 물리치면서 자본주의사회로서의 남한을 명확히 하고, (…) 이렇게 하여 일단계 사회구성체 논쟁은 식민지반봉건론과 종속이론을 붕괴시키면서, 잔존해있는 식민지반봉건론을 타격 · 말살시키면서 이 단계 논쟁으로 들어간다." 강형민 「90년대 변혁운동의 사상 · 이론 · 실천에 대한 몇가지 문제제기」, 『민주화의길』 1991 1 · 2월호.
16) 남한에서 '식민지반봉건론'을 주장하던 대표적 인물은 소위 '낙성대학파'로 불리는 안병직, 이영훈 등이었으나, 이들은 이후 자신들의 주장과 정반대인 '식

민지근대화론'으로 전향하였다.
17) 이 시기에 학계와 운동권에 많이 알려진 이데올로기의 '상대적 자율성'을 강조한 대표적 저작은 Reading Capital (Luise Althusser & Etienne Balibar, 프랑스어 초판은 1965년. 한글판은 『자본론을 읽는다』, 두레, 1991)이다. 알튀세르 등은 이데올로기와 담론이 어떻게 형성되며 그들이 어떤 효과를 가지는가에 대한 마르크스주의적 '지식 연구'의 선구라고 할 수 있다. 이데올로기가 물적 실체를 가지고 있으며, 이데올로기적 생산이 물질적 생산과 구별되는 독자성을 가지고 있다는 알튀세르 등의 주장은 이후 권력·지식·담론 탐구에 집중한 미셸 푸코(Michel P. Foucault)나 자크 데리다(Jacques Derrida) 등의 연구에 직접적 영향을 주었다.
18) 주체사상은 일반적으로 주체철학만을 지칭하는 경우도 있고, 영도이론과 수령론, 후계자론까지 포함하는 김일성주의 전반을 주체사상으로 지칭하는 경우도 있다.
19) 김정일, 「주체사상에 대하여」(1982).
20) 박승옥, 『아버지의 자리』(세계인, 1995).
21) 이범영, 『90년대 한국청년운동론』, 21쪽.
22) 이범영, 앞의 책, 8쪽.
23) 이승환, 「이승 떠난 이범영의 불꽃인생」, 월간 『말』 1994년 9월호, 16쪽.
24) 이범영, 「우리의 영원한 청년 투사 김병곤 동지」(1992).
25) 한홍구, 앞의 글, 252쪽.
26) 이범영, 앞의 글.
27) 이범영, 『90년대 청년운동론』, 99쪽.
28) 권형택·김성환·임경석, 앞의 책, 456쪽.

통일운동에 대한 이범영의 생각

1) 통일운동을 주제로 한 이범영의 글은 「범민족대회가 남긴 세 가지 교훈」과, 범민련 건으로 구속된 후의 법정 모두진술 기록인 「화해와 단결은 우리 시대의 민족적 과제입니다」(1992)가 전부이다.
2) 이 장의 제목을 '이범영의 통일운동 사상'이 아니라 '통일운동에 대한 생각'이라고 다소 겸손하게 잡은 것은 이점을 고려한 것이기도 하다.

3) 유기홍, 「우리 시대를 연 한 청년의 초상」, 『十年』, 148쪽
4) 이범영, 「민족민주주의의 깃발을 높이 들자!」, 『민주화의길』 제16호(1987.05).
5) 이범영, 앞의 글.
6) 「자주적 평화통일운동론」, 『민주화의길』 제18호(1988.06).
7) 이범영, 앞의 글.
8) 이범영, 「새날은 밝아온다」, 『민주화의길』 제23호(1989.12).
9) 이범영, 앞의 글.
10) 유기홍, 앞의 글, 148-9쪽
11) 이승환, 「문익환, 통일운동과 통일사상」, 김성민 외 『통일담론의 지성사』(패러다임북, 2015), 112쪽.
12) 권형택·김성환·임경석, 앞의 책, 433-4쪽.
13) 권형택·김성환·임경석이 쓴 『청년들, 80년대에 맞서다』에는 "1988년 6월에 들어서자 민족해방노선을 자기 노선으로 삼는 민청련 활동가들이 상당수에 이르렀다. 선배 그룹에서 이범영, 이승환, 유기홍이 그들을 이끌었다. 그러한 경향성은 민청련이 발행하는 기관지를 통해 반영됐다. 《민주화의 길》에는 〈조국통일운동의 신기원을 열자〉는 특집기사가 실렸다. 《민중신문》에는 〈공동올림픽은 민족대단결의 신기원〉, 〈공동올림픽으로 통일에의 한걸음을〉 등 집행부의 방침과는 다소 거리가 있는 논조의 기사들이 점차 지면을 차지해 나갔다"고 기술하고 있다. 앞의 글, 436쪽.
14) 논설 「대중과 함께 광주항쟁계승투쟁, 조국통일운동을 힘차게 전개하자!」, 『민주화의길』 제18호(1988.06).
15) 앞의 글.
16) 「현정세와 조국통일운동의 방향」, 『민주화의길』 제18호.
17) 이범영, 「범민족대회가 남긴 세 가지 교훈」, 『민주화의길』 제27호(1990.09)
18) 앞의 글.
19) 『자료모음: 동구사회주의 진로를 둘러싼 변혁운동내의 대논쟁, 사회주의 배신인가 새로운 혁명인가?』(민주화운동청년연합, 1990년 중반 발행 추정);『자료모음: 조국통일운동의 이론과 실천에 대한 변혁운동 내의 논쟁, UN가입 교차승인 통일인가? 두개의 한국인가?』(민주화운동청년연합, 1990년 말 발행 추정).
20) 서문, 『자료모음: 조국통일운동의 이론과 실천에 대한 변혁운동 내의 논쟁, UN가입 교차승인 통일인가? 두개의 한국인가?』

21) 앞의 글.
22) 김영주, 「현단계 조국통일운동의 이론과 실천에서 나타난 몇 가지 편향과 그 해결에 대하여」, 『민주화의길』 제27호(1990.09.).
23) 이범영, 「범민족대회가 남긴 세 가지 교훈」.
24) 이범영, 「사이비 개량과 합법주의의 환상을 경계하자!」, 『민주화의길』 제26호(1990.07.).
25) 이범영, 「지나온 길을 되돌아보고 갈 길을 재촉하자!」, 『민주화의길』 28호(1991.01.).
26) 이범영, 「화해와 단결은 우리 시대의 민족적 과제입니다」(1992), 『이 강산의 키 큰 나무여』(나눔기획, 1995).
27) 앞의 글.
28) 유기홍, 앞의 글, 150-1쪽.
29) 노태우정권은 문익환의 방북을 '우리 정부의 협상력을 파탄시키고 북한의 대남통전 논리에 놀아난 것'이라고 비판하며 그를 구속하고 공안정국을 일으켜 민주화운동을 탄압하는 빌미로 삼았지만, 문익환은 자신의 방북이 '통일논의의 정부 독점'을 무너뜨리고 '민의 통일운동'의 자유를 쟁취하기 위한 투쟁의 일환이자, 통일논의가 정치사회의 전유물일 수 없다는 '민의 독립선언'이라고 생각하였다. 이승환, 앞의 글, 113-4쪽.
30) 이범영, 「화해와 단결은 우리 시대의 민족적 과제입니다」.
31) 앞의 글.
32) 앞의 글.
33) 문익환, 「상고이유서」, 『문익환전집 제5권』(사계절, 1999), 236쪽.
34) 이범영, 앞의 글.
35) 앞의 글.
36) 문익환, 앞의 글, 170쪽.
37) 문익환 목사는 평양방문 2주년 기념 대담 「분단 50년은 우리 민족의 수치입니다」에서 남의 체제연합안과 북의 연방제가 크게 다르지 않다고 하자 "김주석이 그 자리에서 '나 노대통령 만날거야'"라고 반응했다고 한다. 『민주화의길』 제29호(1991.03.).
38) 이승환, 앞의 글, 123-4쪽.
39) 이범영, 앞의 글.

40) 앞의 글.
41) 범민련 북측본부(초대의장 윤기복)는 1991년 1월 25일에 결성되었으며, 준비위가 아닌 범민련 남측본부 정식 결성은 1995년 2월 25일이다. 범민련은 1997년에 대법원에 의해 최종적으로 '이적단체'로 판결받았다.
42) 앞의 문익환 평양방문 2주년 기념 대담.
43) 박찬수, 「그날 밤 베를린의 술집에선 어떤 얘기가 오갔을까」, 〈한겨레신문〉 2016.10.12.
44) 문익환 목사 인터뷰, 「95년에 UN에 한나라로 들어가자」(1993.12.30.).
45) 문익환, 「전교조신문과의 대담」, 〈전교조신문〉 93년 8월 31일자, 『문익환 전집 제5권』, 480면.
46) 한청협 제2기 제9차 중앙상임위, 「대중적 통일운동체의 강화·발전을 위한 전국연합의 임무」(1993.09.24.).
47) 신동호, 앞의 책, 283쪽. 김설이의 회고에 의하면, 여기서 말하는 문병온 인사는 이범영의 후배 진재학이다.
48) 유기홍, 앞의 글, 151-2쪽.
49) 이범영, 『90년대 한국청년운동론』, 117쪽.
50) 92년의 한청협 통일사업 계획표에는 통일노래어울림을 전국적으로 확대한 통일가요제를 비롯하여 통일청년문학상, 통일전시회, 직장 및 노동청년들의 통일등반대회, 청년통일노래 테이프 보급 등의 '문화적 교양'을 높이는 사업이 국토순례행진단, 통일방안 토론회, 통일일꾼수련회, 범민족대회 청년참가단 모집 등의 사업과 함께 빼곡하게 채워져 있었다. 「한청협 제1기 제3차 중앙상임위 회의자료」(1992.05.28).
51) 오윤정의 회상. 윤석연, 앞의 글, 『이 강산의 키 큰 나무여』(나눔기획, 1995), 82-4쪽.

이범영의 민주주의와 청년운동 사상

1) 서울대학교 농촌법학회, 『고난의 꽃봉오리가 되다 - 서울대학교 농촌법학회 50년사』(민주화운동기념사업회, 2012), 228쪽. 여기서 김성환이 말하는 85년쯤의 매포수련원에서의 총회는 정확히 1986년 9월 민청련 제7차 총회 직전의 비공개 대의원총회를 말한다.

2) 이범영, 『90년대 한국 청년운동론』, 99쪽.
3) 서울대학교 농촌법학회, 앞의 책, 227쪽.
4) "농법가, 농민가, 스텐카라친 등을 부르는 목소리에 비장함이 배어 있었고 함께 어깨를 걸다보면 정서적 일체감을 느꼈다. 이범영은 '수선화' 등을 곧잘 불렀다." 앞의 책, 168쪽.
5) 윤석인, 「형이 베푼 사랑! 결코 잊지 않겠습니다」, 『十年』, 159쪽.
6) 이범영, 「민족민주주의의 깃발을 드높이 들자」.
7) '한 개의 칼과 두 개의 방패론'은 1984년 4월 발간된 『민주화의길』 제2호의 논설, 「한개의 칼과 두 개의 방패 – 기만적 화해정책에 대한 주체적 인식과 실천」에서 유래한 말이다. 이 논설은 당시 학생운동과 사회운동 활동가들 사이에서 가장 많이 읽힌 글이다.
8) 이범영, 「새날은 밝아온다」.
9) 우리 근현대사에서 민중이라는 용어가 유행했던 때가 두 차례 있다. 한번은 1920년대였고 또 한 번은 1970~80년대이다. 1920년대 민중은 문화 민족주의에 대한 반발이자 일제의 식민지 지배를 배격하고 민족독립운동의 주체로서 의식되었다. 당시 박은호나 신채호 같은 민족주의 사학자들은 민중을 18세기 후반기 봉건체제의 동요에 따라 형성되기 시작하여 1910년대 이후, 특히 1920년대 민중의식의 성장에 따라 확립된 것으로 상정했다.
10) 이범영, 「민족민주운동의 깃발 아래 힘차게 전진하자!」, 『민주화의길』 제13호 (1986.05).
11) 이범영, 「80년 서울의 봄평가」, 『민주화의길』 제9호(1985년 5월).
12) 이에 대해서는 권형택·김성환·임경석, 앞의 책, 456쪽을 참조하라.
13) 1980년대 중반까지 두 인식은 결합되어 있었다. 1980년대의 민족적 인식의 강화가 계급적 인식을 강화시킨 중요한 배경으로 작용하기도 하였다. '민족적 인식'은 반공이데올로기를 분단의식 재생산의 중요한 기제로 간주하여 이를 극복하고자 하였으며, 금기시되어 온 다양한 경향의 마르크스주의 이론들을 적극적으로 수용하고자 하였기 때문이다.
14) 이재화, "통일전선론–어떻게 민중이 독재정권을 포위할 것인가?" 『80년대 사회운동논쟁: 월간 사회와 사상 창간 1주년 기념 전권 특별기획』(한길사, 1989).
15) 통일전선(united front)이란 '변혁운동에 이해를 가지는 복수의 계급·계층·정당·사회단체와 개별적인 인사들이 계급적 이해나 정치적 견해가 다르다 할

지라도 공통의 목표를 위해 공동의 대상에 투쟁할 목적으로 만든 공동전선(공동투쟁의 형태, 조직)을 말한다(田富久治, 「현대의 통일전선과 선진국혁명」, 민정구 엮음 『통일전선론』, 백산, 1987, 282쪽). 따라서 사회구성체의 성격과 모순을 밝힘으로써 객관적 조건을 분명히 하고, 피아(彼我)의 역학관계를 고려하여 통일전선의 주관적 조건을 밝혀, 통일전선의 대상과 동력을 설정하고, 통일전선의 동력에서 각 구성요소들 사이의 위상과 역할을 정확히 설정하는 작업이 필수적이다.

16) 여기서 운동의 '급진화(radicalization)'는 어떤 사건이나 현상에 의미를 부여하는 틀(frame)의 변화, 즉 자기 삶의 공간과 세계에서 일어나는 일들을 위치시키고, 지각하고, 구별하며, 이름을 붙이는 것을 가능하게 하는 '해석 틀'이 더욱 급진적으로 재구성되는 과정이나 상태로 정의할 수 있다. 해석 틀의 급진적 변화(이념의 급진화)는 운동방식의 급진화로 이어졌지만 동시에 운동의 대중화 효과도 상승하였다.

17) 이범영, 「지나온 길을 되돌아보고 갈 길을 재촉하자!」, 『민주화의길』 제28호(1991.01).

18) 이범영, 「범민족대회가 남긴 세 가지 교훈」, 『민주화의길』 제27호(1990.09).

19) 이범영, 「새날은 밝아온다」, 『민주화의길』 제23호(1989.12).

20) 권형택, 「사슴의 영혼을 간직한 채 불꽃으로 살다간 사람, 이범영」, 『공동선』 제135호, 2017년 7·8월호.

21) 이범영, 「청년운동론시론」, 『민주화의길』 제17호(1987.10).

22) 이범영, 「지나온 길을 되돌아보고 갈 길을 재촉하자!」, 『민주화의길』 제28호(1991.01).

23) 민청련의 발전적 해소 결의에도 불구하고, 서울 중민청과 안양 민청련은 한청협에 참여하지 않고 독자노선을 한동안 유지하였다. 이들 조직의 지도부는 이범영 등의 민청련 중앙 지도부와 달리 계급적 지향성이 강한 PD노선을 취하고 있었다.

24) 이범영, 『90년대 한국청년운동론』, 55쪽.

25) 앞의 책, 53쪽.

26) 앞의 책, 51쪽.

27) 이범영, 「전민련 강화하고 민주연합 건설하자」, 『월간 말』, 1990년 11월호.

28) 이범영, 앞의 글.

29) 권형택 · 김성환 · 임경석, 앞의 책, 135쪽.
30) 박재홍, 「세대연구의 이론적 · 방법론적 쟁점」, 『한국학연구』 제24권 제2호 (2001), 51쪽; 조대엽, 『21세기 한국의 기업과 시민사회』(굿인포메이션, 2007), 253 쪽에서 재인용.
31) 이범영, 『90년대 청년운동론』, 38쪽.
32) 이범영, 「청년운동론 시론」.
33) 이범영, 『90년대 청년운동론』, 62-63쪽.
34) 『한청협 10년사』, 34쪽; 유기홍, 「1980년대 민족민주운동과 민주화운동청년연합」, 『기억과 전망』 23호(2010), 300-301쪽.
35) 이창언, 「한국 학생운동의 급진화에 관한 연구」, 고려대학교 일반대학원 사회학과 박사논문(2009), 269쪽. 애국적 사회진출론은 초기에는 능동성을 갖고 있었지만 1990년대에 들어서는 학생운동의 위기를 반영하는 의미로도 해석된다. 애국적 사회진출론이 운동사회 내에서 회자될수록 민중지향적 삶과 민중지향성 이데올로기의 매력은 감소됨을 의미하였다.
36) 특히 NL의 통일전선론은 기존의 가치관과 관행으로서의 '사회적 정신(societal mentality)' 내지 '사회의식'에 근거해서 '저항행동의 틀'을 구성하는 한편 정체성 지향적 전략(identity-oriented strategy)을 구사함으로써 전략의 효율성을 높일 수 있었다. 이창언, 앞의 글.
37) 이범영, 「우리의 영원한 청년 투사 김병곤 동지」, 『내 청춘 조국에 바쳐- 김병곤 동지 1주기 추모자료집』(1991).
38) 이범영, 『90년대 한국청년운동론』, 195쪽.
39) 원창연, 〈그이가 동지라네〉, 2004.
40) 유기홍, 2004, 앞의 글, 149쪽.
41) 『한청협 10년사』, 128-9쪽.
42) 이범영, 「모래성 쌓기를 중단하고 규율있는 조직적 단결을」, 『민주화의길』 25호(1990, 04).
43) 곽해곤, 「희미한 옛사랑의 그림자」, 『十年』, 36쪽.
44) 조대엽, 「한국 민주화운동의 쇠퇴와 정치적 기회구조」, 『동북아연구』 2(경남대 극동문제연구소, 2005).
45) 조희연, 『한국의 국가 · 민주주의 · 정치변동』(당대, 1998), 149-150쪽.
46) 조희연, 『NGO가이드』(한겨레신문사, 2001).

47) 조희연, 「민주항쟁 이후 사회운동의 변화와 그 특성: 4가지 측면을 중심으로」, 『한국시민사회운동 15년사, 1987-2002』(시민의신문, 2004).
48) 수원사랑민주청년회 동우회, 『수원사랑민주청년회 12년의 발자취를 찾아서』 (2007), 42쪽.
49) 한청협 2기 총회「미래를 열어가는 소위원회 종합보고서」(1993), 『한청협 10년사』, 148쪽.
50) 앞의 보고서, 150-152쪽.
51) 김현배, 「민족민주운동을 둘러싼 주, 객관적 정세변화」, 『자주의 길』 창간호(한국민주청년단체협의회, 1995), 40-45쪽.
52) 유기홍, 앞의 글, 151쪽.

한국민주화운동 역사 속의 이범영

1) 신동호, 앞의 책, 279~280쪽
2) 병역문제대책위원회, 「긴급조치 위반 수형학생들에 대한 병역문제 보고서」, 1978년 7월 5일, 민주화운동기념사업회 오픈아카이브, 등록번호 00087729.
3) 「긴급조치 수형 복학생 병역특혜」, 『경향신문』, 1980년 3월 21일.
4) 권형택·김성환·임경석, 앞의 책, 198쪽.
5) 이승환은 『한국근현대민족해방운동사』를 이재화란 필명으로 출간했고, 이 책 때문에 1989년 안기부에 의해 구속되었다. 또 한홍구는 처음 석사논문에 착수할 때만 해도 조선독립동맹 산하의 조선의용군이 규모면에서 김일성의 항일무장부대에 비해 훨씬 더 크고 중요하지 않았나 하는 생각이었는데, 논문 집필 과정 속에서 이 생각은 완전히 바뀌고 만주항일무장투쟁의 역사적 의미를 재발견하게 되었다고 말했다.
6) 이범영, 『90년대 한국청년운동론』, 99쪽.
7) 백기완, 「이범영 동지, 그대를 참만이라고 부르노라」, 『十年』, 110쪽.

『이범영 평전』 발간을
축하하며

〈수선화〉〈목련화〉 가곡을 즐겨 부르던 이범영을 회상하며

김희택 (전 민청련 의장)

음악과는 담을 쌓은 문국주, 김추자의 '늦기 전에', 나미의 '빙글빙글 도는 세상'을 부르면서 몸을 흔드는 박우섭. 이들과 격조가 다른 사람이 이범영이었다. 수십 명씩 모였던 민청련 비공개모임을 마치고 뒤풀이에서 그는 꼭 가곡을 불렀다. 음색이 맑고, 우렁찼다. 어지간한 성악가 뺨치는 수준이었다.

그는 장소를 신경쓰지 않았다. 허름한 식당에서 술 한잔 주고받는 곳에서도 양희은이나 김민기를 노래하지 않았다. 나중에는 사람들도 그의 가곡을 듣고 싶어서 청하는 경우가 생기기 시작했으니…

이렇듯 고고한 그의 취향을 나는 금방 알아보았다.

나는 1968년 광주일고 3학년 때 일찍이 클래식 음악에 심취하게 되었다. 최갑진 영어 선생님은 독해력 수업시간에 서양음악사 〈How to Enjoy Music〉을 교재로 가르치셨다. 영국의 저명한 음악학자이자 저술가인 Herbert Antcliffe(1875~1964)가 쓴 서양음악 입문서이다. 바하 헨델로부터 시작해서 모차르트, 베토벤, 브람스, 차이콥스키로 이어지는 서양음악의 흐름, 음악가들의 생애, 아주 흥미진진했다. 거기서 한 걸음 나아가서 선생님은 매주 일요일 새벽에 충장로의 오디오가 뛰어난 다방을 정해서 작은 음악회를 개최하셨다. 헨델의 메시아, 바하의 바이올린협주곡, 베토벤 교향곡 9번을 선생님의 해설과 함께 감상했다. 20명 안팎의 참석자 중 정상용도 그 시절 함께 다방음악회에 참석했던 친구이다.

소싯적 이런 귀를 가졌던 나에게 이범영은 정말이지 군계일학이었다.
그런데 그의 그 빼어난 가곡을 일찍이 1994년부터 들을 수 없게 되었던 것은, 나에게 너무 큰 손실이었다. 내 복이 거기까지밖에 안 되었기 때문이다.

감명 깊게 읽었던 2권의 평전
〈김남주 평전〉(김형수 저/다산책방/2022년)
〈호치민 평전〉(윌리엄 J 듀이커 저/푸른숲/2003년)

두 혁명가의 평전을 읽으면서 인물을 새롭게 발견하게 되었다. 〈김남주 평전〉은 그 시대의 상황과 관련 인물을 풍부하게 인터뷰한 것이 훌륭했고, 치열했던 김남주 시인의 삶을 생생하게 느낄 수 있었다.
〈호치민평전〉은 무려 976쪽의 방대한 분량이 말해 주듯이 참으로 평전다웠다. 프랑스로 가는 화물선의 식당 요리사로 파리에 가서, 프랑스 공산당원이 되고 그 대표로 소련의 코민테른 회의에 참석해서 발표한 약소국의 해방에 관한 제안 등 수많은 자료들이 가득 담긴 명저이다.

〈이범영 평전〉이 독자들에게 그의 진면목을 만나게 하는 기록이 되기를 기대한다.
70~80년대에 그가 외쳤던 민족해방, 민중해방의 길을 다시 돌아보는 기회가 되기를 바란다.

청년운동과 민족통일운동의 새로운 지평을 연 이범영을 기억하며

박석운 (전국민중행동 상임대표)

　반독재 민주화운동을 위해 평생 헌신했던 故 이범영 의장이 우리 곁을 떠난 지, 벌써 30년이 지났습니다. 이번 30주기에 故 이범영 의장의 평전이 발간된다니 실로 감회가 새롭습니다.

　고인은 1973년에 대학에 입학한 이래, 한눈팔지 않고 이 땅을 인간다운 세상으로 만들기 위해 오로지 민주화운동의 외길을 걸었습니다. 1970년대의 유신독재 시기에 박정희 군사독재정권에 맞서는 학생운동 영역에서 앞장서서 싸웠고, 또한 1980년의 광주민중항쟁 이후에는 피의 독재자 전두환 군사정권에 저항하는 청년운동을 반공개 민주화운동의 영역으로 새로이 개척하는데 앞장섰으며, 이후 우리 현대 역사상 새로 열린 질풍노도의 시대를 거치면서 고인은 청년운동 조직의 전국화를 추진하며 청년운동과 민족통일 운동의 새로운 지평을 여는데 헌신하였습니다. 그리고 1990년대 들어 민족의 화해와 협력에 기반한 민족통일운동에 매진하였습니다. 그러다가 그는 담도암이라는 치명적 병을 얻게 되었는데, 결국 만 40세도 채 되지 않은 너무나 아까운 나이에, 우리는 그를 보내야 했습니다. 그 시절 우리는 너무나 일찍 그를 보내게 된 것에 억울해하며, 또한 안타까워 몸부림쳤습니다.

이후 30년이 지났습니다. 30년의 세월은 한 세대가 넘는, 길다면 길다고 할 수도 있는 짧지 않은 세월입니다. 생전에 그와 함께 했던 사람들이 어느덧 중년기, 장년기를 지나 벌써 노년기로 접어들었습니다. 그와 함께 민주화 운동가로 활동했던 분들이 나눠 쓴 이 평전은 어쩌면 역사의 영역에 속하는 얘기일 수도 있겠다는 생각을 합니다. 고인의 삶과 사상을 해설하고, 또한 그의 청년운동 이력을 회고하는 글을 함께 준비해 주신 한홍구, 이승환, 권형택, 이창언, 이원영 님들께 특별한 감사의 인사를 드립니다.

또한 그러는 사이 한참 연로해지신 어머님과 아버님, 그리고 여러 동생들께는 소중한 기억을 이어주는 절실한 위로가 될 수 있을 것입니다. 또한 배우자 김설이님과 두 딸 건혜와 승민에게는 이 평전이 험난한 세상을 헤쳐 나가는 지혜와 용기의 원천이 될 수 있기를 간절히 기원드립니다.

이범영 의장!
평전 발간을 축하하오!

이범영 선배 30주기에 부쳐

이인재 (서울대 농촌법학회 회장)

1975년 청운의 꿈을 안고 들어간 대학의 봄.

한해 먼저 대학에 들어간 친구들과의 대화 속에서 무언가 지적인 결핍을 느껴 친구에게 부탁하여 들어간 학회에서 만난 선배 이범영, 당시 법대 3학년에 재학 중이던 그는 키가 헌칠하고 눈은 부리부리한 멋진 청년이었다. 그에게서 많은 것을 배웠다. 박성원 저 '표준 일본어 교본'을 통해 일본어 문법과 읽기를 배우고 E. H. Carr의 『역사란 무엇인가』란 책을 함께 읽고 강독하였으며, 이영희 저 『전환 시대의 논리』, 김준보 저 『농업경제학 서설』 등을 읽고 소감을 나눈 시간도 많이 가졌던 것으로 기억한다. 그리고 공주군 정안면 내문리에서 실시된 농촌활동을 통해서도 다양한 생각들을 나누었다.

1984년 들어간 직장이 서울과는 너무 먼 지방이어서 오랫동안 대학 시절에 생각했던 것과는 너무나 동떨어진 삶을 살았었다. 범영형의 부음 소식을 들은 것은 일본 파견을 마치고 귀국한 1998년경이 아닌가 생각된다. 1994년도는 나에게도 가족 문제로 다른 것을 생각할 시간이 거의 없던 복잡했던 시절이었다. 위독하다는 이야기를 들었다면 병문안이라도 왔을 것 같은데 실은 별로 마음의 여유가 없을 때였다.

김근태 선배님의 말씀처럼 이범영 선배의 인생은 '사슴의 영혼으로 불꽃처럼 살다간 사람'이라는 표현이 적절한 것 같다. 언제 보아도 사슴처럼 맑은 눈망울과 씩씩한 모습으로 다가왔으며, 자상하면서도 때로는 생각이 조금 여리다 싶으면 '그런 나이브한 생각을 하냐!'고 핀잔을 주던 모습이 눈에 선하다. 이범영의 삶에 대한 글을 읽어보면 이 땅의 민주화를 위해 이분이 살아오신 삶이 얼마나 치밀하고 처절하였는지 절로 느껴진다.

벌써 30주년이 다가온다. 자신의 건강에 조금 더 신경을 썼더라면 자랑스런 아들이요 든든한 남편이자 자상한 아빠로서 훌륭한 삶을 살고 있을 것이라는 마음에 조금은 눈시울이 촉촉해지는 아쉬움이 남지만, 범영형이 남겨놓은 많은 유산이 우리의 민주화를 위해 큰 밀알이 되지않았을까 라는 위안으로 마음을 달래본다.

만약 범영이형이 살아 있었다면
- 30주기를 맞아 해보는 상상

유기홍 (전 한청협 의장)

범영이형이 우리 곁을 떠난 지 벌써 30년이다. 강산도 변한다는 10년을 3번이나 보낸 세월이니 모든 것이 많이도 변했다. 모란공원에 갈 때마다, 범영이형을 비롯해 문익환 목사님, 김근태 선배님의 뜻에 맞게 우리가 잘 살아온 것일까를 생각하게 된다.

역사 전공자로서는 좀 뜬금없이 역사 속에서의 가정을 생각해 보곤 한다. 만약 정조 임금이 한 20년 정도 더 재위하여 개혁개방정책을 펼쳐 근대화를 앞당길 수 있었다면 우리 역사가 어떻게 변화했을까? 동학농민혁명 당시 집강소 운동이 성공했다면 자주적 근대화와 민주주의를 이룰 수 있지 않았을까? 이런 상상을 간혹 해본다.

언젠가 범영이형이 살아있었다면 어땠을까 상상해 본 적이 있다. 범영이형이 떠난 94년은 정치사회적으로도 급격한 전환기였고, 문익환 목사님, 이범영 의장 같은 우리 운동의 구심점이 사라지면서 민족민주운동세력이 침체기에 들어선 시기였다. 만약 범영이형이 우리 곁에 있었다면 우리는 보다 질서정연한 변화와 주도성을 지켜낼 수 있지 않았을까?

범영이형이 90년대 들어 가장 집중했던 분야가 통일운동이었다. 만약 범영이형이 살아 있었다면 김대중, 노무현, 문재인정부 시기 정상회담과 남북교류가 만개하던 시절, 통일운동의 구심점 형성과 대중화에 큰 역할을 했을 것이다.

나를 비롯해 한청협 출신들이 '정치세력화'를 위해 정치권에 진출했듯이, 범영이형도 정치권 내에서 우리 대장 노릇을 하지 않았을까? 그랬다면 김근태 선배와 함께 정치권을 더 개혁적으로 변화시켰을 것이라 상상해 본다.

형이 떠난 지 벌써 30년인데 무슨 뚱딴지같은 소리냐고 할지 모르지만, 내가 이런 상상을 하는 것은 그가 살아 있었다면 이뤄냈을 이런 일들을 우리가 과연 잘해왔는가에 대한 자성의 의미도 있을 것이며, 이는 달리 말해 후배들이 앞으로 끈질기게 해나가야 할 일들이기도 하다. 늘 진심으로, 집요하게, 그러면서도 전략적으로 할 일을 반드시 해낸 형을 생각하면서 말이다.

꼭 얘기해야 할 것은 형이 떠난 30년 동안도 그는 쉬지 않았다는 것이다. 민청련과 전청대협, 한청협운동을 통해 그가 뿌린 씨앗이 곳곳에서 싹을 틔워 꽃을 피우고 있기 때문이다.

지금도 전국 어디를 가든 이범영의 분신들이 지역운동, 환경운동 등 풀뿌리 시민운동과 노동운동을 전개하고 있다. 많은 후배들이 정부에서 일하고, 광주시장을 비롯한 전국의 자치단체장과 지방의원, 5선부터 초선까지 20명이 남는 국회의원도 배출했다. 형은 모란공원에 누워서도 이런 일들을 해냈다.

1981년 형을 처음 만나던 날이 기억난다. 서울대 민주화시위로 징역을 살고 나온 직후였다. 당시 형은 김근태 선배와 함께 민청련 창립을 준비중이었는데 말하자면 스카우트를 위한 면접이었다. 첫인상은 말할 때 손동작이 참 화려하다는 것이었다. 그날로 코를 꿰어(?) 형이 떠날 때까지 십수 년간 형의 뒤를 이어 민청련과 한청협 의장을 맡으며 한 몸 같은 동행이 시작되었다. 한 가지 분명한 것은 이 시기가 내 인생의 가장 빛나는 시절이었다는 것이다.

내 인생 최고의 화양연화를 선사한 범영이형, 정말 고맙습니다.

'깃발' 처럼 살다 간 우리 시대의 혁명가, 이범영을 기리며

한충목 (한국진보연대 상임대표)

우리들의 "영원한 큰형님"이 우리 곁을 떠난 지 벌써 30년이 지났군요. '큰형'이 이 세상에 없다는 슬픔을 진주교도소에서 뼈져리게 느끼며 지냈습니다. 형님이 세상을 떠나던 1994년, 남에서는 문익환 목사님, 김남주 시인, 장일순 선생 그리고 북에서는 김일성 주석이 생을 달리했습니다. 유난히도 무더웠던 1994년 여름, 형님 역시 우리 곁을 떠나 훠이훠이 하늘의 별이 되었습니다.

그립고 보고 싶습니다.

당신을 기억합니다!

지나칠 정도로 원칙에 충실했던 사람! 분열의 현장에서 늘 자신을 녹여 서로를 이어준 사람! 큰 걸음을 걸어가면서도 주위의 사소한 일들을 챙긴 사람! 변혁 운동의 기치를 높이 들고 대중적인 청년운동, 통일운동을 개척하기 위해 당신의 '혼과 몸'을 조국의 제단에 송두리째 던져버린 사람!

그 힘이 우리를 여기까지 오게 했는데, 이제 또다시 시대는 격변하고 있습니다.

현재 한국 사회의 민주주의는 위태롭습니다. 민생은 파탄에 직면해 있습니다. 남북 관계는 날로 군사적 긴장이 격화되고 있습니다. 동지가 평생을 헌신했던 한국 사회의 민주화와 민중 생존권 그리고 한반도의 평화는 동지가 떠나간 지 30년이 지났지만 여전히 우리 앞에 해결해야 할 과제로 남아 있습니다.

다짐해 봅니다.
동지가 목숨 바쳐 지켜내신 바로 그 자리에서, 한 치의 물러섬 없이 싸워 내겠습니다.
당신이 못다 이룬 꿈, 우리들이 해내겠습니다. 꽃길이 아닌 자갈길, 고난의 길이라는 사실을 잘 알고 있지만 새로운 평화의 시대, 진보 민중의 새시대를 개척해 가는데 '이범영처럼' 살아가겠습니다.

여전히 우리들의 심장을 뛰게 하는 사람, 민주주의 혁명가 이범영!
고맙습니다! 사랑합니다!

연 표

1955.01.11	강원도 원성군 문막면에서 아버지 이호봉과 어머니 홍정숙의 1남4녀 중 장남으로 출생(음력 1954년 12월 18일)
1967.02.	서울 수송국민학교 졸업
1970.02.	서울중학교 졸업
1973.02.	서울고등학교 졸업
1973.03.	서울대학교 법과대학 입학
1974.09.	서울대학교 농촌법학회 회장(2학기 후반)
1976.12.08	졸업 직전 유신반대 시위 주도로 구속(징역 2년 6개월)
1978.08.15	형집행정지로 출소
1979.10.	출소 후 '전국 병역대책위원회' 구성하여 위원장으로 활동. 10·26사건 직전 '범죄단체 수괴' 혐의로 체포 구속
1980.02.	보석으로 출소
1980.03.	서울대 복학
1980.05.	「유신잔재세력의 획책」 집필(미완성 원고, 민주화운동기념사업회 오픈아카이브 소장)
1980.05.17	'서울의봄' 직후 제적 및 수배, 수배 중 광주항쟁의 진실 알리는 자료집과 유인물 제작 배포 활동
1981.05.	구월동 시대 시작. 신동수가 제공한 구월동 아파트에서 박승옥, 박우섭, 문국주, 민종덕, 소준섭 등과 함께 수배 생활
1982.05.03	한국공해문제연구소 창립에 참여
1982.10.30	홍제동 성당에서 김승훈 신부 주례로 김설이(독일 베를린 공대)와 결혼
1983.	이범영·장상환·유기홍, 비합법 문건 「한국 노동운동의 방향 정립을 위하여」(일명 「노방」) 집필
1983.09.30	민주화운동청년연합 창립. 창립 당시 이범영은 기간조직인 계반 조직사업을 담당

1984.03.	『민주화의길』 창간호 발행
1984.11.05	첫째 딸 건혜 태어남
1985.03.	민청련 4차 총회에서 집행국장으로 선임
1985.04.17	민주화운동청년연합 여성부 설치
1985.05.	『민주화의길』 제9호에 「80년 '서울의봄'의 평가」 발표
1985.05.17	동대문운동장 청계 5가에서 광주학살 진상규명 시위 주도로 이범영, 강구철, 이승환 연행 및 구류
1985.06.27	민청련, EYC, 전학련 등 '민중민주운동탄압공동대책위원회' 연석회의. 이 건으로 김병곤 상임위원장 구속, 이범영 집행국장 수배
1985.08.10	민청련 제5차 총회. 의장 한경남, 부의장 최민화, 김희택, 김병곤(구속 중) 선출
1985.09.04	김근태 민청련 의장 구류 처분(08.24) 만기와 함께 치안본부로 불법 연행, 이을호 상임위 부위원장 불법 연행(09.02) 등 민청련에 대한 대대적 탄압 시작. 최민화 부의장, 김병곤 상임위원장(07.08), 박우섭 운영위원장, 연성수 전 상임위원장, 김희상 대변인, 권형택 사회부장, 김종복 청년부장 등 구속. 한경남 의장, 김희택 부의장, 천영초 상임위원장, 이범영 집행국장(07.08), 윤여연 사무국장, 서원기 집행국장, 양재원 회원 등 수배
1985.10.06	치안본부, 국가안전기획부, 중부경찰서 등 민청련 사무실 폐쇄
1985.10.15	민청련 탄압 규탄 농성. 문익환 목사, 이부영, 인재근, 진영효, 김설이 등 참가. 민청련 사무실 재진입하여 폐쇄 무력화
1985.12.12	민주화실천가족운동협의회(민가협) 결성. 부인 김설이와 인재근, 박문숙, 최정순, 박혜숙, 조명자, 이기연, 이경은 등 참여
1986.03.01	민청련 제6차 총회, 김희택 중심의 집단지도체제 구성. 이범영은 중앙위원으로 선출, 정책실 책임 맡음
1986.03.15	둘째 딸 승민 태어남
1986.04.03	민청련·민가협, 『민청련 탄압사건 백서-무릎 꿇고 살기보다 서서 싸우길 원한다!』 발간

1986.05.	『민주화의길』 제13호에 「민족민주운동의 깃발 아래 힘차게 전진하자!」 발표
1987.05.	『민주화의길』 제16호에 「민족민주주의의 깃발을 드높이 들자!」 발표
1987.07.	내부회람용 대외비 문서 「민청련은 청년 대중단체로의 전환을 절대적으로 요구받고 있습니다」 작성, 이후 이 글을 토대로 「청년운동론 시론」 작성
1987.08.	민청련 제9차 총회, 청년대중운동으로의 전환 결의. 지역지부 설립 추진
1987.10.	『민주화의길』 제17호에 「청년운동론 시론」 발표
1987.10.03	동서울민주화운동청년연합(동민청) 결성
1987.10.16	남서울민주화운동청년연합(남민청, 1993년 2월 구로청년회로 개편) 창립
1987.10.20	북서울민주화운동청년연합(북민청, 1989년 9월 민주화운동직장청년연합으로 전환) 창립
1987.10.27	민족통일애국운동청년단(1989년 민족통일애국청년회 개칭) 결성
1988.03.17	민청련 제10차 총회. 의장 김성환, 부의장 김재승, 남승호
1988.03.26	안양민주화운동청년연합 결성
1988.04.	불심검문으로 수배 생활 3년 만에 체포, 지선 스님 등의 주선으로 이틀 후 석방
1988.07.08	청년학교 개교(교장 김진균)
1988.09.03	나라사랑청년회 창립
1988.09.03	성남민주화운동청년연합 결성
1988.09.19	민청련 제11차 총회. 이범영 의장 체제(부의장 박우섭, 이승환) 출범과 함께 청년운동의 대중화, 전국화 본격 추진
1988.09.29	민청련 부설 민족민주운동연구소(소장 채만수) 창립
1988.12.10	〈민중신문〉을 〈청년신문〉으로 제호 변경 재창간
1989.01.19	'전국청년단체대표자협의회'(약칭 전청대협) 결성. 가입단체 19개, 참관단체 3개. 의장 이범영, 부의장 이춘문, 박태근, 간사 윤태일

1989.04.20	민족민주운동연구소 기관지 『민족민주운동』 창간(후에 『정세연구』로 제호 변경)
1989.04.22	민주화운동직장청년회 준비위, '직장청년축제' 개최
1989.05.01~07	전청대협(의장 이범영)과 흥사단청년아카데미, YMCA 등 공동주최로 '제1회 서울·경기청년문화대동제' 개최(이후 범민족대회와 함께 진행된 '청년통일노래어울림'으로 계승)
1989.05.14~15	전청대협 소속 청년단체 회원 1,000여 명, 광주 망월동 묘역 참배 등 광주순례 진행
1989.09.23	민주화운동직장청년연합 창립
1989.09.30~10.01	제1차 전청대협 간부수련회 개최(충북 매포)
1989.10.08	경기대 강당에서 민청련 제12차 총회 개최. 이범영, 박우섭 공동의장 추대, 부의장 유기홍, 김종복
1989.11.19	애국크리스챤청년연합 창립
1989.12.01	『한국근현대민족해방운동사』 필화사건으로 이승환 남민청위원장 구속(필명 이재화)
1990.01.	『민주화의길』 제23호에 권두언 「새날은 밝아온다」 발표
1990.01.13	수원민주화운동청년연합 창립
1990.01.20	국가보안법 철폐를 위한 평민, 민주 양 당사 철야 농성투쟁
1990.01.21	전청대협 2기 출범. 의장 이범영, 부의장 한충목(서울), 이경률(광주), 이기동(진주), 김필중(대전). 20여 개 참가단체와 10여 개 참관단체로 확대
1990.03.18	부산대에서 영남지역청년단체대표자협의회(이하 영청대협) 발족
1990.04.	『민주화의길』 제25호에 「모래성 쌓기를 중단하고 규율 있는 조직적 단결을」 발표
1990.05.19~20	전청대협 35개 단체 2,000여 명 광주순례, 전청대협 주최 '청년결의대회' 진행

1990.07.01	서청협, 서강대에서 '서울지역 청년단체 대동제' 개최. 이범영, 두 딸과 함께 참가
1990.07.	『민주화의길』 제26호에 「사이비 개량과 합법주의의 환상을 경계하자!」 발표
1990.08.14~15	전청대협 차원에서 범민족대회 참여. 전국에서 2,000여 명의 청년 참가하고, 판문점 진출 위한 60여 명의 청년선봉대 구성
1990.08.20	이범영 저작으로 『90년대 한국 청년운동론』(청년사) 발간
1990.09.	『민주화의길』 제27호에 「범민족대회가 남긴 세 가지 교훈」 발표
1990.09.02	민청련 제13차 총회. 최초 직선제 선거로 이범영 민청련 의장 재선출, 부의장 이승환, 유기홍
1990.09.09	중서울민주화운동청년연합 창립
1990.09.	경기남부청년단체대표자협의회 구성(90년 하반기)
1990.11.	월간 『말』 11월호에 「전민련 강화하고 민주연합 건설하자」 발표
1990.12.	서청협 건설준비위원회 결성
1990.12.06	민청련 전 부의장 김병곤 동지 영면, 민주투사 고 김병곤 동지 민주사회장 엄수
1991.01.	『민주화의길』 제28호에 「지나온 길을 되돌아보고 갈 길을 재촉하자!(II)」 발표
1991.01.17	전북지역청년단체대표자회의
1991.01.	대구경북청년단체대표자회의
1991.02.10	서울민주청년단체협의회(서청협) 창립, 의장 이범영
1991.02.	전청대협 3기 출범. 의장에 이범영, 부의장에 한충목, 유기홍, 이경률, 이기동, 김필중
1991.03.	서부경남청년단체대표자회의
1991.03.	성남지역 청년단체 순회 간부간담회

1991.04.26	강경대 학생 시위 중 백골단에 타살. 이후 이범영 지휘하에 서청협 중심으로 연일 가두투쟁 및 1개월여의 명동성당 농성 참여
1991.05.08	성민청 회원 김기설 열사 분신 사망. 노태우정부 '유서대필조작사건' 날조
1991.05.12	민직청 회원 윤용하 열사 분신 사망
1991.05.	전국청년단체투쟁본부 건설, 전국적 5·6월투쟁 전개
1991.05.	제3차 광주순례
1991.05.	『민주화의길』 제31호에 「민주대연합과 '민중 주도'의 참 의미」 발표
1991.06.	성남청년단체대표자협의회 구성
1991.07.	범민족대회 주도 및 범민련 남측본부 준비위 결성 관련 수배
1991.07.	전청대협 산하 조국통일특별위원회 구성(위원장 한충목)
1991.08.04	강원지역민주청년단체대표자협의회 결성
1991.08.14~15	전청대협 차원에서 약 2,000여 회원 범민족대회 참여
1991.09.	경기남부청년단체대표자협의회 구성
1991.09.28~29	전청대협 3기 간부수련회 개최, '전국청년단체협의회 건설준비위원회' 구성. 준비위원장에 유기홍 서청협 의장, 집행위원장에 이원영 애국크리스챤청년연합 의장
1991.10.06	민청련 제14차 총회 개최, 민청련의 발전적 해소 논의 개시. 이범영 의장 이임. 의장 유기홍, 부의장 이승환, 신기동, 우상수
1991.11.	『내 청춘 조국에 바쳐-청년투사 고 김병곤 동지 1주기 추모자료집』에 김병곤 평전 「우리의 영원한 청년투사 김병곤 동지」 발표
1992.01.05	서청협, 탑골공원 앞에서 부시 방한 반대 시위. 유기홍, 신기동 연행 구류
1992.01.14	'전청협준비위원장 이범영' 이름으로 전국 청년간부들에 보내는 서신 「전국조직 창립투쟁의 승리에 온 힘을 기울이자!」 발신
1992.02.23	세종대 대양홀에서 '한국민주청년단체협의회'(약칭 한청협) 창립대회(참가단체 30개, 참관단체 12개). 초대 의장 이범영, 부의장에 김필중, 한충목, 유기홍. 이경률. 이기동 선출

1992.03.	수배 중 검거, 구속
1992.03.	광주전남지역청년단체협의회 건설
1992.05.	한청협 광주순례, 약 2,500여 회원 참가
1992.06.02	이범영 법정 진술, 「화해와 단결은 우리 시대의 민족적 과제입니다」
1992.06.	구치소 내에서 국가보안법 철폐 교양자료 「국가보안법 철폐투쟁으로부터 민주와 통일로 전진하자!」 집필하여 한청협에 내보냄. 한청협은 이를 바탕으로 『분단의 철장과 국가보안법이 아직도 우리를 가두고 있습니다』 제작
1992.07.04	한충목 부의장, 범민족대회 및 범민련 결성 관련 구속
1992.08.14~15	한청협 차원에서 범민족대회 참가, 약 2,500여 회원 서울대 진입하여 '청년결의대회' 진행. 200여 명의 '한청협 청년통일선봉대' 대학생통일선봉대와 함께 국토순례대행진 진행
1992.09.06	제주민주청년단체협의회 창립
1992.09.17	대구경북지역청년단체협의회 출범
1992.09.	집행유예로 출소
1992.09.	한청협 핵심간부 수련회(충북 매포), 대선투쟁본부 발족
1992.10.	한청협, 대선투쟁 일환으로 전국 순회 문화행사 '4천만의 대합창'을 전대협과 공동 주최. '참여하자, 감시하자, 꼭 바꾸자' 신세대 3대 운동과 지역감정 극복을 위한 '영호남 청년 한마당' 등 추진
1992.11.	민청련 제15차 총회, 민청련 공식 해소 결의
1992.12.29	제14대 대선 결과 관련 "시련의 시기에도 불굴의 의지로 일어나는 청년에게, 이범영 드림" 친필 서명한 「한청협 동지들에게 드리는 글」 발신
1993.01.	한청협 핵심간부수련회 개최, 대선 평가와 한청협 활동 방향 논의
1993.02.	〈한청협회보〉 제4호에 「미래를 열어가는 활기찬 토론」 발표
1993.03.	몸이 노랗게 변하는 등 이상 증세를 보여 보라매 병원 입원, 진료 후 퇴원
1993.03.	〈한청협회보〉 제5호에 「변화하는 세상, 혁신하는 청년운동」 발표

1993.03.27	한청협 제2기 대의원 대회(중앙대)
1993.04.	봉원사 근처 모 단식원에서 한 달여 치료
1993.05.	한청협 광주순례
1993.05.	병세 악화로 경희의료원 입원. 정밀진단 결과 담도암으로 판명
1993.06.	위 1/3, 췌장 1/3, 담 전체 제거하는 대수술
1993.07.	퇴원 후 자택과 산청, 원주 등지에서 요양
1993.07.	일본 청년학생평화우호제 실행위원회 주최 '아시아청년평화포럼'에 유기홍, 이승환 참가
1993.08.14~15	93년 범민족대회 한청협 회원 약 2,500여 명 참가. 이범영도 통일노래어울림 등 참가
1993.08.	한청협 의장권한대행으로 유기홍 부의장 선출
1994.03.20	한청협 제3기 대의원 총회(경기대). 투병으로 의장직 이임, 공로패 받음
1994.06.	6월 말 경희의료원으로 옮겨 정밀진단 실시, 암세포 전이 등 재발 확인
1994.07.04	메디칼센터 한방의료원으로 옮겨 치료
1994.07.12	의식을 잃고 반혼수상태 지속
1994.08.12	21시 55분에 만 39세로 영면
1994.08.14	경기대에서 '통일투사 고 이범영 동지 민주청년장' 영결식 진행. 마석 모란공원 민족민주열사 묘역에 안장

사진 목록 및 출처

3쪽 | 이범영 영정 사진(김설이 소장 자료, 내일신문사 기증)
23쪽 | <아사히 신문> 12.8 시위 보도(『서울법대 학생운동사』 351쪽)
26쪽 | 12.8 시위 1심 판결문 표지(『서울법대 학생운동사』 362쪽)
34쪽 | 보이스카웃 단복 입은 이범영(김설이 소장 자료)
34쪽 | 하모니카반 활동 모습(김설이 소장 자료)
39쪽 | 혼배성사 장면(김설이 소장 자료)
47쪽 | 고문당한 김근태(김근태재단, 민주화운동기념사업회)*
47쪽 | 남영동 치안본부 전경(민주화운동기념사업회)
49쪽 | 민청련 탄압으로 구속, 수배된 사람들(한국기독교사회문제연구원, 민주화운동기념사업회)
51쪽 | 유일한 가족사진(김설이 소장 자료)
55쪽 | 경희대 범민족대회(박용수, 민주화운동기념사업회)
56쪽 | 김병곤 1주기 추도사 장면(김설이 소장 자료)
59쪽 | 모란공원 이범영 묘역(민주화운동기념사업회)
69쪽 | 민통련 현판식(박용수, 민주화운동기념사업회)
70쪽 | 6월항쟁 명동성당 농성(박용수, 민주화운동기념사업회)
74쪽 | 조성만 열사 투신 장면(『사랑때문이다』 11쪽, <서강학보>)
84쪽 | 서울·경기청년문화대동제 리플렛(민주화운동자료관 추진위원회, 민주화운동기념사업회)
87쪽 | 동민청 회원들과 이범영(김설이 소장 자료)

---

* '김근태재단, 민주화운동기념사업회' 표기의 의미는 김근태재단이 민주화운동기념사업회에 자료를 기증한 사람 혹은 기관이라는 의미이다. 이하 민주화운동기념사업회로 표기된 사진은 모두 같다.

90쪽 | 청년문화대동제에 참가한 이범영(김설이 소장 자료)
 95쪽 | 명동성당 농성 중의 이범영(김설이 소장 자료)
 98쪽 | 서청협 부시방한반대시위(경향신문사, 민주화운동기념사업회)
110쪽 | 한청협 창립대회 축하공연(김설이 소장 자료)
118쪽 | 통일선봉대 기자회견(박용수, 민주화운동기념사업회)
120쪽 | 이임사하는 이범영(김설이 소장 자료)
122쪽 | 하관식 장면(『이 강산의 키큰 나무여』 viii쪽, 이범영 유족 제공)
129쪽 | 미문화원점거농성(경향신문사, 민주화운동기념사업회)
132쪽 | 민청련 정책실 멤버들(한홍구 제공)
135쪽 | 『민족경제론』 표지(민주화운동기념사업회)
135쪽 | 『사회구성체논쟁』 표지(https://blog.naver.com/jido1125/223471120835)
140쪽 | 주체사상토론회 안내(선우학원, 민주화운동기념사업회)
143쪽 | 동흥읍습격사건 보도(<동아일보> 1935년 2월 13일 호외)
145쪽 | 민청련 송년회에서 김병곤(박용수, 민주화운동기념사업회)
153쪽 | 통일투사 고 이범영 민주청년장 부고(한청협동지회 제공)
155쪽 | 남북공동올림픽 촉구 연설하는 이재오(박용수, 민주화운동기념사업회)
160쪽 | 문익환 목사와 김일성(경향신문사, 민주화운동기념사업회)
160쪽 | 문익환 목사 변호인단 접견 사진(경향신문사, 민주화운동기념사업회)
163쪽 | 『민주화의길』 제18호 표지(김근태재단, 민주화운동기념사업회)
165쪽 | 문익환 방북 평가 토론회 안내(전태일재단, 민주화운동기념사업회)
167쪽 | 통일운동 관련 자료모음 표지(민주화운동자료관 추진위원회, 민주화운동기념사업회)
172쪽 | 국가보안법 철폐 토론자료집(민가협, 민주화운동기념사업회)
172쪽 | 이범영 구속 항의 성명서(한청협동지회 제공)
175쪽 | 남북기본합의서에 서명하는 노태우 대통령(<중앙일보> 1992년 2월 17일)
178쪽 | 범민련 남측본부 준비위 출범식(박용수, 민주화운동기념사업회)
182쪽 | 자주평화통일민족회의 창립대회(박용수, 민주화운동기념사업회)
185쪽 | 93 청년통일노래어울림 사업보고(민주화운동자료관 추진위원회, 민주화운동기념사업회)

187쪽 | 이범영 초상화(김설이 소장 자료, 김준희 기증)
188쪽 | 서울중 수험표와 합격증(김설이 소장 자료)
188쪽 | 서울중 시기 이범영(김설이 소장 자료)
189쪽 | 서울고 졸업을 앞두고(김설이 소장 자료)
189쪽 | 서울고 3년 이범영(김설이 소장 자료)
189쪽 | 서울대 법대 행정학과 3학년 이범영(김설이 소장 자료)
190쪽 | 농법회 동료들과 함께(김설이 소장 자료)
190쪽 | 출소 후 목요기도회에 참가한 이범영(김설이 소장 자료)
191쪽 | 「유신잔재세력의 획책」 1면(한국기독교사회문제연구원, 민주화운동기념사업회)
191쪽 | 광주YMCA 앞에서 김설이와 함께(김설이 소장 자료)
192쪽 | 민주통일국민회에서의 이범영(박용수, 민주화운동기념사업회)
192쪽 | 지리산에서 김설이 등과 함께(김설이 소장 자료)
193쪽 | 민청련 11차 총회에서 의장으로 선출된 이범영(김설이 소장 자료)
193쪽 | 전두환, 이순자 처벌 범국민투쟁본부 발대식(박용수, 민주화운동기념사업회)
194쪽 | 전두환, 이순자 처벌 범국민투쟁본부 제2차 국민궐기대회(박용수, 민주화운동기념사업회)
194쪽 | 전두환, 이순자 처벌 범국민투쟁본부 가두시위(박용수, 민주화운동기념사업회)
195쪽 | 청년학교 폐쇄에 항의하는 이범영(『이 강산의 키 큰 나무여』 vi쪽, 이범영 유족 제공)
195쪽 | 전대협 구국단식에 참가한 이범영(박용수, 민주화운동기념사업회)
196쪽 | 세계청년학생축전 남측준비위 발족식에서 이범영(박용수, 민주화운동기념사업회)
197쪽 | 범민족대회 추진본부 수련회에서 이범영(김설이 소장 자료)
197쪽 | 90년 범민족대회에 참석한 이범영(박영호 제공)
197쪽 | 서청협 창립대회에서 연설하는 이범영(김설이 소장 자료)
198쪽 | 김귀정열사 장례식에서 이범영(박용수, 민주화운동기념사업회)
198쪽 | 명동성당 농성 중의 이범영(김설이 소장 자료)
199쪽 | 김병곤 1주기 묘비 제막식 후 이범영(박용수, 민주화운동기념사업회)
199쪽 | 한청협 창립대회(김설이 소장 자료)

199쪽 | 대경청협 행사에 참석한 이범영(김설이 소장 자료)
200쪽 | 민청련 10주년 기념식에서 이범영(박용수, 민주화운동기념사업회)
200쪽 | 애국크리스챤청년연합 행사에 참석한 이범영(김설이 소장 자료)
201쪽 | 영결식(『이 강산의 키 큰 나무여』 viii쪽, 이범영 유족 제공)
201쪽 | 운구 장면(김설이 소장 자료)
205쪽 | 이문옥 감사관 석방촉구 연설하는 이범영(박용수, 민주화운동기념사업회)
206쪽 | 묵념하는 이범영(박용수, 민주화운동기념사업회)
208쪽 | 『민주화의길』 제11호 표지(유시춘, 민주화운동기념사업회)
209쪽 | 한청협 제1기 대의원 총회(김설이 소장 자료)
218쪽 | 전국연합 창립 대의원대회(박용수, 민주화운동기념사업회)
220쪽 | 한청협 쌀 개방 반대시위 장면(경향신문사, 민주화운동기념사업회)
231쪽 | 『90년대 한국청년운동론』 표지(이원영 제공)
234쪽 | 나라사랑청년회 창립 2주년 기념식(박용수, 민주화운동기념사업회)
237쪽 | 한청협 창립대회 안내(이지범, 민주화운동기념사업회)
240쪽 | 이범영에게 엽서보내기운동(이창언 제공)
241쪽 | 이범영 석방 촉구 성명(한청협동지회 제공)
245쪽 | 지역청년회와 함께 거리 홍보하고 있는 이범영(김설이 소장 자료)
258쪽 | 동숭동캠퍼스에서 이범영(『이 강산의 키 큰 나무여』 iv쪽, 이범영 유족 제공)
262쪽 | 긴급조치 4호 발표(경향신문사, 민주화운동기념사업회)
262쪽 | 임시휴교에 들어간 서울대(경향신문사, 민주화운동기념사업회)
264쪽 | 긴급조치 수형 복학생 병역특혜 기사(<경향신문>)
268쪽 | 최종길 교수(경향신문사, 민주화운동기념사업회)
270쪽 | 민청련 현판식(김근태재단, 민주화운동기념사업회)
274쪽 | 김세진, 이재호 추모식(박용수, 민주화운동기념사업회)
274쪽 | 남북청년학생회담 연좌시위 장면(<통일뉴스>, 민청련동지회 제공)
285쪽 | 김병곤 장례식에서 조사 낭독하는 이범영(김설이 소장 자료)
286쪽 | 7·8·9노동자대투쟁(울산노동역사관1987 제공)
288쪽 | 한청협 제1기 대의원 대회에서 연설하는 이범영(김설이 소장 자료)

이 강산의 키 큰 나무
이범영 평전

초판 1쇄 찍은날 / 2024년 8월 10일
민주화운동기념사업회 편
글쓴이 / 이승환 · 권형택 · 한홍구 · 이원영 · 이창언
펴낸이 / 김철미
펴낸곳 / 백산서당
주소 / 서울특별시 은평구 통일로 885, 3층(갈현동 394-27)
전화 / 02-2268-0012
팩스 / 02-2268-0048
등록 / 제10-49(1979.12.29.)

값 30,000원

ISBN 978-89-7327-858-9 03300